한국 사회문제 진단

한국 사회문제 진단

대한민국이 아프다

모경환·은지용·황미영 지음

아침나라

머리말

대한민국이 아프다.

이는 단순한 비유가 아니라, 오늘날 우리 사회 곳곳에서 나타나는 구조적 문제와 집단적 고통을 포괄적으로 진단하는 현실의 언어이다. OECD 국가 중 최고 수준의 자살률, 세계 최저 수준의 출생률, 갈수록 심화되는 소득과 자산의 양극화, 젠더 갈등과 외국인 혐오, 기후 위기와 정신건강의 악화까지 한국 사회는 다양한 영역에서 구조적인 병을 앓고 있다. 어느새 '헬조선'이라는 냉소적인 표현이 일상어가 되었고, 시민들은 점점 더 피로와 불신 속에서 살아가고 있다. 양극화, 갈등, 고립, 혐오, 우울……. 이 모든 문제는 서로 연결되어 있으며, 우리 사회의 근본적인 고통을 보여 주는 징후들이다.

이 책은 지금 대한민국이 왜 아픈지를 묻고, 그 고통의 실체를 들여다보며, 치유와 회복의 가능성을 모색하는 데 목적이 있다. 우리가 마주한 사회문제들은 결코 개별적이거나 일시적인 현상이 아니다. 이들은 서로 연결되어 있으며, 오랜 시간 축적된 제도적 결함과 문화적 요인들이 복합적으로 작용한 결과이다. 각 장에서는 한국 사회의 대표적인 사회문제를 중심으로 실태를 파악하고, 원인을 진단하며, 그 때문에 발생하는 부정적 효과를 분석하고, 가능한 해결책을 제시하는 데 중점을 두었다.

제1부는 한국 사회의 갈등과 불평등을 다룬다. 1장에서는 지역, 계층, 직능 간의 이해관계 충돌에서 비롯되는 집단 이기주의의 폐해를 분석하고, 2장에서는 감정적 동원과 극단적 정치 담론으로 민주주의를 위협하는 포퓰리즘의 확산 양상을 탐색한다. 3장에서는 소득과 자산의 양극화가 어떻게 세습 자본주의를 강화하고 계층 고착화로 이어지고 있는지를 살펴보며, 4장에서는 성 불평등과 젠더 갈등이 사회적 신뢰를 어떻게 저해하고 있는지 분석한다.

제2부는 건강과 삶의 질에 초점을 맞춘다. 5장에서는 계층, 지역, 고용 형태에 따라 크게 벌어지고 있는 건강 격차의 실태와 그 배경을 살펴보고, 6장에서는 한국 사회의 높은 자살률에서 나타나는 구조적 문제와 자살 예방을 위한 방향을 모색한다. 7장에서는

점점 심화되는 기후 위기와 환경문제가 시민의 일상생활과 사회 전반에 미치는 영향을 살펴본다.

제3부는 사회변동에 따른 위기와 도전을 다룬다. 8장에서는 저출산과 고령화가 초래하는 경제, 복지, 노동의 위기와 그에 대한 대응 방안을 고찰하고, 9장에서는 외국인 혐오와 다문화 사회의 위기를 진단하며, 포용 사회로 나아가기 위한 과제를 제시한다. 마지막 10장에서는 디지털 기술의 확산이 가져온 사회 변화를 살피며, 그 이면에 존재하는 정보 격차, 사회적 고립, 혐오 표현 확산 등 '디지털 시대의 그늘'을 함께 탐구한다.

이 책은 한국 사회가 직면한 대표적인 사회문제들을 단순히 비판적으로 나열하는 데 그치지 않고, 그 이면에 자리한 문제의 복합적 구조를 파악하며 그 속에서 실천 가능한 해법을 찾는 데 중점을 두고 있다. 이를 위해 다양한 양상으로 발현되는 사회문제들의 실태 및 현황을 파악하는 데 도움이 되는 각종 통계 자료, 실생활과 관련된 사례 등 다양한 자료를 발굴하여 현장감 있게 제시하였다. 필요한 경우 관련 개념이나 이론을 소개함으로써 사회문제에 대한 기초적인 이해가 가능하도록 하였다. 또한 사회문제의 진단과 해결에 관한 쟁점이나 과제도 제시함으로써 독자들이 스스로 생각하고 함께 토의해 볼 수 있도록 하였다.

집필진은 이 책을 통해 독자들이 한국 사회에서 쟁점으로 부각된 주요 사회문제들의 구체적인 실태와 현황을 파악하고, 이러한 문제들이 발생하게 된 주된 원인을 비판적으로 분석한다. 또한 문제 해결을 위한 합리적인 대안과 실천적 과제는 무엇인지 체계적으로 탐구할 수 있기를 기대한다.

모쪼록 이 책이 대한민국이 겪고 있는 아픔을 외면하지 않고, 그 고통을 함께 마주 보며 더 나은 사회를 향해 나아가는 첫걸음을 내딛는 데 작은 길잡이가 되기를 바란다.

-저자 씀-

차례

머리말　　　　　　　　　　　　　　　　　　004

1부 사회적 갈등과 불평등

- 1장　집단 이기주의와 그 폐해　　　　　　009
- 2장　포퓰리즘의 확산과 민주주의 위기　　033
- 3장　소득과 자산의 양극화　　　　　　　　057
- 4장　성 불평등 문제　　　　　　　　　　　087

2부 건강과 삶의 질

- 5장　건강 격차와 삶의 질 저하　　　　　　113
- 6장　한국 사회의 자살 문제　　　　　　　　137
- 7장　기후 위기와 환경문제　　　　　　　　157

3부 사회변동에 따른 위기와 도전

8장	저출산과 고령화의 도전과 미래	177
9장	이방인 혐오와 다문화 사회의 위기	199
10장	디지털 사회의 명과 암	219

인용 자료 출처	238
삽화와 이미지 출처	248
찾아보기	249

1장

집단 이기주의와
그 폐해

집단의 민낯이 드러난 순간

서울 강서구에서는 2013년부터 가양동 옛 공진초등학교 부지에 발달장애 아동을 위한 공립 특수학교인 서진학교를 설립하려는 계획이 추진되었지만, 인근 주민 일부의 조직적인 반대에 부딪혀 사업이 수년간 지연되었다. 주민들은 비상대책위원회를 구성해 집회와 민원 제기 등으로 강하게 반발했으며, 특수학교 대신 국립 한방 의료원 시설 유치를 요구했다. 특히 2017년 9월 5일 열린 주민 설명회에서는 장애 아동 부모들이 무릎을 꿇고 설립을 호소하는 장면이 언론에 보도되며 전국적인 공분을 불러일으켰다.[01] 반대 주민 중 일부는 부동산 가격 하락 우려나 지역 이미지 훼손 등을 이유로 반대 입장을 고수했다. 하지만 이는 장애 아동의 교육권이라는 헌법적 권리와 공교육의 책무를 외면하는 지역 이기주의의 민낯을 드러낸 사건으로 평가되었다. 사회 전반에는 특수학교의 필요성에 대한 공감대가 존재했음에도, '우리 동네는 안 된다.'는 인식이 소수자의 권리를 제도적으로 보장하는 데 큰 제약이 될 수 있음을 보여 준 대표 사례이다. 이후 서진학교는 2020년 3월 개교하였으며, 이 사건은 한국 사회의 포용성과 시민의식 수준을 되돌아보게 한 계기로 기록된다.[02]

공동체의 경계가 무너질 때

한국 사회에서는 집단 이기주의가 심각한 사회문제로 자리 잡고 있다. 집단 이기주의는 특정 집단이 공동체나 국가 전체의 이익을 고려하지 않고, 오직 자기 집단의 이익만을 우선시하며 행동하는 사회현상을 의미한다.[03] 기업과 전문직 단체, 노동조합, 지역 주민 모임 등 다양한 집단이 자신들의 이해관계를 앞세워 전체 사회의 이익과 충돌하는 결정이나 행동을 보일 때 집단 이기주의 현상이 발생한다. 예를 들어, 지역 주민들이 혐오 시설은 물론이고 심지어 지역 편의 시설조차 '우리 동네에는 안 된다.'며 반대하거나, 이익 단체들이 자신들에게 불리한 정책을 무력화시키려 집단행동에 나서는 모습이 이에 해당한다.

1987년의 민주화와 1990년대의 지방자치제 부활은 한국 사회에 중요한 변화를 가져왔다. 이 시기를 기점으로, 과거 권위주의 체제 아래 억압받았던 다양한 사회집단이 목소리를 내기 시작했다. 이는 정치적 자유의 확대와 시민사회의 활성화라는 긍정적인 측면을 가지고 있었지만, 동시에 각 집단이 자신의 이해관계를 우선시하는 경향을 강화하는 계기가 되기도 했다. 그 결과 사회 전체의 공익보다는 개별 집단의 요구가 두드러지게 되었고, 이 때문에 사회 곳곳에서 갈등과 대립이 자주 발생하게 되었다. 특히 본래 정당한 권리를 실현하기 위한 집단행동이 점차 특정 집단의 이익만을 추구하는 수단으로 변질되면서, 이는 사회통합을 저해하는 새로운 사회문제로 부각되고 있다.

이러한 집단 이기주의가 문제가 되는 이유는, 사회적 갈등과 분열을 심화시켜 공동체의 지속 가능한 발전을 저해하기 때문이다. 2021년 전국경제인연합회는 경제협력개발기구(OECD) 30개국을 대상으로 정치·경제·사회 분야의 갈등 강도와 빈도를 종합해 '사회갈등지수'를 산출한 결과, 2016년 기준 한국은 멕시코와 이스라엘에 이어 3위를 기록해 갈등 수준이 매우 심각한 것으로 나타났다. 반면 정부의 갈등관리 역량을 나타내는 '갈등관리지수'는 27위로, 갈등은 빈발하지만 관리 능력은 낮은 구조임이 드러났다.[04] 또한 한국보건사회연구원이 발표한 '사회갈등지수 국제비교 및 경제성장에 미치는 영향' 보고서(2015)에 따르면, 갈등관리 역량을 10% 증가시킬 경우 1인당 국내총생산(GDP)은 1.75~2.41% 증가할 수 있다고 분석되었다.[05] 이는 사회갈등이 단순히 심리적 불안정성에 그치지 않고, 국가 경제에 직접적인 부담과 비효율을 초래한다는 사실을 보여 준다. 따라서 갈등을 예방·조정·관리하는 사회적 역량을 제도적으로 강화하는 일은 사회통합을 위한 과제일 뿐 아니라, 경제성장을 위한 필수 조건이기도 하다.

물론 집단의 이익을 대변하는 행동 자체가 언제나 부정적이지는 않다. 다양한 이해관계의 표출은 민주주의 사회의 자연스러운 현상이며, 서로 다른 입장이 공론화되어 숙의와 타협을 거친다면 사회 발전에 긍정적으로 기여할 수도 있다. 즉, 이익집단의 활동은 헌법이 보장하는 기본권일 뿐만 아니라, 민주주의를 실현하는 효과적인 수단 중 하나이다.[06] 그러나 문제는 이러한 집단행동이 합리적인 토론과 공정한 절차를 무시한 채, 자신들의 주장만을 일방적으로 관철시키려는 방식으로 전개될 때 집단 이기주의로 변질된다.[07] 최근 한국 사회의 다양한 갈등 사례를 보면, 각 집단이 자기 입장을 고수하면서 타협을 거부하고, 오히려 강경한 주장이 받아들여지는 방식이 반복된다. 이로 인해 '목소리 큰 쪽이 이긴다.'는 인식이 확산되며, 공익은 뒷전으로 밀리고 힘의 대결과 여론전에 의존하는 왜곡된 의사결정 구조가 고착되고 있다. 우리는 이러한 집단 이기주의가 한국 사회에서 어떻게 나타나고 있는지 구체적인 사례를 통해 살펴본다. 나아가 그 원인과 부정적 효과를 분석한 뒤, 이를 극복하기 위한 실질적 방안을 모색하고자 한다.

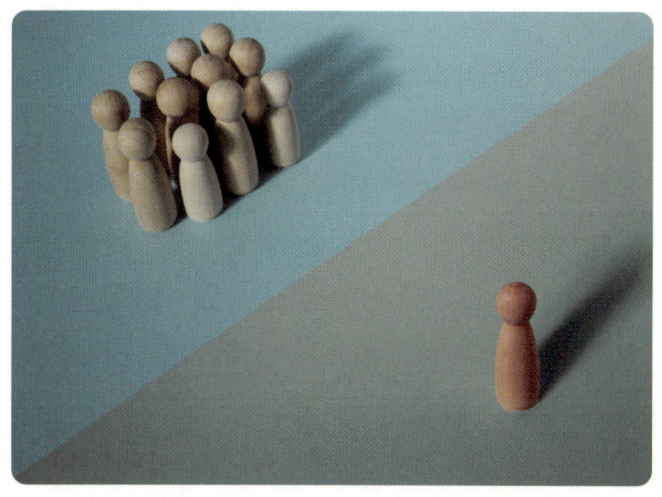

집단 이기주의의 실태와 사례

한국 사회에서는 부동산과 교육, 노동시장 등 다양한 분야에서 집단 이기주의의 현상과 그로부터 비롯된 갈등이 뚜렷하게 드러난다. 이러한 현상은 공공의 이익이나 사회적 약자의 권리를 침해하며, 여기에서 발생하는 피해가 공동체 전체에 확산된다는 점에서 비판의 대상이 된다.

부동산 분야

대표적인 집단 이기주의 사례로는 이른바 '님비(NIMBY)' 현상, 즉 지역 이기주의를 들 수 있다. 이는 특정 공공시설의 필요성을 인정하면서도 자기 지역에는 설치를 반대하는 태도를 의미하며, 특히 주거 환경 조성이나 도시 기반 시설 유치 과정에서 자주 발생한다. 그 결과 공공성을 목적으로 한 도시계획이 지역 주민의 반발로 지연되거나 무산되는 사례가 적지 않다.

서울시는 청년과 신혼부부의 주거 안정을 지원하기 위해 역세권 청년임대주택 사업을 추진해 왔으나, 지역 주민 일부는 임대주택이 인근 아파트 가격 하락, 환경 악화, 치안 불안을 초래할 것이라는 이유로 반대 입장을 표명했다. 예컨대 2018년 서울 영등포구의 한 아파트 단지 주민들은, 인근 부지에 청년임대주택이 들어설 예정이라는 소식에 "이런 주택이 들어서면 우리 아파트는 막대한 피해를 입는다."며 반대 운동을 벌였다. 일부 주민은 임대주택을 '5평짜리 빈민 아파트'로 낙인찍고, 건립 반대 비상대책위원회를 조

● **님비 현상과 핌피 현상** | '님비' 현상과 '핌피(PIMFY)' 현상은 공공시설 유치와 관련하여 지역 주민들의 상반된 태도를 설명하는 개념이다. 님비는 "Not In My Backyard"의 약자로, 공공시설의 필요성은 인정하지만 자신의 집이나 지역 근처에는 들어오지 못하도록 반대하는 태도를 의미한다. 예를 들어 쓰레기 소각장과 임대주택, 장애인 시설 등이 이에 해당하며, 지역 이미지 훼손이나 부동산 가치 하락 등을 이유로 주민들의 반발이 발생한다. 반면 핌피는 "Please In My Front Yard"의 줄임말로, 특정 시설이 지역 발전에 도움이 된다고 판단하여 자신의 지역에 유치하려는 태도이다. 공공기관과 대형 병원, 대학 캠퍼스, 관광단지 등이 대표적인 예이며, 주민들은 경제적 이익과 자부심을 이유로 유치에 적극적이다. 두 현상은 모두 공공성과 지역 이익 사이의 긴장이 드러나는 사회현상으로, 지역 갈등의 원인과 해결 방안을 이해하는 데 중요한 개념이다.

직해 항의 활동을 전개하였다.[08]

　이러한 반발은 청년층의 주거난이라는 구조적 문제 해결보다는, 자산 가치의 유지라는 사익 보호에 초점을 둔 집단행동으로, 사회적 비판을 불러일으켰다. 특히 공공임대주택을 '빈민 아파트'로 규정하는 표현은 청년 세대를 배제하는 인식을 드러내는 낙인 행위로, 그 심각성이 크다. 이 사례는 도시 내에서 계층 간 갈등과 세대 간 갈등이 결합되어 집단 이기주의의 형태로 표출된 전형적인 사례로 평가된다.

　심지어 공공 안전시설조차 일부 지역 주민의 반대로 '혐오 시설'로 간주되는 사례도 있다. 경기도 수원시 광교신도시에서는 2014년부터 119안전센터 건립이 추진되었지만 인근 주민들의 반발로 약 9년간 개소가 지연되었고, 결국 2023년 9월에 이르러서야 문을 열 수 있었다. 일부 주민은 사이렌 소음과 소방차 진출입로 때문에 발생하는 불편, 부동산 가치 하락 우려 등을 이유로 설치에 반대했으며, 개소 이후에도 민원이 이어졌다. 하지만 해당 지역은 인구 8만 명 이상이 거주하는 대규모 주거지인데도 소방 안전 사각지대에 놓여 있었고, 실제로 화재 대응 시간이 인근 지역보다 평균 4분 이상 늦다는 지적도 있었다.[09] 이러한 상황에서 일부 주민이 공공의 안전보다 개인의 생활환경이나 재산 가치를 우선시하는 태도를 보인 것은, 집단 이기주의가 공동체의 생존 기반마저 위협할 수 있음을 보여 주는 단적인 사례라 할 수 있다.

교육 분야

　교육 분야에서 나타나는 집단 이기주의는 학생들의 학습권, 교육 복지, 공공 교육의 형평성과 직결되는 문제이기 때문에 그 피해가 더욱 크다. 2015년부터 몇 년간 서울시 여러 지역에서는 국공립 어린이집 설립을 둘러싼 주민 반대 사례가 반복적으로 보도되었다. 일부 주민은 어린이집이 소음 유발과 교통 혼잡, 재산권 침해를 초래할 수 있다는 이유로 반대 의사를 밝히며, 어린이집을 일종의 '혐오 시설'로 여기는 태도를 보였다. 서울 용산구 한남동, 서초구, 송파구 등지의 아파트 단지에서는 단지 내 어린이집 설치를 둘러싸고 갈등이 반복적으로 발생했으며, 이에 언론은 국공립 어린이집이 혐오 시설로 전락하고 있다는 문제의식을 제기해 왔다.[10]

어린이집 설립에 맞선 이러한 반대는 단순한 생활환경 문제를 넘어, 저소득층·장애인·다문화 가정 아동의 입소 가능성에 기인한 불안, 외부인 출입을 경계하는 태도, 그리고 주거지 이미지 훼손 우려가 복합적으로 작용한 결과로 분석된다. 실제로 2024년 12월 서울 종로구의 한 아파트 단지에서 열린 국공립 어린이집 설치 관련 공청회에서는 "국공립 어린이집을 들여와? 거지야?", "영어유치원이면 몰라도 국공립은 안 돼." 등의 차별적·혐오적 발언이 나왔으며, 이에 맞선 맞벌이 가정과 찬성 주민들은 눈물을 보였다는 보도도 있었다.[11] 이 사례는 공공 보육 시설의 필요성과 아동의 보육권보다 개인의 자산 가치와 생활 편의를 우선시하는 집단 이기주의적 태도가 교육 영역에서도 심각하게 작동하고 있음을 보여 준다.

한편, 공공 교육기관과 지역사회가 협력해 갈등을 예방하고 공존의 기반을 마련할 수 있음을 보여 주는 사례도 있다. 2017년 9월 서울 강북구 미아동에 개교한 서울효정학교는 전국 최초의 시각장애 영유아 특수학교로, 설립 초기부터 지역 주민의 반대 없이 개교한 사례로 주목받았다. 이러한 긍정적 반응은 인근에 위치한 한빛맹학교의 안정된 운영 경험과 그동안 지속적으로 지역사회와 소통해 온 노력이 결합된 결과로 평가된다. 특히 학교 측은 체육관과 강당, 식당 등의 교내 편의 시설을 지역 주민에게 개방하고, 이를 커뮤니티 공간으로 활용할 수 있도록 제안함으로써 공공성과 지역 이익 간의 상생 가능성을 실현하였다.[12] 그러나 이러한 사례는 아직 예외적인 경우에 해당하며, 일부 지역에서는 교육 시설조차 혐오 시설로 간주되는 인식이 여전히 존재한다. 특히 장애 학생을 위한 공공 교육 시설 설립과 관련해, 공공성과 지역 주민의 사익이 충돌할 경우 후자가 우선되는 구조가 반복적으로 나타나고 있다. 이러한 배타적 인식은 장애 아동의 교육권 보장을 저해하고, 궁극적으로는 지역사회 전체의 교육 복지 수준을 저하시킬 수 있다는 점에서 심각한 문제로 지적된다.

노동 분야

노동 분야에서도 집단 이기주의는 다양한 형태로 나타나며, 이는 이 분야에서 필요한 공정성과 형평성을 향한 사회적 신뢰를 저해하는 결과를 초래한다. 대표적인 사례로는 2018년 서울 교통 공사에서 발생한 정규직 전환 과정에서의 친인척 채용 논란을 들 수 있다. 당시 서울 교통 공사는 비정규직 직원 1,285명을 정규직으로 전환했으며, 이 중 108명(8.4%)이 기존 직원의 친인척으로 밝혀져 '고용 세습'이라는 비판이 제기되었다. 유형별로는 직원의 자녀(31명)가 가장 많았고, 형제·자매(22명), 3촌(15명), 배우자(12명), 4촌(12명) 순이었다. 이 사건은 노동계 전반의 도덕성과 공공부문 채용 시스템의 신뢰도를 심각하게 훼손했으며, '정규직 전환은 공정한 기회 제공이 아니라 기득권 세습의 수단이 되고 있다.'는 비판 여론을 불러일으켰다.[13] 이처럼 공공부문 노동자 집단이 자신들의 이익을 우선시하여 채용의 공정성과 규칙을 훼손할 경우, 이는 곧 사회 전반의 신뢰와 통합을 위협하는 구조적 문제로 이어질 수 있다.

일부 대기업의 정규직 노동조합은 높은 임금과 복지 수준을 유지하기 위해 강경한 교섭 전략을 활용한다. 하지만 그 성과가 사내 비정규직이나 협력 업체 소속 노동자들과 충분히 공유되지 않는 구조는 노동운동 내부의 불평등과 갈등을 심화시키고 있다. 2023년 6월 고용노동부의 '고용형태별 근로실태조사'에 따르면, 비정규직 노동자의 임금은 정규직 대비 70.9% 수준에 머물렀다. 또한 사업체 규모별로 보면, 300인 이상 사업장의 정규직 시간당 임금을 100으로 했을 때, 300인 미만 사업장의 비정규직 시간당 임금은 44.1에 불과했다. 이러한 구조적 격차는 최근에도 지속되고 있다.[14] 예를 들어, 2024년 상반기 현대자동차와 기아자동차의 비정규직 노조는 하청 노동자를 위한 차등 없는 성과금 지급 기준을 마련하라고 요구하며, 정규직과 비정규직 간, 그리고 비정규직 내부의 성과 배분 불균형 해소를 촉구하였다. 그러나 정규직 노조는 사내 하청 노동자의 처우 개선에 오랫동안 소극적 태도를 보여 왔으며, 그 결과 '우리만을 위한 노조'라는 비판을 받아왔다.[15] 이처럼 정규직 중심의 집단 이기주의는 노동운동의 도덕적 정당성과 연대성을 약화시키고, 나아가 노노(勞勞) 갈등과 세대 간 분열을 심화시키는 구조적 요인으로 작용하고 있다. 이 사례는 집단 이기주의가 사용자와의 대립을 넘어서, 동일한 노동자 집단 내부에서도 차별과 배제를 낳을 수 있음을 보여 주는 대표 사례이다.

집단 이기주의의 원인

문화적 요인

　한국 사회에서 집단 이기주의가 뿌리내린 문화적 배경 중 하나는, 원래 공동체 전체를 중시하던 집단주의가 자신이 속한 소수 집단의 이익만을 옹호하는 방식으로 변질되었기 때문이다. 한국 사회는 역사적으로 가족, 혈연, 지연, 학연 등 '우리'라는 범주로 지칭되는 내집단(in-group)과의 강한 유대감을 중시해 왔으며, 이러한 문화는 공동체 중심의 삶을 가능하게 한 긍정적 요소로 작용해 왔다. 그러나 이 같은 집단주의는 내집단에 보이는 과도한 충성과 외집단(out-group)을 상대로 한 배타성으로 이어질 수 있는 이중적 특성을 지닌다.[16] 실제로 한국 사회에서는 집단주의가 '우리끼리' 중심의 폐쇄적 순혈주의나 패거리 문화로 변형되어 나타나는 경향이 있으며, 대표적인 예로 지역감정, 연고주의, 색깔론 등이 있다.[17] 예컨대, 직장에서 같은 학교 출신이나 동일 지역 기반의 인맥이 인사와 승진, 정보 공유 등에 영향을 미치는 경우, 이는 집단 내부의 결속을 강화하는 동시에 외부 집단을 배제하는 태도를 정당화하는 근거로 작용한다. 이러한 환경에서는 보편적 규범이나 절차적 정의보다 '내 사람 챙기기'가 우선시되는 경향이 강해지고, 그 결과 공공의 이익, 공정성, 사회정의와 같은 가치들이 후순위로 밀리게 된다. 정리해 보자면, 한국 사회의 집단 이기주의는 민주화 이후 제도적 변화와 사회경제적 경쟁 심화, 그리고 집단주의 문화의 왜곡된 잔존이 맞물리며 형성된 복합적 현상이라 할 수 있다.

　집단 이기주의의 또 다른 문화적 배경으로는 사회 전반의 낮은 신뢰 수준과 공정성 불신 등 문화적·심리적 요인을 들 수 있다. 한국은 여러 분야에서 과도한 경쟁 구조와 승자독식 시스템이 고착되어 있으며, 이러한 구조 속에서 시민들은 자신이 속한 집단이 상대적으로 손해를 볼 가능성에 과민하게 반응하는 경향을 보인다. 사회심리학적으로 이는 '제로섬 사고(zero-sum thinking)', 즉 '타인의 이익은 곧 나의 손실'이라는 인식으로 설명되며, 특히 한국 경제가 저성장 국면에 접어들면서 이와 같은 사고방식은 더욱 확산되고 있다.[18] 제로섬적 사회 분위기가 확산될 경우, 사회적 신뢰와 협력은 약화되고, 타인의 성공을 경계하거나 억제하려는 부정적 정서가 만연하게 된다. 특히 공공 결정의 투명성과 정당성을 향한 신뢰가 낮은 상황에서는, 시민들이 집단 이익을 방어하거나 먼저 주장을 내세우려는 태도를 취하기 쉽다. 예컨대 지역 주민이 혐오 시설 설치에 반대할 때, 표면적으로는 환경권이나 안전 문제를 제기하지만, 그 이면에는 '정부가 우리 지역만 희생양으로 삼을 것이다.'라는 정책 불신과 피해 의식이 자리 잡고 있는 경우가 많다. 이러한 태도는 결과적으로 신뢰에 기반한 민주적 협력 질서의 정착을 가로막는 장애 요인으로 작용한다.

우리성(We-ness)

한국의 집단주의에서 보이는 이중성

한국인의 집단주의는 가족주의와 연고주의, 온정주의 등 다양한 측면에서 나타나며, 이는 단순한 규범이나 규칙의 문제를 넘어 정서적이고 관계적인 문화의 핵심 요소로 작용한다. 양정은(2019)은 이러한 한국의 집단주의를 설명하기 위해 '우리성(We-ness)'이라는 개념을 제시한다. 서구의 집단주의가 공통의 목표나 규범 아래 개인의 자율성을 어느 정도 인정하는 '개인화된 집단주의'인 반면, 한국의 집단주의는 정(情)과 상호 의존성을 바탕으로 한 '관계적 집단주의'의 성격을 지닌다. 이때 '우리성'은 정서적 친밀감과 집단 중심성이라는 긍정적인 요소와 함께, 집단 이기주의와 외부 집단을 대하는 경계와 불신이라는 부정적인 요소도 동시에 포함하고 있다. 즉, '우리성'은 한국인의 대인 커뮤니케이션에서 상호 배려와 협력을 촉진하는 역할을 하지만, 타 집단을 배제하거나 자기검열, 위계 중심의 의사소통을 강화하는 요인으로도 작용할 수 있다. 이러한 이중적 성격은 한국인이 일상생활 속에서 집단주의 문화의 혜택과 제약을 동시에 경험하게 되는 구조적 배경이라고 할 수 있다.

사회구조적 요인

집단 이기주의가 발생하는 사회구조적 요인 중 하나는 높은 인구 밀도와 자원 경쟁 구조이다. 한국은 국토 면적에 비해 인구 밀도가 매우 높고, 특히 수도권에 전체 인구의 절반 이상이 집중된 도시 편중 구조를 갖고 있다. 수도권의 면적은 전국의 약 11.8%에 불과하지만, 2022년 기준 인구의 50.5%가 이 지역에 거주하고 있으며, 이는 OECD 국가 중 가장 높은 수준이다.[19] 고밀도 도시 구조에서는 주택과 교통, 산업단지, 공공시설 등 주요 기반 시설의 입지 결정 과정에서 집단 간 갈등이 발생할 가능성이 높다. 자원이 제한된 상황에서 이와 같은 공간적 불균형은 제로섬 경쟁 구조를 형성하기 쉽고, 그 결과 각 집단은 상호 협력보다는 자기 집단의 이익 확보를 우선시하는 배타적 전략을 취하게 된다. 이러한 조건은 집단 이기주의가 일상화되고 제도화되는 구조적 기반으로 작용한다.

급속한 경제성장과 산업화 과정에서 나타난 사회경제적 불평등도 집단 이기주의를 유발하는 주요 요인으로 지적된다. 한국에는 1960년대 이후 압축 성장과 함께 노동조합, 직능단체, 지역단체 등 다양한 이익집단이 형성되었고, 민주화 이후에 이들은 제도 내에서 강력한 발언권과 영향력을 확보하였다. 이러한 현상에는 시민 참여의 확대라는 긍정적 측면이 있는 한편 소득 양극화와 자산 격차의 심화는 집단 간 이해 대립을 격화시키는 배경으로 작용한다. 예를 들어, 통계청이 발표한 '2022년 가계금융복지조사'에 따르면, 상위 20%와 하위 20% 간 자산 격차는 약 64배에 달하며, 이는 관련 통계를 집계하기 시작한 2012년(62.4배) 이후 최대 수준이다. 또한 순자산 지니계수[20]는 0.606으로, 2012년(0.617) 이후 가장 높은 수준을 기록하며 가구 간 불평등이 구조화되고 있음을 보여 준다.[21] 상대적으로 기득권을 가진 집단은 이를 유지하려는 경향을 보이고, 반대로 소외된 집단은 불평등 때문에 생긴 보상 심리로 집단행동에 나서는 경우가 많다. 분배 불균형이 해소되지 않은 상태에서 집단 간 이해관계만 부각될 경우, 사회 전체의 연대보다는 '각자도생'과 투쟁적 집단주의가 강화되는 방향으로 구조화될 수 있다.

제도적 요인

민주화와 지방자치의 진전은 시민의 정치 참여를 확대하는 긍정적 변화를 가져왔지만, 동시에 집단 이기주의를 조장하는 제도적 배경으로 작용하기도 한다. 1987년 민주화 이후 다양한 사회 세력이 자신의 이해관계를 공개적으로 표출할 수 있게 되었고, 1995년부터 본격적으로 시행된 지방자치제도는 지역 주민이 지역 정책과 공공사업에 직접 의견을 제시하고 개입할 수 있는 제도적 기반을 마련해 주었다. 그러나 이는 정치 참여의 확대라는 측면에서 민주주의의 성숙을 보여 주는 긍정적 변화였지만, 동시에 특정 집단의 이익을 극대화하는 방향으로 권리를 행사하는 부작용을 초래했다. 특히 공공시설 설치, 개발사업, 사회복지시설의 입지 등과 관련된 사안에서 지역 주민이 반발해 사업이 지연되거나 무산되는 사례가 증가하고 있다. 다시 말해 시민의 권리의식은 성장했지만, 이를 조율하고 조정할 수 있는 공론장과 합의 메커니즘이 취약하여 '목소리 큰 집단이 이익을 얻는 구조'가 반복되고 있다.

갈등 조정과 사회적 합의를 도출할 수 있는 제도적 장치의 부족 또한 집단 이기주의를 심화시키는 요인이다. 한국 사회는 갈등 조정 전문기구, 공론화위원회, 이해관계자 협의체 등과 같은 공공 갈등 해결을 위한 제도적 기반이 충분히 정착되지 않은 상태이다. 국가 갈등 관리 위원회 설치 법안이 여러 차례 국회에 발의되었지만, 실질적인 제도화로 이어지지 못했다. 우리나라의 갈등 관리 전문기구와 인력은 OECD 평균보다 현저히 부족하며, 갈등 예방보다는 사후 수습에 치중하는 한계가 뚜렷하다.[22] 이와 같이 공식적인 갈등 해소 절차와 중재 기능이 취약한 상황에서는 이해관계 집단들이 제도적 해결을 시도하기보다는 언론과 여론, 정치권에 압력을 행사하는 방식으로 문제를 해결하려는 경향이 강해진다. 그리고 이는 결국 집단 이기주의적 행태를 강화시키는 결과로 이어진다.

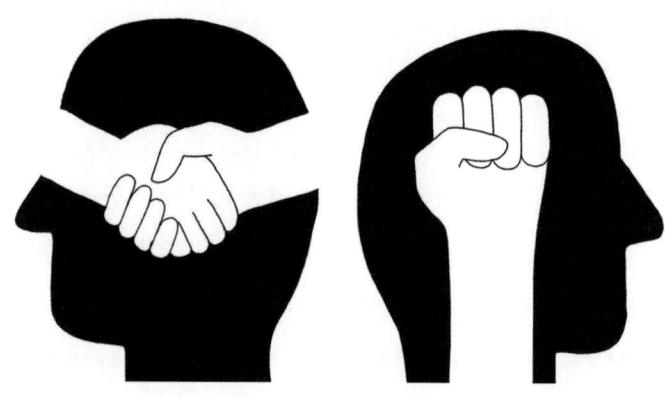

집단 이기주의의 부정적 효과

사회통합의 저해

집단 이기주의는 사회통합과 상호 신뢰를 심각하게 훼손하는 결과를 초래한다. 각 집단이 자기 입장만을 절대적으로 옳다고 주장하며 서로 대립할 경우, 사회적 유대와 공동체 의식은 약화되고, 집단 간의 정서적 간극은 더욱 깊어진다. 우리는 이 결과를 장애인 특수학교 설립이나 청년임대주택 건립을 둘러싼 갈등 사례에서 확인할 수 있다. 장애인과 비장애인, 청년과 중장년층, 무주택자와 집주인 간의 세대와 계층 갈등은 단순한 이견을 넘어 감정적 대립으로 비화되는 양상을 보인다. 이 과정에서 한쪽은 상대를 이해심 없는 이기주의자로 규정하고, 다른 쪽은 자신이 부당한 희생을 강요당한다고 느끼며 상호 적대감이 증폭된다. 이러한 정서적 분열은 단일 사안에 국한되지 않고, 사회 전반에 걸친 신뢰의 기반을 약화시켜 공동의 문제를 해결하는 데 필요한 협력과 연대의 가능성마저 저해한다. 실제로 2025년 2월 통계청이 발표한 '국민 삶의 질 2024' 보고서에 따르면, 자신과 친밀하지 않은 사람에게 보이는 신뢰 수준을 측정한 '대인신뢰도'는 52.7%로 나타났으며, 이는 2014년의 73.7%와 비교해 9년 만에 21%p 하락한 수치이다.[23] 더욱 우려스러운 점은, 특정 집단이 집단 이기주의적 행동으로 실질적 이득을 취하는 모습이 반복되면 다른 집단들이 이를 '떼쓰면 얻어진다.'는 방식으로 학습하게 된다는 점이다. 사회 전체에 부정적 학습 효과가 확산되고, 법치주의와 민주적 절차에 대한 신뢰가 흔들리면, 결국 공동체적 해결보다는 각자도생을 추구하는 사회 분위기가 조장된다.

국가정책의 왜곡

집단 이기주의는 공공정책의 왜곡과 행정의 비효율을 초래한다. 특정 집단이 조직적으로 반발하거나 압력을 행사할 경우, 정책 추진은 지연되거나 방향을 수정하게 된다. 그 결과 다수 시민의 공익보다 조직된 소수의 이해가 우선시되는 상황이 발생한다.

의료와 교육, 주거 등 다양한 분야에서 실제로 기득권 집단의 반대로 정책이 후퇴하거나 본래 취지를 잃고 변질된 사례가 보고된다. 예를 들어, 경기도에서 추진된 혁신학교는 '민주적 학교 운영 체제를 바탕으로 윤리적 생활공동체와 전문적 학습 공동체를 구축하고, 창의적 교육과정을 통해 학생의 삶의 역량을 기르기 위한 학교 혁신의 모델'로 기획되었다. 그러나 학력 저하를 우려하는 일부 학부모의 반대 여론으로 일부 학교에서 운영이 축소되거나 사업 자체가 중단되는 사태를 겪었다.[24] 공공사업 영역에서도 유사한 현상이 나타난다. 폐기물처리시설, 소각장, 공공임대주택 등 사회적으로 반드시 필요한 기반 시설들이 님비 현상 때문에 적기에 설치되지 못할 경우, 그 부담은 고스란히 타 지역 주민이나 미래 세대에게 전가된다. 이처럼 집단 이기주의로 일어나는 정책 저항은 공공정책의 일관성과 예측 가능성을 훼손하고, 사회적 비용과 행정적 낭비를 증가시킨다. 결국 이는 정책 전반의 실행력을 약화시키고, 국가의 장기적 경쟁력을 저하시킨다는 점에서 심각한 문제이다.

사회정의의 훼손

집단 이기주의는 사회정의와 공정성의 원칙을 심각하게 훼손한다. 강한 조직력과 결집력을 가진 집단이 자신의 이익을 우선시하는 구조에서는, 사회적 약자나 외부 집단이 상대적 박탈감과 소외를 겪기 쉽다. 그리고 이는 사회적 불평등을 더욱 심화시킨다. 예컨대 서울 교통 공사의 정규직 전환 과정에서 불거진 이른바 '고용 세습' 논란은 청년 세대 사이에서 공정한 경쟁 기회가 박탈되었다는 인식을 확산시키며, 사회 전반에 걸쳐 불신과 분노를 증폭시킨 대표 사례이다. 서울대 보건대학원 연구팀이 2025년 4월 전국 성인 1,500명을 대상으로 실시한 '정신건강 증진과 위기 대비를 위한 조사'에 따르면, "기본적으로 세상은 공정하다고 생각한다."는 문항에 응답자의 69.5%가 동의하지 않는다고 답했다. 또한 "입법·사법·행정부의 비리나 잘못 은폐에 울분을 느꼈다."고 응답한 비율은 85.5%로 높게 나타났다.[25] 이처럼 사회가 공정하지 않다는 인식과 제도를 향한 불신은 사회적 갈등을 심화시키는 중요한 배경 요인이 된다. 나아가 장애인 특수학교 건립이나 청년주택 유치에 대응하는 지역사회의 반대는 단순한 지역 이기주의를 넘어서, 사회적 약자를 대상으로 한 구조적 배제이자 인권의 문제로도 해석할 수 있다. 이러한 배타적 행태는 소수자의 기본권 실현을 제약하고, 차별과 배제를 사회문화적으로 정당화하거나 고착화시키는 결과를 초래한다. 결국, 민주주의 사회에서 모든 시민이 존엄하게 공존하기 위해 필수적인 사회정의의 토대가 집단 이기주의적 행태에 점차 잠식되고 있는 것이다.

사회적 갈등의 대가는 무엇인가

01 사회적 갈등의 경제적 비용 연구

집단 이기주의는 단순히 사회적 갈등을 유발하는 데 그치지 않고, 국가 경제 전반에 걸쳐 막대한 비용과 손실을 초래하는 구조적 문제로 작용한다. 그렇다면 이러한 사회적 갈등은 전체적으로 어느 정도의 경제적 부담을 발생시킬까?

국무조정실이 단국 대학교 분쟁해결 연구 센터에 의뢰한 '사회적 갈등으로 인한 경제적 비용 분석' 연구에 따르면, 1990년부터 2022년까지 33년간 공공정책에 대한 사회적 갈등으로 발생한 누적 비용은 총 2,628조 원에 달하는 것으로 나타났다(조사 대상: 총 1,232건).

연구 센터는 다음 세 가지 조건을 모두 충족한 사례를 공공정책에 대한 사회적 갈등으로 정의하여 비용을 산출했다.

공공정책에 대한 사회적 갈등 조건
① 연인원 500명 이상이 참여한 집단행동이 조직되었는가.
② 공중 접근이 자유로운 장소에서 100명 이상이 최소 1회 이상 집단행동을 전개했는가.
③ 상충되는 쟁점을 둘러싼 이해 당사자 간 상호작용이 7일 이상 지속되었는가.

02 연구 결과

유형별로 갈등 비용을 분석한 결과, 전체 2,628조 원 중 이념 갈등에 따른 비용이 1,981조 원(75.4%)으로 그 비율이 가장 높았다. 이는 2위인 노동 갈등(307조 원, 11.7%)과 비교해 6배 이상 큰 규모다. 주목할 점은 전체 공공정책에 대한 사회적 갈등 1,232건 중 이념 갈등은 74건(6% 수준)에 불과함에도, 적절한 대응이 이루어지지 않으면 그 파급 효과가 매우 크다는 점이다.

표 1-1 연도별 갈등 비용 (단위: 조 원)

연도	비용	연도	비용
2013	7.3	2018	60.6
2014	152.9	2019	103.6
2015	36.3	2020	5.2
2016	151.6	2021	30.7
2017	1,740.6	2022	37.8
합계	2,326.6	평균	232.7

*갈등 비용 계산 수식: 1일 법정 근로 시간×최저 시급×참여자수×평균 갈등 지속 기간

단국대 분쟁해결연구센터(2024)

갈등이 어떤 방식으로 종결되었는지에 따라 발생한 경제적 비용의 차이도 뚜렷했다. 협상이나 중재를 거치지 못하고 법원 판결로 종결된 갈등의 비용은 약 159조 원으로 가장 컸다. 반면 협상(78조 원) 또는 중재(77조 원)로 마무리된 경우에는 그 비용이 절반 수준에 그쳤다. 갈등이 명확한 결론 없이 소멸되는 방식으로 종결된 경우에도 약 77조 원의 비용이 발생했다고 나타나, 갈등 해결 과정의 방식이 사회적 비용에 큰 영향을 미친다는 사실을 보여 준다.[26]

집단 이기주의의 해결 방안

한국 사회는 급속한 산업화와 민주화 과정으로 사회구조가 다원화되고 시민의 정치적 자율성이 크게 확대되어 왔다. 이러한 다원화는 다양한 이해관계의 충돌을 수반하는 것이 필연적이며, 따라서 사회적 갈등의 발생은 건강한 민주사회에서 자연스러운 현상으로 간주될 수 있다. 그러나 한국 사회는 여전히 갈등을 건설적으로 인식하고 제도적으로 해결하는 능력에 부족한 부분이 존재한다. 즉, 다양한 이해 당사자 간의 갈등을 조정하고 타협하는 공론화 절차나 협의 규범이 충분히 정착되어 있지 않으며, 이러한 제도적 기반을 접하는 사회적 학습과 경험도 축적되지 않고 있다. 일부 연구자들은 이러한 상황을 '전투 사회'로 규정하며, 한국 사회가 합의와 조정보다는 대립과 투쟁에 익숙한 갈등 대응 양상을 보여 주고 있다고 지적한다.[27] 그러나 다원화된 사회는 경쟁 속에서도 공존을 추구하는 비-제로섬(non-zero-sum game) 게임의 구조를 지니고 있기 때문에, 집단 이기주의가 극단화될 경우 결국 사회 전체가 손실을 보는 결과로 이어질 수 있다. 특정 집단의 단기적 이익 추구가 반복될수록, 다른 집단의 반발과 제도 불신이 누적되며 사회 전반의 효율성과 통합이 심각하게 훼손될 수 있기 때문이다[28]. 이러한 맥락에서, 집단 이기주의로부터 비롯된 갈등과 사회적 비용을 줄이기 위해서는 제도적, 정책적, 문화적 차원에서의 다층적 대응 전략이 병행되어야 한다.

제도적 해결: 갈등 조정 메커니즘의 상설화

제도적 차원에서 핵심은 숙의 기반의 갈등 조정 시스템을 제도화하고 이를 상시적으로 운영하는 것이다. 특히 이해관계가 첨예하게 충돌하는 사안에서는 정책 초기 단계에서 공론화와 여론 수렴, 이해 당사자 협의체 구성 등의 절차를 거쳐 갈등을 조기에 조정할 수 있도록 해야 한다. 예컨대 정부나 지방자치단체가 대규모 공공사업을 추진할 경우, 주민, 전문가, 시민단체 등 다양한 이해관계자가 참여하는 협의회를 구성하여 정보를 투명하게 공유하고, 다양한 대안을 모색하는 과정이 필수이다. 실제로 2017년, 신고리 원전 5·6호기 건설 중단 여부를 둘러싼 갈등 상황에서 정부는 471명의 시민참여단으로 구성된 공론화 위원회를 운영하여 숙의로 사회적 합의를 이끌어 냈다.[29] 문재인 대통령은 같은 해 10월, "숙의 과정을 거쳐 지혜롭고 현명한 답을 찾아주었고, 자신의 의견과 다른 결과에도 승복하는 숙의 민주주의의 모범을 보여 주었다."라고 평가하며, "이번 공론화 경험을 계기로 다양한 사회적 대화와 대타협이 더욱 활발히 이루어지기를 기대한다."라고 밝혔다.[30] 이러한 사례는 숙의 민주주의가 실질적인 정책 조정 도구로 기능할 수 있음을 보여 준다. 이에 따라 중앙정부와 지방정부 모두 갈등 조정 위원회를 상설화하고, 갈등 징후가 나타나는 초기 단계에서 중립적인 조정자를 투입할 수 있는 체계를 마련함이 중요하다. 결국, 갈등 예방을 위한 사전 영향평가 제도와 숙의 절차의 제도화는 정책 결정 과정의 정당성과 수용성을 높이는 데 기여할 수 있다.

정책적 해결: 보상과 협력 구조의 설계

정책적 차원에서는 주민 반발을 줄이고 수용성을 제고하기 위한 보상책(인센티브) 설계가 핵심이다. 그 대표적인 접근이 바로 기피 시설 유치 지역에 대한 보상 패키지 제공, 즉 '핌피(PIMFY)' 전략이다. 이 전략은 주민 피해를 최소화하는 동시에 지역 발전 요소를 결합한 상생형 보상 체계를 적용해, 해당 시설의 유치를 긍정적으로 인식하도록 유도하는 방식이다. 이와 관련하여, 1991년에 제정된 「폐기물처리시설 설치촉진 및 주변지역지원 등에 관한 법률」(약칭: 폐기물시설촉진법)은 제1조에서 그 목적을 다음과 같이 명시한다.

> "폐기물처리시설의 부지 확보 촉진과 그 주변지역 주민에 대한 지원을 통하여 폐기물처리시설의 설치를 원활히 하고 주변지역 주민의 복지를 증진함으로써 환경보전과 국민 생활의 질적 향상에 이바지함을 목적으로 한다."

이 법에 따라 국가와 지방자치단체는 폐기물처리시설 설치를 계획하고 추진할 때, 해당 지역 주민에게 생활환경 개선, 주민 편익 시설 제공, 지역 발전 기금 지원 등 다양한 방식으로 지원을 제공할 수 있도록 하고 있다. 그러나 금전적 보상만으로는 갈등을 근본적으로 해결하는 데 한계가 있다. 장기적으로는 주민들이 해당 시설의 설치가 공공성과 공동체 기여라는 가치를 담고 있다는 점을 인식하고 공유할 수 있도록 하는 설득과 소통의 노력이 병행되어야 한다. 즉, '우리 지역이 사회에 기여하고 있다.', '공익과 지역 발전이 양립 가능하다.'는 인식이 주민 사회에 정착될 수 있도록, 협력적 정책 설계와 전략적인 커뮤니케이션이 강화되어야 한다.

문화적 해결: 시민의식과 공공성 교육

문화적 차원에서 갈등을 근본적으로 해결하기 위해서는 공공의 이익을 인식하고 이를 실천하는 시민의식의 확산이 반드시 필요하다. 따라서 초·중등학교는 물론 시민사회를 대상으로 하는 교육에서 공익과 연대, 상생의 가치를 강조하는 시민교육을 체계적으로 강화해야 한다. 이를 위해 정부는 2018년 「민주시민교육 활성화를 위한 종합계획」을 수립하고, 시민적 관용과 시민적 효능감, 비판적 사고력, 문제해결력, 협력과 연대 등을 핵심 역량으로 제시하였다.[31] 이러한 역량을 함양하려면 학습자가 다양한 집단과 상호작용 하며 이해와 공감의 태도를 키우고, '우리 대 그들'이라는 이분법적 사고를 극복할 수 있도록 교육이 이루어져야 한다. 결국 포용성과 협력성을 중심에 둔 시민적 관점의 함양이 중요하다.

언론과 미디어의 역할도 간과할 수 없다. 특정 집단을 악마화(demonize)하거나 갈등을 선정적으로 소비하는 방식은 갈등을 조장할 수 있다. 대신 언론은 갈등의 구조적 원인과 해결 방안을 균형 있게 조명하고, 당사자 간 이해와 공감이 형성될 수 있도록 돕는 매개자로서의 역할을 수행해야 한다. 또한, 지역 단위의 공론장 형성과 사회적 신뢰 축적도 필요하다. 주민 공청회, 갈등 토론회, 마을 워크숍 등과 같은 일상적 갈등 조정 공간과 문화를 조성함으로써, 갈등을 제도나 전문가에만 의존하지 않고 시민 스스로 조율할 수 있는 기반을 마련해야 한다. 이러한 문화적 노력은 단기간에 가시적인 성과를 내기 어렵더라도, 장기적으로는 배타적 집단주의를 넘어 건강한 시민 공동체로의 전환을 가능하게 하는 토대가 된다.

생각해 볼 문제

01 집단 이기주의의 경계 찾기

집단 이기주의와 정당한 권익 보호 사이의 경계는 어디에서 갈릴까? 자신의 집단 이익을 주장하는 행위가 언제 공동체로서의 책임을 저버리는 이기주의로 평가되는지 토론해 보자.

02 사회에서 발생하는 갈등의 원인

한국 사회에서 집단 이기주의 현상이 두드러지게 나타나는 분야나 사례로는 무엇이 있는지 떠올려 보자. 그러한 갈등이 발생한 근본 원인은 무엇일까? 경제적 요인과 문화적 요인, 제도적 요인 등 다양한 측면에서 분석해 보자.

03 공동체를 배려하는 태도

자신부터 실천할 수 있는 집단 이기주의 극복 방법에는 무엇이 있을까? 일상생활이나 학교, 지역 사회에서 자신의 집단뿐 아니라 공동체 전체를 배려하는 태도를 기르기 위해 할 수 있는 노력을 생각하고 공유해 보자.

미주

01	이지훈(2017.9.9.). "때리면 맞을게요, 제발 특수학교만…" 무릎꿇은 엄마의 호소. 동아일보.
02	오세진(2020.3.15.). "엄마, 이젠 무릎 꿇지 마세요"… 서진학교에 봄이 왔습니다. 서울신문.
03	한국민족문화대백과사전. 집단 이기주의(集團 利己主義). encykorea.aks.ac.kr/Article/E00 68921 (검색일: 2025.3.3.). 인용 시 [출처: 집단 이기주의(集團 利己主義)-한국민족문화대백과사전]과 같이 출처 표기 요청함.
04	노정연(2021.8.19.). 전경련 "한국 '갈등지수' OECD 국가 중 3위…갈등관리 능력은 하위권". 경향신문.
05	경향신문(2015.3.24.). 갈등의 치유·관리가 경제에 미치는 영향.
06	이영란(2000). 공익 해치는 집단이기주의. 관훈저널, 76, pp. 255-264.
07	장하용(2000). 보도검증_갈등 분석에 앞서 집단이기주의 규정부터. 신문과 방송, 359, pp. 31-35.
08	박초롱(2018.4.6.). 심화되는 청년주택 님비현상…"빈민주택 반대" 안내문까지. 연합뉴스.
09	신현정(2023.7.11.). '소음 논란' 119센터 응원한 주민들 "혐오시설 아니라 필수시설입니다". 경인일보.
10	최은경·표태준(2017.3.6.). 들어가고 싶은 어린이집… "우리동네엔 들어오지 마라". 조선일보.
11	유대근(2025.3.17.). "국공립어린이집을 들여와? 거지야?" 맞벌이 부모 눈물 짓게 한 '혐오 공화국'. 한국일보.
12	강지남(2017.9.24.). 주민 반대 없이 문 연 시각장애 영·유아 특수학교. 신동아.
13	박초롱(2018.10.16.). 서울교통공사 직원 친인척 108명 정규직 전환 '특혜 논란'. 연합뉴스.
14	고용노동부 보도자료(2024.4.30.). 2023년 6월 기준 고용형태별근로실태조사 결과 발표.
15	김근주(2024.9.2.). 현대차비정규직노조 "사내하청노동자에게 차등 없는 성과배분을". 연합뉴스.
16	Tajfel, H., Billig, M. G., Bundy, R. P., & Flament, C.(1971). Social categorization and intergroup behaviour. *European Journal of Social Psychology*, 1(2), pp. 149-178.
17	송충식(2006.2.20.). 패거리문화와 순혈주의. 경향신문.
18	최성락(2025.2.8.). '남의 것' 빼앗아야 부자 되는 '제로섬 사회'가 온다. 주간동아.
19	신호경(2023.11.2.). 한은 "수도권 인구 비중 OECD 1위…저출산 문제의 원인"(종합). 연합뉴스.
20	지니계수(Gini coefficient)는 소득이나 자산의 분배가 얼마나 불평등한지를 수치로 나타낸 지표이다. 0에 가까울수록 평등하고, 1에 가까울수록 불평등하다. 3장에서 자세히 다룬다.
21	황지윤(2022.12.8.). 자산 상위 20% 가구, 하위 20%와 64배 격차… 역대 최대. 조선일보.
22	노정연(2021.8.19.). 앞의 글.
23	정순구(2025.2.25.). 한국인 삶의 만족도 OECD 38개국 중 33위 '최하위권'. 동아일보.
24	정혜순(2022.10.27.). [혁신학교·경기] 2025년 이후 혁신학교 모두 사라져. 교육희망.
25	정종훈(2025.5.7.). 韓 성인 절반 이상 '장기적 울분 상태'…"세상은 공정하지 않다". 중앙일보.
26	조용석(2024.4.29.). 이념갈등 사회비용 1980兆…방치한 공공갈등에 소모한 77兆. 이데일리.
27	송복·김왕배(1993). 한국사회의 다원화와 집단갈등. HRI FORUM, pp. 160-175.
28	이경자(1997). 한국의 집단이기주의와 언론보도. 관훈저널, 66, pp. 158-171.

29	신고리 5·6호기 공론화위원회(2018). 숙의와 경청, 그 여정의 기록-신고리 5·6호기 공론화 백서.
30	노지원(2017.10.25.). '신고리 5·6호기 공론화'가 우리에게 남긴 숙제들. 한겨레신문.
31	교육부(2018). 민주시민교육 활성화를 위한 종합계획.

2장

포퓰리즘의 확산과 민주주의 위기

포퓰리즘 해석

"포퓰리즘이란 사회가 궁극적으로 순수한 민중과 부패한 엘리트로 나뉜다고 여기고, 정치란 민중의 일반의지의 표현이어야 한다고 주장하는 중심이 얇은 이데올로기다." 정치학자 카스 무데(Cas Mudde)와 크리스토발 로비라 칼드바서(Cristóbal Rovira Kaltwasser)의 포퓰리즘 정의다.[01] 여기서 '순수한 민중'은 도덕적으로 우월한 존재이며, '부패한 엘리트'는 기존 정치, 관료, 언론, 경제 전문가 등을 가리키며 신뢰할 수 없는 존재이다. '중심이 얇은' 이데올로기란 포퓰리즘이 사회주의, 자유주의 같은 '중심이 두꺼운' 이데올로기와 달리 다른 이데올로기에 덧붙여져 의미를 갖는 성향이다. 즉 포퓰리즘은 그 자체로 의미체계를 갖기 힘들고, '좌파 포퓰리즘', '우파 포퓰리즘', '보수적 포퓰리즘'과 같이 다른 이데올로기에 덧붙여져 비로소 현실 정치에서 의미를 갖게 된다. 이에 비해, 정치학자 에르네스토 라클라우(Ernesto Laclau)와 벤자민 아르디티(Benjamín Arditi)는 포퓰리즘에 대한 새로운 해석을 제시하였다. 먼저 라클라우는, 모든 정치가 기본적으로 포퓰리즘적 성격을 지닌다고 보았다. 그에 따르면, 포퓰리즘은 기존 질서에서 배제된 사회 집단의 다양한 요구를 하나의 정치적 주체로 통합하려는 담론 전략으로 새로운 '인민'을 구성하려는 헤게모니적 정치 행위이다. 즉, 포퓰리즘은 기존 정치에서 소외된 요구를 공동체의 '우리'로 연결하여 새로운 정치적 가능성을 여는 과정이다. 반면 아르디티는, 포퓰리즘을 민주주의 내부에 존재하지만 안정성을 위협하는 '내적 주변부'로 규정한다. 그는 민주주의가 정치인, 관료 등 전문가 집단에 의해 제도적으로 운영되지만, 동시에 대중의 직접 참여로 정당성과 작동 근거를 확보해야 하는 이중 구조를 나타낸다고 본다. 이 안에서 '인민의 의지를 직접 표현하고자 하는 열망'으로서 포퓰리즘은 민주주의 안에서 반복적으로 출현할 수밖에 없다.[02]

불확실성의 시대, 포풀리즘의 부상

2024년 미국 대선 TV 토론에서 공화당 후보인 도널드 트럼프 전 대통령은 현 바이든 행정부의 취약점으로 지적되는 불법 이민 문제를 제기하면서 근거 없는 이민자 혐오 발언을 거침없이 내놓았다. … 그는 "이민자가 유입된 마을 스프링필드에서 그들(이민자)은 개와 고양이를 먹는다."며 "그들은 그곳에 사는 사람들의 반려동물을 먹는다."고 말했다. 온라인상에서 공화당 인사들을 중심으로 오하이오주 스프링필드에서 아이티 이민자들이 반려동물을 납치해 학대한다는 허위 정보가 퍼지고 있는데 이를 그대로 전달한 것이다.[03]

오늘날 세계 곳곳에서 분쟁이 이어지고, 국제 질서가 흔들리며 정치·경제적 불확실성이 커지고 있다. 국가 간 협력은 원활하게 이루어지지 않고 있으며, 도널드 트럼프 미국 대통령의 파리협정(Paris Agreement) 탈퇴에서 알 수 있듯이 국제기구의 기능도 약화되고 있다. 이 같은 흐름 속에서 전 세계적으로 '스트롱 맨'이라 불리는 선동적 정치인들이 포풀리즘에 기대어 대중의 지지를 얻고, 정치적 영향력을 확대하고 있다. 그 결과, 현대 사회는 종종 '포풀리즘의 시대'라고 불린다. 포풀리즘이 오늘날 세계의 정치와 사회에 강력한 영향을 미치고 있기 때문이다. 많은 나라에서 포풀리스트 정치인들은 국민의 불만을 기반으로 권력을 획득하고, 기존의 정치 제도나 지도층과 대립하는 모습을 보인다. 예를 들어, 2024년은 전 세계 76개국에서 약 40억 명이 투표에 참여하는 '슈퍼 선거의 해'였다. 이 과정에서 포풀리즘은 여러 국가의 선거에서 큰 힘을 발휘하며 그 영향력을 드러냈다. 영국의 신문 《가디언》에 따르면, 2024년 기준으로 포풀리스트 정치인들이 통치하는 인구가 20억 명을 넘어섰고, 지난 20년 동안 포풀리스트가 집권한 국가가 두 배로 증가했다.[04]

그렇다면 포풀리즘이란 무엇인가? 포풀리즘은 명확한 정의를 내리기 어려운 개념이지만, 여기서는 대표적인 두 가지 관점으로 살펴보자. 먼저, 포퓰리즘은 '대중에게 인기 있는 정책이나 공약을 남발하는 정치 전략'으로 정의된다. 이는 포퓰리즘의 부정적인 측면을 강조하는 관점이다. 반면, 포퓰리즘을 '대의 민주주의의 한계를 극복할 기회를 제공하는 현상'으로 보는 관점도 있다. 이 정의는 포퓰리즘의 긍정적 가능성에 주목한다. 포퓰리즘의 영향에 대해서는 다양한 평가가 존재하지만, 일반적으로는 민주주의 후퇴와 같은 부정적 결과를 초래하는 경우가 많다. 포퓰리즘이 강하게 나타나는 국가에서는 선거 민주주의, 자유 민주주의, 그리고 숙의 민주주의˚의 수준이 전반적으로 낮아지는 경향이 있다. 다시 말해, 시민들이 자유롭게 토론하고 다양한 의견을 나눌 수 있는 환경이 줄어들고, 법과 제도가 특정 정치인의 의도나 이익에 따라 움직이기 쉬운 상황이 만들어진다.

- **민주주의** | 민주주의는 국민이 주권을 보유하고, 그 권력을 스스로 행사하는 정치 체제를 의미하며, 동시에 이러한 정치 질서를 지향하는 사상이기도 하다. 민주주의는 단일한 형태로 존재하지 않으며, 그 유형은 정치적, 제도적 특성에 따라 다양하게 분류될 수 있다. 스웨덴의 민주주의 다양성 연구소(V-Dem)는 전 세계 179개 국가를 다음 네 가지 유형으로 분류하고 있다: ▲자유 민주주의 ▲선거 민주주의 ▲선거 독재체제 ▲폐쇄된 독재체제. 또한 이 보고서는 민주주의의 핵심 요소 중 하나로 공적 추론(public reasoning)과 다양한 관점에 대한 존중을 강조하며, 이를 측정하는 지표로 '숙의 민주주의 구성 지수(Deliberative Component Index, DCI)'를 별도로 제시한다. 이들의 의미는 구체적으로 다음과 같다.

우선, 선거 민주주의(electoral democracy)는 가장 기본적인 민주주의의 형태로, 자유롭고 공정하며 정기적인 선거로 국민이 대표자를 선출하는 제도적 체계를 의미한다. 이 체제에서는 선출직 공직자가 실질적인 정치권력을 행사하며, 보편적 참정권이 보장되고, 정당과 후보자가 자유롭게 형성되어 경쟁할 수 있어야 한다. 또한 언론과 시민사회가 자유롭게 활동할 수 있는 환경이 조성되어야 하며, 정치적 경쟁이 합리적 수준에서 공정하게 이루어져야 한다.

다음으로, 자유 민주주의(liberal democracy)는 선거 민주주의의 절차적 요소에 더해, 개인의 자유와 기본권 보장을 핵심 가치로 삼는다. 표현의 자유, 사법의 독립, 권력 분립, 소수자 보호 등 자유주의적 헌정 질서가 민주주의의 정당성과 지속 가능성을 뒷받침한다는 관점에서, 자유 민주주의는 민주주의와 자유주의가 불가분의 관계에 있다는 전제를 바탕으로 한다. 이 체제에서는 다수결 원칙에 기반한 의회제도를 바탕으로 정치적 의사가 실현되며, 동시에 헌법에 따른 인권 보장이 다수의 횡포로부터 소수의 권리를 보호하는 제도적 장치로 마련되어 있다.

한편, 숙의 민주주의(deliberative democracy)는 공공의사결정 과정에서 숙의(熟議, deliberation)를 핵심 원리로 삼는 민주주의 이론이다. 이는 단순히 선호를 집계하는 투표 중심의 민주주의와 달리, 시민들이 공공 문제에 직접 참여하고, 상호 간의 입장을 존중하며, 충분한 토론을 거쳐 이성적이고 정당한 합의에 도달하는 과정을 중시한다. V-Dem은 이를 민주주의의 질적 요소로 간주하며, 별도의 구성 지수(DCI)를 활용해 각국의 수준을 정량적으로 평가하고 있다.[05]

포퓰리즘의 특징과 세계적 확산

포퓰리스트 정치인은 '부패한 엘리트 대 순수한 국민'이라는 단순한 이분법적 구도를 이용해 대중의 지지를 얻는다. 이러한 의미에서 포퓰리즘은 '사회를 순수한 국민과 부패한 엘리트라는 두 적대적 집단으로 나누는 단순한 이데올로기'로 정의되며[06], 정치는 국민의 일반 의지를 직접적으로 반영해야 한다는 관점을 담는다. 이 정의에서 '국민'은 도덕적으로 선하고 순수한 존재로 이상화되는 반면, 정치·경제·문화 분야의 '엘리트'는 이기적이며 부패한 존재로 묘사된다. 따라서 이러한 엘리트를 극복해야만 국민의 진정한 이익이 실현될 수 있다는 점이 포퓰리즘의 핵심 사상이다. 포퓰리스트 정치인들은 기존의 정치 엘리트가 국민의 목소리를 무시하고 있다고 비판하며, 자신만이 진정한 민중의 대변자라고 주장한다. 또한 불평등, 이민, 세계화와 같은 복잡한 사회문제들을 단순한 해결책으로 설명하며, '부자에게 세금을 더 거두면 모든 문제가 해결된다.'거나 '국경을 막으면 경제가 살아난다.'는 식의 강력하고 직설적인 메시지를 전달한다. 그러나 이러한 접근은 실제 문제 해결과는 거리가 있으며, 정치적 양극화를 심화하고 자국 중심주의를 강화하는 결과를 초래할 수 있다. 대표적인 사례로 인도의 나렌드라 모디(Narendra Modi) 총리는 자신이 가난한 시골 출신임을 강조하며, 도시 엘리트 계층이 반감을 사도록 조장한다. 그는 언론과 학계, 지식인, 관료 등을 '국민과 동떨어진 엘리트'로 규정하고, 이들과 민중 간의 대립 구도를 적극 활용함으로써 자신의 정치적 기반을 공고히 한다.

포퓰리즘은 민주주의 전통이 강한 국가에서도 빠르게 확산되고 있다. 미국의 트럼프 대통령은 기존 정치 엘리트를 강하게 비판하며, 국민의 뜻을 직접 반영하는 정치를 실현하겠다고 주장했다. 영국에서는 2016년 브렉시트(Brexit) 국민투표 당시 유럽연합(EU) 탈퇴 지지 세력이 "영국을 다시 강하게 만들자(Make Britian Great Again)"는 구호를 앞세우며 외국인 이민자 문제를 부각시켰고, 반(反)이민주의와 강한 국민 정체성을 강조하는 포퓰리즘 전략을 활용했다. 이러한 흐름은 유럽과 아시아를 포함한 세계 각지에서 나타나고 있으며, 정치 지형의 변화를 이끌고 있다. 특히 2024년 유럽의회 선거에서는 극우 포퓰리스트 정당들이 큰 성과를 거두었고, 그 배경에는 경제적 불평등과 이민·난민 문제에 대한 대중의 불만을 정치적으로 활용하는 전략이 자리했다. 이에 따라 스웨덴의 민주주의 다양성 연구소(V-Dem Institute)와 미국의 프리덤 하우스(Freedom House)는 최근 보고서에서 민주주의가 전 세계적으로 후퇴하고 있다고 경고하였다.

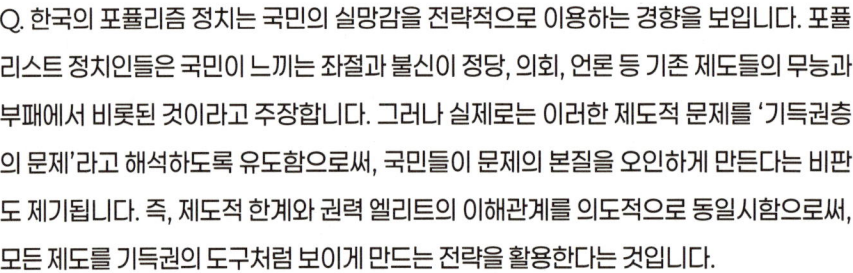

한국 민주주의와 포퓰리즘의 위협

Q. 한국의 포퓰리즘 정치는 국민의 실망감을 전략적으로 이용하는 경향을 보입니다. 포퓰리스트 정치인들은 국민이 느끼는 좌절과 불신이 정당, 의회, 언론 등 기존 제도들의 무능과 부패에서 비롯된 것이라고 주장합니다. 그러나 실제로는 이러한 제도적 문제를 '기득권층의 문제'라고 해석하도록 유도함으로써, 국민들이 문제의 본질을 오인하게 만든다는 비판도 제기됩니다. 즉, 제도적 한계와 권력 엘리트의 이해관계를 의도적으로 동일시함으로써, 모든 제도를 기득권의 도구처럼 보이게 만드는 전략을 활용한다는 것입니다.

A. 트럼프나, 과거의 대표적인 포퓰리스트 정치인이었던 아르헨티나의 후안 페론(Juan Perón)을 떠올려 보십시오. 포퓰리스트 정치인들은 국가의 제도가 국민의 힘을 억제하고 기득권층의 권력을 강화하기 위해 만들어진 형식적 장치에 불과하다고 주장합니다. 그들은 권력 분산과 절차적 민주주의가 오히려 국민의 직접적 의사를 왜곡하고 약화시키는 수단이라고 비판합니다. 이러한 포퓰리스트 정치인은 국민으로 하여금 제도와 기득권을 동일시하도록 유도하며, 제도를 공격하고 동시에 '국민을 위해 제도를 바꾸겠다.'고 외칩니다. 즉, 제도는 국민을 억누르는 기득권의 수단이며, 자신은 이를 바로잡을 유일한 대변자라는 메시지를 강조하는 것입니다. ⋯ 하지만 사실, 포퓰리즘은 대의제를 부정하기보다 오히려 대의제의 원리를 제대로 구현해야 하는 정치입니다. 그럼에도 현실에서의 포퓰리즘 정치는 대의민주주의와 심각한 충돌과 모순을 보입니다. 포퓰리즘이 국가의 제도적 기반을 장악하게 되면 매우 위험합니다. 국민의 집단적 권한에 의해 운영되어야 할 국가 제도가, '자신이 곧 국민'이라고 주장하는 단 한 사람에 의해 사적으로 전유되는 상황은 민주주의를 위협하는 것입니다.[07]

포퓰리즘은 최근 한국 사회에서 민주주의를 위협하는 주요 요인으로 부각되고 있다. 한국은 포퓰리즘이 발생하기 쉬운 구조적 조건을 갖추고 있다는 평가도 받는다. 글로벌 리서치 기관인 입소스(IPSOS)가 2023년에 28개국을 대상으로 실시한 조사에 따르면, 전 세계적으로 기존 정치체제에 드리운 불신이 심화되고 있으며, 특히 정치 엘리트를 향한 반감이 두드러진다.[08]

한국은 정치체제가 붕괴되었다고 믿는 사람들의 비율이 2022년 56%에서 2023년 66%로 증가했다. 또한 "국가 경제가 권력자와 부유층에게 유리하게 운영된다."는 진술에 76%가 동의해, 조사 대상 국가 중 다섯 번째로 높은 수치를 기록했다.

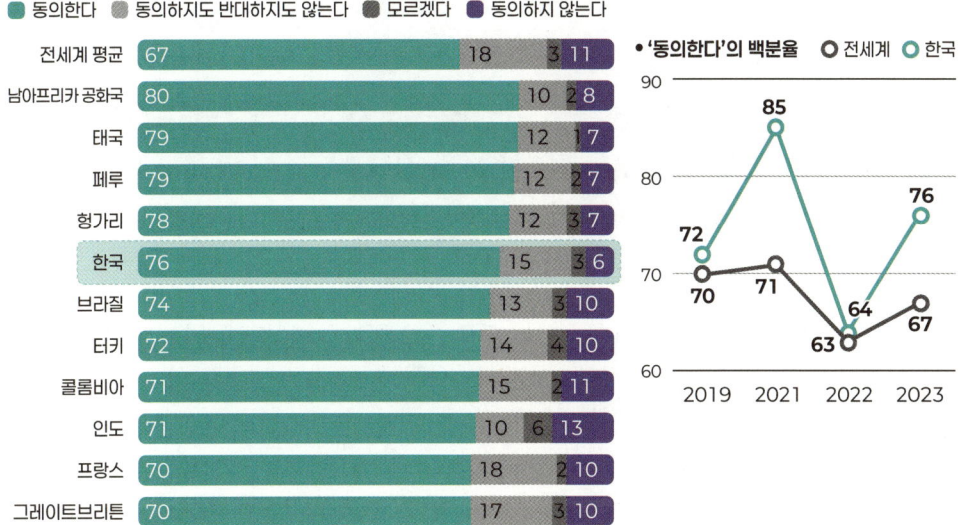

| 그림 2-1 | 국가 경제가 권력자와 부유층에게 유리하게 운영된다 (단위: %)

2023년 11월 22일부터 12월 6일까지 28개국에서 75세 미만의 온라인 성인 20,630명을 대상으로 인터뷰를 진행한 결과, 전 세계 국가 평균 67%가 동의했다. 여기서 전 세계 평균은 조사에 참여한 모든 국가 및 시장의 평균 결과를 나타낸다.

Ipsos(2024).

나아가 "국가의 문제를 해결하기 위해서는 기존 규칙을 어길 수 있는 강력한 지도자가 필요하다."는 진술에는 한국 응답자의 66%가 동의했으며, 이는 조사 대상국 중 세 번째로 높은 수치이다(IPSOS, 2024). 이러한 결과는 많은 국민이 전통적인 민주주의 절차보다 지도자의 결단력을 선호할 가능성이 높다는 점을 시사한다.

| 그림 2-2 | 국가 문제 해결을 위해 기존 규칙을 어길 수 있는 강력한 지도자가 필요하다 (단위: %)

전 세계 국가 평균 49%가 동의했다. 인터뷰 결과는 각 국가의 인구 규모에 맞게 조정되지 않았다. 브라질, 칠레, 콜롬비아, 인도네시아, 말레이시아, 멕시코, 페루, 필리핀, 싱가포르, 남아프리카 공화국, 태국, 튀르키예의 샘플은 일반 인구보다 더 도시적이고, 교육 수준이 높거나 부유하다.

Ipsos(2024).

기존 정치체제에 대한 신뢰가 약화될수록, 사람들은 기존 권력 집단을 거부하고 그들을 대체할 강력한 대안을 찾고자 한다. 같은 조사에서 정치, 경제, 학문, 언론 분야의 지도층을 지칭하는 '엘리트'들이 서로 긴밀하게 연결된 집단이라는 진술에 한국 응답자의 77%가 동의했으며, 이는 조사 대상국 중 가장 높은 수치였다. 이는 많은 국민이 엘리트들이 공공의 이익보다 자신들의 사익을 우선시한다고 인식하고 있음을 보여 준다. 이러한 인식은 포퓰리즘적 정치 담론이 확산되기 쉬운 환경을 조성하며, 실제로 한국 사회에서도 포퓰리즘이 확대될 가능성을 보여 준다.

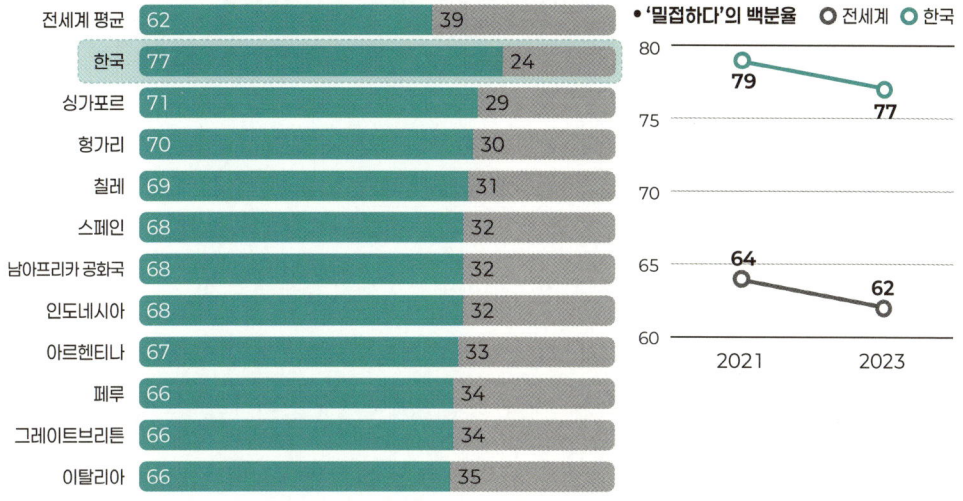

그림 2-3 '엘리트'에 대한 의견 (단위: %)

전 세계 국가 평균 62%는 엘리트가 서로 밀접하게 연결된 사람들이라고 말한다.

Ipsos(2024).

더욱이 한국 유권자들은 자신이 지지하는 정당에 강한 호감을 가지는 반면, 반대 정당에는 강한 혐오감을 드러내는 경향이 뚜렷하다. 이러한 현상은 '정서적 양극화'라고 불리며, 부정적 당파성과 결합되어 상대 정당이나 후보자에 대한 적대감으로 이어진다. 그 결과 민주주의 정치 과정이 '선과 악', '우리 대 그들'의 대립 구도로 변질될 위험이 커진다.

유권자들이 민주주의의 핵심 가치보다 당파적 이익을 우선시하면 민주주의의 건강한 작동은 위협받는다. 한국의 정치체제는 강력한 대통령중심제와 승자독식 구조로 구성되어 있어 정당 간 대립이 더욱 격화할 수 있다. 그리고 정치적 양극화와 정서적 대립, 부정적 당파성이 심화될수록 민주주의가 후퇴할 가능성은 커진다. 이와 같은 분열과 갈등의 틈을 타, 이념 갈등, 세대 간 대립, 지역주의를 자극하며 정치적 영향력을 확대하려는 포퓰리스트 정치인들이 등장할 가능성도 배제할 수 없다.

누가 '포퓰리스트'일까?

01 내가 아는 정치인의 말과 행동 분석하기

1. 자신이 알고 있는 정치인 한 명을 선택하여, 그 정치인의 발언이나 행동에서 포퓰리즘적 특징이 얼마나 보이는지 분석해 보자.

2. <표 2-1>에 제시된 '포퓰리스트 정치인의 특징 체크리스트' 10개 문항을 읽고, 자신이 선택한 정치인의 발언이나 행동을 떠올려 항목별로 '예' 또는 '아니오'에 표시해 보자.

3. '예'에 표시한 항목마다 1점을 부여하고, '아니오'는 0점을 부여한다.

표 2-1 | 포퓰리스트 정치인의 특징 체크리스트

번호	문항	(예)1점 / (아니오) 0점
1	자신을 '국민의 유일한 대변자'라고 주장한다.	(　) 예 / (　) 아니오
2	기존의 정당이나 국회를 '기득권 세력'이라고 비판한다.	(　) 예 / (　) 아니오
3	국민을 '선량한 민중'과 '부패한 엘리트'로 나누어 말한다.	(　) 예 / (　) 아니오
4	반대 의견을 가진 사람이나 언론을 '국민의 적'이라고 공격한다.	(　) 예 / (　) 아니오
5	자신의 정책에 반대하는 사람들을 '비애국적'이라고 비난한다.	(　) 예 / (　) 아니오
6	복잡한 사회문제를 단순한 해법으로 해결하겠다고 주장한다.	(　) 예 / (　) 아니오
7	선거와 언론, 사법부 등 민주적 제도를 불신하거나 공격한다.	(　) 예 / (　) 아니오
8	특정 집단(이민자, 소수자 등)을 '문제의 원인'으로 지목한다.	(　) 예 / (　) 아니오
9	SNS나 대중집회를 통해 직접 국민과 소통한다고 강조한다.	(　) 예 / (　) 아니오
10	법이나 절차보다 자신의 결단력이 더 중요하다고 말한다.	(　) 예 / (　) 아니오
	합계	(　　　) 점

02 결과 정리하기

1. 마지막에 총점을 계산하여, 나의 점수는 10점 만점 중 몇 점인지 기록해 보자.

2. 점수 결과를 바탕으로 간단한 소감을 작성해 보자.

소감 작성 (5~7줄 이내)
- 선택한 정치인의 포퓰리즘 성향이 강했는지, 약했는지 느낀 점을 간단히 작성한다.
- 포퓰리즘 특징 중 특히 눈에 띄었던 부분이나, 예상과 달랐던 점이 있었다면 함께 적어본다.

3. 유의 사항

- 정치인을 비방하거나 지나치게 주관적인 평가를 담지 말고, 객관적인 발언이나 행동 근거를 바탕으로 작성한다.
- 구체적인 발언이나 행동을 떠올리며 분석하는 연습을 해 본다.

포퓰리즘의 부작용과 민주주의의 위기

포퓰리즘이 확산되면 시민들은 민주주의의 원칙보다 자신이 지지하는 정치 세력의 이익을 우선시하는 경향을 보인다.[09] 즉, 민주주의의 보호보다 당파적 이익을 더 중시하게 되고, 때로는 자유와 권리를 제한하는 반자유주의적 태도마저 수용하게 된다. 이러한 현상에 휘둘리지 않으려면 유권자가 비판적으로 사고하고 자율적으로 판단하는 능력을 갖추는 것이 중요하다. 포퓰리즘이 민주주의에 미치는 부정적 영향은 크게 두 가지로 나눌 수 있다.

사회적 분열 심화

포퓰리즘은 '우리 대 그들'이라는 단순한 구도를 이용해 사회를 양분하는 경향이 있다. '선량한 국민 대 부패한 엘리트' 또는 '우리 대 타자(이민자, 소수자)'와 같은 대립 구조는 사회적 갈등을 증폭시키고 공동체의 통합을 저해할 수 있다.[10] 예를 들어, 미국의 트럼프 대통령은 2024년 대선 후보 TV 토론에서 오하이오주 스프링필드로 온 아이티 출신 이민자들이 주민들이 키우는 개와 고양이를 잡아먹었다고 주장한 바 있다.[11] 이러한 발언은 특정 집단을 비인간화하고 공포심을 조장하는 '타자화' 전략의 전형으로, 다문화 사회에서 상호 공존보다는 적대적 공생을 유도하는 결과를 초래할 수 있다.

또한 포퓰리즘은 특정 민족이나 집단만을 '진정한 국민'으로 간주하는 경향이 있다. 이는 외국인과 소수집단을 배제하고, 단일한 정체성을 강조하게 만든다. 건강한 민주주의는 다양한 정체성과 의견이 공존하며, 모두가 공공선에 기여할 수 있는 다원주의적 가치를 존중하는 사회에서 발전한다. 그러나 포퓰리즘은 반대 의견을 억압하고, 소수집단을 배제하는 경향이 있어 이러한 다원주의적 가치를 위협한다. 특히, 소셜미디어의 확증 편향은 이런 배타성을 더욱 강화시킬 수 있다. 결국, 포퓰리즘은 민주주의적 토론을 활성화하기보다 혐오와 배제를 조장하는 정치 환경을 만드는 원인이 될 수 있다.

민주적 제도의 약화

포퓰리스트 정치인들은 종종 사법부, 언론, 선거제도와 같은 민주주의의 핵심 기관들이 편향되었거나 부패했다고 주장한다. 이러한 주장은 시민들로 하여금 제도에 대한 불신을 갖게 만들고, 민주주의 절차의 정당성과 기능을 약화시킨다.[12] 그 결과, 선거 참여율이 낮아지고 권위주의적 정치가 확산될 위험이 커지며, 대의제와 정당 정치를 포함한 민주주의의 핵심 구조가 흔들릴 수 있다.

더 나아가, 포퓰리즘은 민주적 절차와 법치주의보다 특정 지도자에 대한 충성과 지지를 강조하는 정치 문화를 조장한다. 이는 시민들의 책임감을 약화시키고, 투표 참여나 공공 토론과 같은 민주적 활동을 위축시킨다. 실제 사례로, 브라질의 자이르 보우소나루(Jair Bolsonaro) 정부(2019~2022)는 대선 결과를 부정하며 선거제도의 신뢰성을 흔들었고, 인도의 나렌드라 모디(Narendra Modi) 정부(2014~현재)는 비판적인 언론과 시민단체에 가하는 억압을 강화해 왔다. 이처럼 포퓰리즘은 민주주의를 구성하는 핵심 제도들의 기능과 정당성을 약화시킬 뿐만 아니라, 시민의 정치적 무관심을 부추겨 민주주의의 지속성을 위협할 수 있다.

해외 포퓰리즘

01 포퓰리스트 지도자 평가

포퓰리즘은 미국, 유럽, 남미, 아시아 등 전 세계 여러 지역에서 나타나며, 각국의 문화적·사회적 맥락에 따라 다양한 형태로 발전하고 있다. 국제정치학자들의 네트워크인 '팀 포퓰리즘(Team Populism)'이 발표한 포퓰리스트 지도자 지수에 따르면, 전 세계 인구의 20억 명 이상이 포퓰리스트 지도자의 통치 아래에 있는 것으로 나타났다.[13] 조사 결과, 가장 높은 포퓰리즘 지수를 기록한 인물은 우고 차베스(Hugo Chávez) 전 베네수엘라 대통령(1.9)이며, 그 뒤를 니콜라스 마두로(Nicolás Maduro) 현 베네수엘라 대통령(1.6), 에보 모랄레스(Evo Morales) 전 볼리비아 대통령(1.5)이 잇는다. 또한, 오르반 빅토르(Viktor Orbán) 현 헝가리 총리(0.9), 실비오 베를루스코니(Silvio Berlusconi) 전 이탈리아 총리(0.8), 트럼프 현 미국 대통령(0.8), 모디 인도 총리(0.6), 보우소나루 전 브라질 대통령(0.5) 등도 비교적 높은 포퓰리즘 성향을 보이는 인물로 평가되고 있다.

02 남미의 좌파 포퓰리즘

남미의 좌파 포퓰리스트 정치인들은 경제적 불평등 해소와 사회정의 실현을 주요 목표로 내세우며, '소수 엘리트 대 다수 대중'의 대립 구도를 형성함으로써 다수 대중을 대표한다고 주장하는 카리스마적 지도자의 정치적 영향력을 강화해 왔다. 대표적인 인물로는 차베스 전 베네수엘라 대통령(1999~2013)이 있다. 그는 석유 수출 수익을 기반으로 복지 정책을 확대해 대중의 지지를 얻었지만, 결국 극심한 경제 위기와 사회 불안을 초래했다. 같은 계열로는 모랄레스 전 볼리비아 대통령(2006~2019) 등도 포함된다.

03 유럽과 미국의 우파 포퓰리즘

우파 포퓰리즘은 민족주의 정서를 자극하고, 반이민·반다문화 정책을 내세우며, '순수한 국민 대 외부 세력(이민자, 난민, 다문화 정책 등)'의 대립 구도를 통해 지지 기반을 넓히는 특징이 있다. 대표적인 인물로는 트럼프 미국 대통령이 있다. 그는 '미국 우선주의(America First)'를 앞세워 글로벌 협력을 약화시키고, 보호무역 정책 강화, 이민자와 난민 문제의 정치적 활용 등으로 주목받았다. 유럽에서는 프랑스의 정치인 마린 르펜(Marine Le Pen)이 대표 사례이다. 그녀는 반이민 정서와 유럽연합 탈퇴 운동을 이끌며 국민전선(National Rally)의 대중적 지지 기반을 확장했다.

포퓰리즘 확산의 원인

오늘날 포퓰리즘의 확산은 민주주의가 점차 후퇴하고 있음을 보여 준다. 이는 대의 민주주의가 제 기능을 하지 못하고 있다는 점에서 비롯된다. 포퓰리즘은 단지 이를 이용해 정치적 이득을 얻으려는 지도자들에게서 촉발되지만, 그런 담론을 받아들이고 강화하는 시민들 때문에 확산되기도 한다. 따라서 포퓰리즘의 원인을 분석할 때는 이를 공급 측면과 수요 측면에서 구분한 접근이 필요하다.[14] 공급 측면에서의 포퓰리즘은 정치 지도자나 정당이 주도하는 방식이며, 수요 측면에서는 일반 시민들이 포퓰리즘적 이념과 감정을 수용하면서 그 확산에 기여하는 양상을 의미한다.

다시 말해, 포퓰리즘은 단순히 권위주의적 정치인의 등장으로 발생하지 않는다. 일반 시민들 사이에 퍼져 있는 '포퓰리즘적 태도' 역시 중요한 요인이다. 즉, 포퓰리스트 정치인의 리더십이 포퓰리즘을 강화할 수는 있지만, 시민들 또한 '잠재적 포퓰리스트'로서 그 확산에 기여할 수 있다는 점에 주목해야 한다. 특히 사회적·경제적 불안이 심화되는 상황에서 이러한 시민의 성향이 더욱 뚜렷하게 드러날 수 있다.[15]

포퓰리즘이 확산되는 주요 경로는 여러 가지가 있으나, 대표 요인은 다음과 같다. 먼저, 대중과 기득권층 사이의 사회·경제적 격차가 심화되고 불평등이 증가할수록, 시민들은 기존 정치가 자신들을 제대로 대변하지 못한다고 느낀다. 그 결과, 이들은 강력한 리더십을 가진 새로운 정치인을 기대하게 된다. 또한 정책 결정 과정에서 시민의 목소리가 반영되지 않는다고 느껴질 때, 기존 정당이 아닌 포퓰리스트 세력을 지지하려는 경향이 강해진다. 이처럼 기존 정치에 대한 불신과 실망이 커질수록, 문제 해결을 단순하고 직접적으로 약속하는 포퓰리스트 정치인이 주목받기 쉬워진다.

이러한 현상은 한국 정치에서도 두드러지게 나타난다. 한국 정당들은 오랫동안 국민의 감정과 불신을 활용해 지지 기반을 넓혀 왔으며, 카리스마 있는 리더나 사회적으로 유명한 인물을 향한 강한 추종심이 존재한다. 이처럼 정치 경험이 없는 유명 인사가 정치에 진출할 경우, 기존 제도를 둘러싼 불신과 맞물려 대중의 높은 지지를 받는 경우가 많다. 한국의 정치체제는 겉으로 보기에는 정당 중심의 민주주의를 따르는 듯 보이

지만, 실제로는 포퓰리즘적 성향이 강한 정치 지도자 중심으로 운영되는 경향이 뚜렷하다.[16]

이와 같은 흐름은 민주주의의 약화와 쇠퇴로 이어질 수 있다. 민주주의가 후퇴하면 선거의 공정성이 의심받고, 법치주의가 제대로 작동하지 않으며, 정치적 견제와 균형의 기능이 약화될 가능성이 높아진다. 더 나아가, 시민들 사이에서 민주주의를 유지하는 데 필요한 가치와 규범을 지키려는 태도가 약화되면, 민주주의는 점진적으로 무너질 수 있다.[17]

포퓰리즘 대응 방안

포퓰리즘의 부작용을 줄이고 민주주의를 보호하려면 제도적 대응과 시민의식 제고라는 두 측면에서의 노력이 필요하다.

첫째, 포퓰리즘의 주요 원인인 경제적 불평등과 사회적 소외 문제를 해결하기 위한 제도적 정책이 마련되어야 한다. 이 정책으로 포퓰리즘의 기반이 되는 대중의 불만과 불안을 완화할 수 있다. 예컨대 스웨덴과 덴마크는 강력한 복지 정책으로 사회적 불평등을 줄였고, 그 결과 포퓰리스트 정치인의 영향력을 효과적으로 제한한 사례로 평가받는다. 또한, 민주적 절차를 존중하는 정당과 독립 언론의 역할도 중요하다. 포퓰리스트 정치인의 허위 정보나 선동적 언행을 감시하고 대응하기 위해, 독일과 프랑스에서는 극우 세력의 주장의 사실 확인을 수행하는 시민단체와 언론 프로그램이 활발히 운영되고 있다.

둘째, 정치제도의 개혁이 공급 측면의 포퓰리즘을 억제하는 데 효과적이라면, 시민교육은 수요 측면의 포퓰리즘을 줄이는 핵심 수단이 될 수 있다. 시민교육은 국민 스스로 비판적 사고력과 민주주의 감수성을 기르도록 돕고, 포퓰리즘적 사고방식을 경계하는 태도를 갖추게 한다. 따라서 포퓰리즘의 확산을 억제하기 위해 학교 교육과 공공교육 차원에서의 시민교육 강화가 필요하다.

포퓰리즘 세계지도 탐구활동

01 포퓰리즘 세계지도 탐구활동

1. 참고 웹사이트

2. 이 웹사이트는 전 세계 여러 나라의 정치 지도자를 대상으로 조사한 그들의 포퓰리즘 성향 정보를 제공한다. 포퓰리즘 지수(100을 기준으로)는 각 지도자별로 표시되며, 국가별로 비교할 수 있다. 지도에서 관심 있는 국가를 찾아 확인해 보자.

02 분석하기

다음 질문에 답하면서 포퓰리즘 세계지도를 탐색해 보자.

> 1. 포퓰리즘 지수가 높은 나라들은 주로 어떤 대륙(남미, 유럽, 아시아 등)에 모여 있는가?
> 2. 포퓰리즘 지수가 높은 국가와 낮은 국가 각각 세 곳을 찾아 기록해 보자.
>   높은 국가: (국가명 / 특징)
>
>   낮은 국가: (국가명 / 특징)
>
> 3. 한국의 포퓰리즘 지수와 주요 특징 그리고 다른 국가들과 비교했을 때 어떤 위치에 있는지 알아보자.

포퓰리즘이 확산될 때, 민주주의를 지키기 위해 시민에게 어떤 자세가 요구되는지 고민해 보자.

그림 2-4

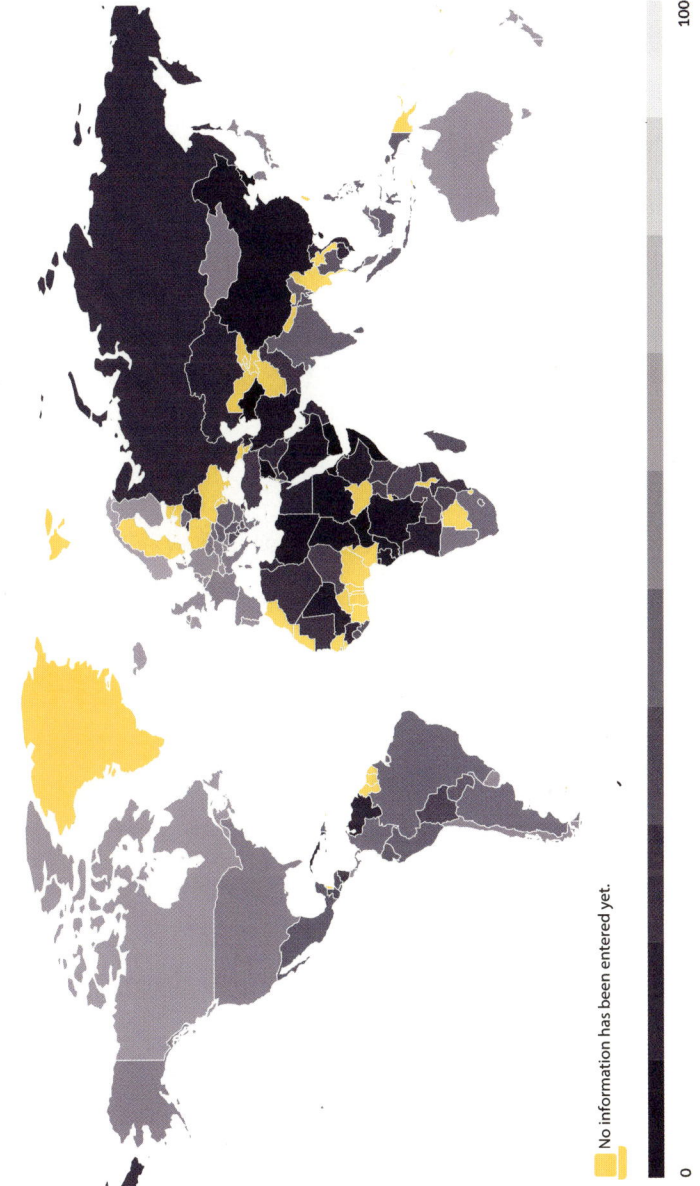

Populism Map

ECPS(2025). populism map.

✦ 시민교육의 방향 ✦

　시민들이 정치에 적극 참여하고 비판적 사고를 기를 수 있도록 돕는 시민교육은 포퓰리즘의 확산을 줄이는 효과적인 방안이 될 수 있다. 많은 사람은 '좋은 시민'을 법을 잘 지키고, 이웃에게 친절하며, 자원봉사에 참여하는 사람으로만 이해한다. 물론 이러한 요소도 중요하지만, 민주주의 사회에서는 시민들이 법과 정책 결정 과정에 적극적으로 참여하는 태도가 더욱 중요하다. 시민의 역할에는 단순한 규칙 준수를 넘어서, 공공 의사 결정 과정에 참여하고 비판적으로 사회를 바라보는 능력까지 포함된다.[18] 이러한 시민을 기르려면 시민교육은 다음과 같은 세 가지 목표를 가져야 한다.

토론과 의사소통 역량 기르기

　토론 교육은 학생들이 다양한 의견을 이해하고, 자기 생각을 논리적으로 표현하며, 비판적으로 사고할 수 있도록 돕는다. 토론을 통해 학생들은 의견 차이가 민주 사회에서 자연스러운 현상임을 인식하고, 타인의 의견을 존중하는 태도를 기를 수 있다. 또한 공적 담론에 참여하는 자신감을 얻고, 상대방의 인신이 아니라 주장에 집중해 반박하는 훈련을 하며 성숙한 시민으로 성장할 수 있다.

다양한 관점 수용 태도 기르기

　시민교육은 특정한 입장에 치우치지 않고, 다양한 시각을 균형 있게 다루어야 한다. 학생들은 동일한 사건이나 이슈를 놓고 서로 다른 견해가 존재할 수 있음을 이해해야 하며, 그 차이를 비교하고 분석하는 능력을 길러야 한다. 이러한 교육은 학생들이 다양한 사회적·문화적 배경을 이해하고, 독립적으로 사고하는 태도를 기르는 데 기여한다.

비판적 사고력 기르기

　학생들은 정보를 접할 때, 이를 무비판적으로 수용하기보다는 근거와 논리를 바탕으로 평가할 수 있는 사고력을 길러야 한다. 특히 정치적 이슈나 사회적 논쟁이 많은 시대일수록, 비판적 사고가 부족하면 가짜 뉴스나 선동적인 주장에 쉽게 휘둘릴 수 있다. 반면 비판적 사고력을 갖춘 시민은 정보의 진위를 판단하고, 합리적인 결정을 내릴 수 있다. 따라서 시민교육은 학생들이 정보를 객관적으로 분석하고, 독립적으로 결론을 도출하는 능력을 기르도록 도와야 한다.

✦ 건강한 민주주의 ✦

오늘날 포퓰리즘이 확산되는 상황에서 시민의 역할은 그 어느 때보다 중요해졌다. 포퓰리즘은 단지 정치 지도자들의 문제만이 아니라, 시민 개개인의 정치적 태도와 참여 방식과도 깊은 관련이 있다. 따라서 민주주의를 지키려면 시민들이 비판적으로 사고하고, 적극적으로 정치에 참여하는 태도를 가져야 한다. 이를 위해 토론 역량, 다양한 관점에 대한 이해, 비판적 사고력을 포함하는 시민교육이 필요하다. 시민이 스스로 사고하고 행동하는 문화를 정착시키는 것, 그것이야말로 포퓰리즘의 부정적 영향을 줄이고 민주주의를 건강하게 유지하는 핵심 열쇠다.

민주주의는 단지 헌법과 제도만으로 유지되지 않는다. 민주주의를 지탱하려면 이를 제대로 작동시킬 수 있는 성숙한 시민이 필요하다. 따라서 시민교육의 핵심 목표는 시민들이 정치적 의사결정 과정에 주체적으로 참여할 수 있는 능력과 태도를 기르는 데 있어야 한다. 포퓰리스트 정치인은 대중의 감정을 자극하여 지지를 얻고, 기대를 충족시키지 못할 경우 다시 실망을 안겨주는 정치적 악순환을 반복한다. 이 악순환을 끊기 위해서는 시민들이 독립적으로 판단하고 주체적으로 참여하는 능력을 갖추어야 한다. 그렇지 않으면 포퓰리즘은 계속해서 재생산될 것이다.

결국 정치적 판단력을 갖춘 시민이 포퓰리즘의 확산을 방지하고 한국 민주주의가 앞으로 나아가게 한다. 민주주의를 정치인이나 정부만의 책임으로 돌리는 것이 아니라, 시민 한 사람 한 사람이 민주주의의 주체임을 자각하는 것이 중요하다. 비판적 사고를 바탕으로 한 시민의 적극적인 참여가 있을 때, 건강한 민주주의는 지속될 수 있다.

생각해 볼 문제

01 좋은 시민 되기

오늘날 포퓰리즘의 확산에 대응하기 위해 다양한 해결 방안이 제시되고 있다.

그중에는 사회적 갈등을 완화하거나 정당 정치를 활성화하는 등의 제도적 접근도 있지만, 무엇보다 시민교육에 대한 관심을 높이는 일이 중요하다. 많은 사람이 '좋은 시민'이라고 하면, 권위 있는 사람의 말을 잘 따르고, 이웃에게 친절하며, 무료 급식소에서 봉사하는 사람을 떠올린다. 이런 태도가 잘못되었다고 말하는 사람은 거의 없지만, 사실 북한, 우즈베키스탄, 벨라루스처럼 비민주적 국가에서도 이러한 시민은 환영받을 수 있다.[19]

민주주의 국가에서는 이보다 더 많은 요구를 한다. 단순히 친절하고 규칙을 잘 지키는 것만으로는 충분하지 않다. 정부는 국민이 법과 정책 결정 과정에 직접 참여하고, 자신의 의견을 표현하며, 사회문제에 관심을 가지는 '적극적인 시민'이 되기를 기대한다.

자신이 생각하는 좋은 시민이란 무엇인지 이야기해 보자.

02 시민의 역할

교사나 정부 지도자를 존중하고, 성실하고 예의 바른 행동은 물론 중요하다.

그러나 이런 태도는 전체주의 국가, 군사 독재, 군주제, 종교 신정제, 과두제 등 모든 정치체제에서 요구될 수 있는 일반적 시민 덕목이다. 반면, 민주주의 국가에서는 시민에게 보다 특별한 역할을 기대한다. 민주주의는 '국민의, 국민에 의한, 국민을 위한 정부'이므로, 시민이 정책 결정 과정에 참여하고 사회의 방향에 책임감을 가져야 한다. 따라서 민주주의 사회의 학교는 단순히 규칙을 가르치는 공간이 아니라, 학생들이 공공 문제에 관심을 갖고 참여하는 시민으로 성장하도록 돕는 공간이어야 한다.

시민의 역할이 무엇인지 생각해 보고, 교육 분야에서 학생들에게 시민의 역할을 가르치기 위해 어떤 정책이 있어야 하는지 토론해 보자.

03 우리는 어떤 시민이 되어야 할까?

앞서 생각해 본 '좋은 시민'의 의미와 '시민의 역할'을 바탕으로 우리는 어떤 시민이 되어야 하는지 이야기해 보자.

(예시) 민주주의 사회에서는 공공 의사 결정에 참여하고 사회문제에 책임감을 갖는 시민이 되어야 한다.

미주

01. Mudde·Kaltwasser(2017). *Populism: A Very Short Intro-duction*. Oxford University Press. 이재만(역)(2019). 포퓰리즘. 교유서가.
02. 이세영(2019.10.19.). 포퓰리즘 민주주의 '병리현상' 아닌 '필수요소', 한겨레신문.
03. 박기용·조계완(2025.1.21.). 트럼프, 두 번째 파리협정 탈퇴…유엔 기후협약도 떠날까. 한겨레신문.
04. 정의길(2024.7.14.). 20억 명 이상이 포퓰리스트 집권 하에 있어. 한겨레신문.
05. V-Dem Institute(2025). DEMOCRACY REPORT 2025: 25 Years of Autocratization – Democracy Trumped?. Gothenburg, Sweden: V-Dem Institute. www.v-dem.net/publications/democracy-reports/
06. Mudde·Kaltwasser(2017). 앞의 글.
07. 나디아 어비네이티(Nadia Urbinati) 미국 컬럼비아대 정치학과 교수와의 대담. 머니투데이(2023.2.22.).
08. Ipsos(2024). Ipsos Populism Survey: Populism, Anti-elitism and Nativism.
09. Goodman·Sara Wallace(2022). "Good Citizens" in Democratic Hard Times. *Annals, AAPSS* 699(1), pp. 68-78.
10. 정병기(2021). 포퓰리즘. 커뮤니케이션북스; Mudde·Kaltwasser(2017). 앞의 글.
11. 배재성(2024.9.13.). "개·고양이 먹는다" 트럼프 말에…아이티 이민자들 폭탄테러 공포. 중앙일보.
12. 정병기(2021). 앞의 글.
13. 정의길(2024.7.14.). 20억 명 이상이 포퓰리스트 집권 하에 있어. 한겨레신문.
14. Mudd·Kaltwasser(2017). 앞의 글; 박상영(2023). 한국의 포퓰리즘과 시민교육: 고등학교 '정치와 법' 교과서의 '자유민주주의' 기술 내용 분석. 시민교육연구, 55(3), pp. 39-68.
15. 김주형·김도형(2020). 포퓰리즘과 민주주의: 인민의 민주적 정치 주체화. 한국정치연구, 29(2), pp. 57-90.
16. 윤정인(2017). 국민의 이름으로 국민을 도구화?: 포퓰리즘의 도전 앞에 선 정당민주주의와 시민교육. 헌법연구, 4(2), pp. 61-80.
17. 스티븐 레비츠키·대니얼 지블랫(박세연 역)(2018). 어떻게 민주주의는 무너지는가. 어크로스; Bermeo·Nancy(2016). On Democratic Backsliding. *Journal of Democracy*, 27(1), pp. 5-19.
18. Westheimer, Joel(2019). Civic Education and the Rise of Populist Nationalism. *Peabody Journal of Education*, 94(1), pp. 4-16.
19. Westheimer, Joel(2019). 앞의 글.

3장

소득과 자산의 양극화

양극화 시대의 풍경을 비추는 자화상

영화〈기생충〉이 전하는 가장 큰 메시지는 양극화 문제에 대한 환기다. 영화는 상위 0.1%쯤에 속하는 한 가족과 하위 0.1%쯤에 해당할 듯한 다른 한 가족의 극명한 대비로 극단적 불평등과 공존을 묘사했다. 깔끔히 포장된 언덕길을 올라, 문 앞에서 다시 계단을 지나야 드러나는 높은 동네의 고급 주택에 사는 박동익 가족, 언덕길과 수없이 많은 가파른 계단을 내려가서야 다다르는 아래 동네 반지하 연립주택, 그것도 모자라 화장실보다도 아래에 사는 김기택 가족. 사실 화장실보다 아래에 있는 주거 공간은 눈에 띄는 특이한 설정이다. 하수 배관보다도 아래 위치한, 그야말로 도시 밑바닥에서의 삶을 상징적으로 보여 주는 설정이 아닌가 싶다. 양극화는 한국에서 1997년 IMF 외환위기 이후 쉴 새 없이 악화되었지만, 단지 한국만의 현상은 아니다. 1990년대 이후 지난 30여 년간 세계가 경험한 추세다. "한국을 담은 영화지만 동시에 전 지구적으로도 긴급하고 우리 모두의 삶과 연관이 있는 그 무엇을 이야기한다."고 평한 알레한드로 곤살레스 이냐리투(Alejandro González Iñárritu) 심사위원장의 심사평에서 드러나듯, 양극화는 바로 전 세계적인 문제다. 프란치스코 교황 또한 부의 불평등은 모든 악의 근원이라 언급하면서, 양극화 문제를 환기한 바 있다.[01]

소득과 자산 분배의 편중, 사회갈등의 요인

2024년, 서울. 월세 3,500만 원에 임대 계약이 체결된 곳이 있다. 물가가 많이 올랐다고는 하지만 여전히 3,500만 원은 웬만한 직장인의 연봉 수준에 이르는 금액이다.[02] 한편, 같은 서울의 한 고시원에 거주하는 A 씨는 매달 20만 원가량의 월세를 내기도 버겁다.[03] 오늘날 우리 사회는 소득과 자산의 양극화라는 큰 문제를 마주하고 있다. 소득의 양극화는 소득 계층이 부유층과 빈곤층으로 양분되는 현상[04]을 뜻한다. 상위 집단에는 소득이, 하위 집단에는 사람이 집중되면서 중간 소득층이 얇아지며[05] 계층 간의 격차가 심화된다. 사회 유지의 핵심층인 중간 계층이 무너지면 사회의 지속 가능성이 낮아진다. 한편, 자산 양극화는 자산이 최상층으로 몰리는 현상[06]을 의미한다. 특히 부동산 가격의 변동성 확대로 자산 양극화가 심화되고 있다. 소득과 자산의 양극화는 계층 간 위화감을 조성하고, 정치적 불안과 사회갈등을 일으킬 수 있다. 이뿐만 아니라 장기적으로는 저소득층의 소비 감소와 경기 침체로도 이어질 수 있다.

각종 지표와 수치에서는 한국의 소득과 자산 양극화 실태가 확연히 드러난다. 이를 살펴보고, 나아가 그 원인과 함께 양극화를 완화할 수 있는 방안을 고찰해 보자.

소득과 자산 양극화의 실태

지표로 살펴보는 소득 양극화

소득 양극화의 실태는 대표적인 소득 분배 지표인 '지니계수(2023년)'와 '소득 분위 배율(2023년)' 등으로 파악할 수 있다.

먼저 지니계수 추이를 살펴보면, 한국은 1990년대 이후 약간의 등락을 보였지만, 전반적으로 그 추세가 상승하여 불평등이 심화되는 모습을 보였다.

| 그림 3-1 | 소득 지니계수 추이

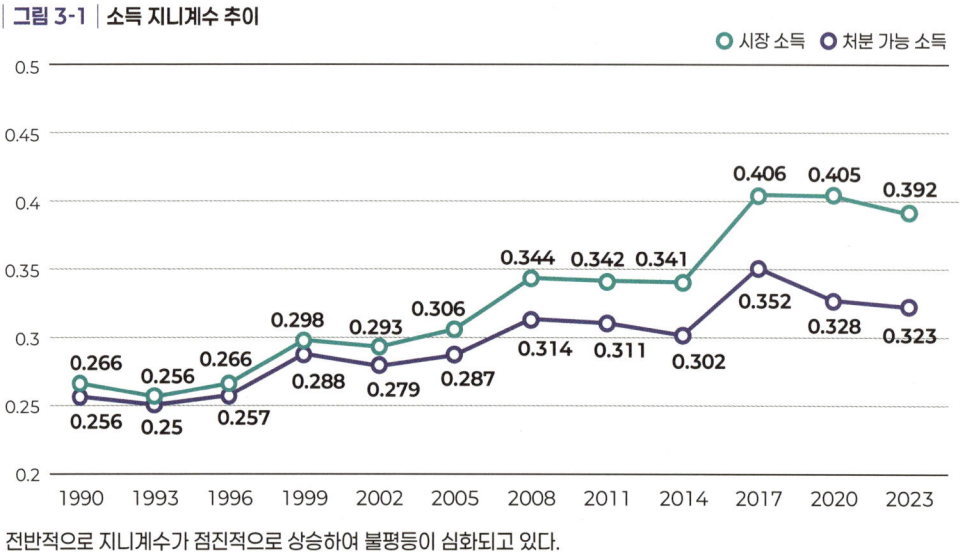

전반적으로 지니계수가 점진적으로 상승하여 불평등이 심화되고 있다.

국가통계포털(KOSIS)(2025). 소득 분배 지표.

한국은 1990년대에 소득 불평등의 정도가 심하지 않은 편에 속했으나 외환위기를 겪으면서 2000년대 이후 소득 불평등이 점차 심화되었다. 2023년 시점 지니계수의 값은 시장 소득을 기준으로 0.392, 처분 가능 소득 기준으로 0.323 수준이다. 여기서 시장 소득은 가구가 직접 벌어들인 소득을 의미한다. 시장 소득에서 정부에 낸 세금을 빼고 보조금을 포함해서 산출한 소득, 즉 가구가 실제 사용할 수 있는 소득이 처분 가능 소득이다.

그러면 한국의 지니계수는 국제적으로는 어느 정도 수준일까?

OECD 주요국의 소득 지니계수를 제시한 [그림 3-2]를 살펴보면, 한국은 불평등 정도가 심한 미국, 영국, 일본 다음에 위치하고 있다. 따라서 우리나라는 국제적으로도 소득 불평등 정도가 심한 나라로 볼 수 있다. 다시 말해, 한국은 OECD 주요 선진국 중에서 임금 격차가 상대적으로 크고 소득 재분배는 제한적인 상태이다.

그림 3-2 OECD 주요국의 소득 지니계수(2023년 혹은 최근 연도 자료)

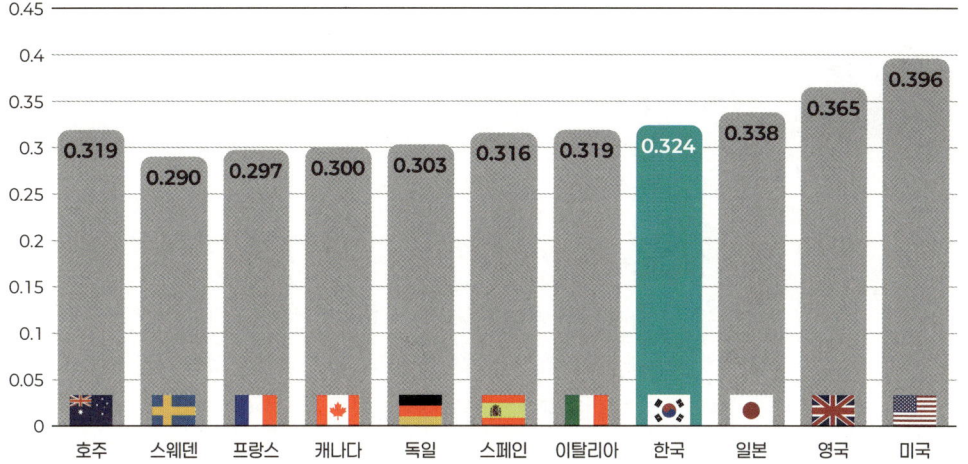

한국이 OECD 주요국 11개국 중에서 네 번째로 소득 불평등 정도가 심한 국가임을 확인할 수 있다.

OECD(2024). Income inequality: Gini coefficient, 2023 or latest year available.

지니계수의 의미와 특성

01 지니계수(Gini coefficient)

지니계수는 소득 불평등 수준을 나타내는 대표적인 지표로서 0에 가까울수록 소득 분배가 균등하고 1에 가까울수록 소득 격차가 심하다는 것을 나타낸다. 지니계수는 [그림 3-3]과 같은 로렌츠 곡선을 이용하여 계산한다.

02 로렌츠 곡선

로렌츠 곡선을 그리려면 먼저 소득이 낮은 사람부터 높은 사람 순으로 전체 인구를 나열하여 총인구를 100으로 환산해야 한다. 그렇게 환산한 인구 누적 비율을 가로축에 표시한다. 세로축에는 해당 인구의 소득을 오름차순으로 누적해 총소득을 100으로 하는 소득 누적 비율을 표시한다. 마지막으로 인구 누적 비율과 그에 대응하는 소득 누적 비율을 좌표로 연결한 선이 로렌츠 곡선이다.[07]

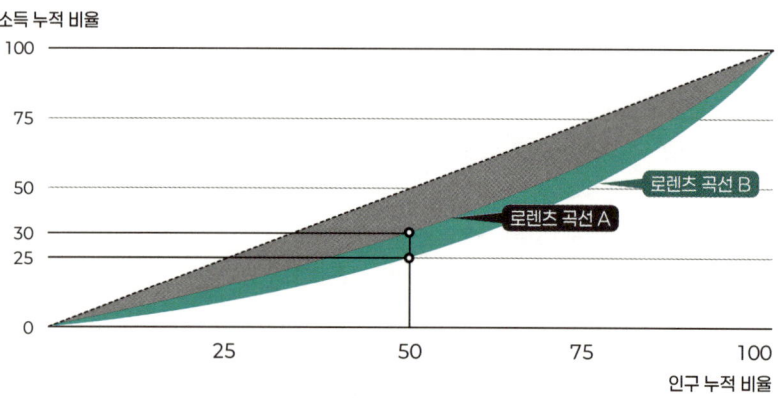

| 그림 3-3 | 로렌츠 곡선 (단위: %)

통계청(2025). Income 소득: 소득 분배 지표 작성 방법 및 의의.

위의 좌표평면에서 대각선은 인구 누적 비율과 소득 누적 비율이 일치하는, 즉 모든 인구가 동일한 소득을 보유해 완전히 평등한 소득 분배를 보여 준다. 그러나 현실에서는 완전히 평등한 소득 분배가 이뤄지지 않기 때문에 곡선 A 또는 B와 같은 로렌츠 곡선이 만들어진다. 로렌츠 곡선 A와 B를 비교했을 때, 곡선 A는 전체 인구의 50%가 전체 소득의 30%를 점유하고 있다. 한편 곡선 B는 전체 인구의 50%가 전체 소득의 25%를 점유하고 있으므로 A보다 B에서 소득의 불평등 정도가 심하게 나타난다고 볼 수 있다.

지니계수는 대각선과 로렌츠 곡선 사이의 면적(◢)을 대각선 아래 삼각형 전체의 면적(◢)으로 나누어 얻은 값(◢/◢)이다. 모든 사람의 소득이 같아 소득 분배가 완전히 평등하다면 대각선과 로렌츠 곡선 사이의 면적이 0이 되어 지니 계수 역시 0이 된다. 반대로 소득 분배가 완전히 불평등하다면 로렌츠 곡선은 직각(⌐)의 형태를 갖게 된다. 이때는 대각선과 로렌츠 곡선 사이의 면적이 대각선 아래 삼각형의 면적과 정확히 일치하여 지니계수는 1이 된다.[08] 지니계수는 이렇게 개인 간 소득 불평등의 전체적인 양태를 이해하도록 한다는 점에서 장점이 있으나 집단 간의 불평등을 보여 주지 못하는 한계가 있다.

소득 분위 배율의 의미와 특성

소득 분위 배율은 균등화 개인소득을 오름차순(적은 금액에서 많은 금액 순서)으로 정리하여 이들을 순서에 따라 동일한 규모의 집단으로 묶었을 때 집단별 평균 소득을 서로 비교한 값이다. 통상 5분위 배율과 10분위 배율을 가장 많이 사용한다. 5분위 배율과 10분위 배율은 균등화 개인소득 순서에 따라 전체 인구를 각각 5개와 10개의 집단으로 나누는 등분에 차이가 있다. 5분위 배율은 소득이 높은 5분위에 해당하는 개인들의 평균 소득과 소득이 낮은 1분위에 해당하는 개인들의 평균 소득 사이의 비율이다. 마찬가지로 10분위 배율은 10분위의 평균 소득과 1분위의 평균 소득 사이의 비율이다. 소득 분위 배율은 가장 높은 분위의 소득이 가장 낮은 분위의 소득의 몇 배인지 보여 준다. 예를 들어 5분위 배율이 5.85라면 5분위 소득이 1분위 소득보다 5.85배 많다는 것을 의미한다.[09] 분위 배율은 지니계수가 잘 보여 주지 못하는 집단 간의 불평등, 즉 집단들 사이 소득 차이를 드러내 보여 준다는 점에서는 장점이 있으나 한 사회의 불평등 양태를 전체적으로 보여 주지 못하는 한계가 있다.

| 그림 3-4 | 소득 분위 배율

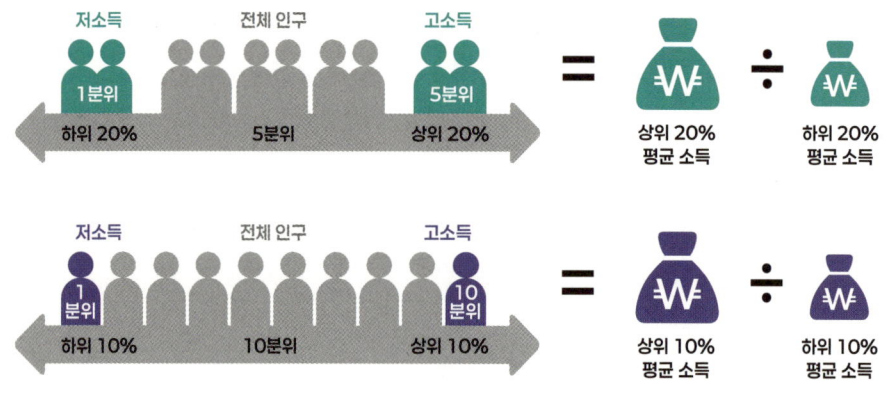

통계청(2025). Income 소득: 소득 분배 지표 작성 방법 및 의의.

● **균등화 개인소득** | 가구소득을 개인에게 균등하게 배분한 가상의 소득으로 가구소득을 가구원 수의 제곱근으로 나눈 값이다. 예컨대, 소득이 400만 원인 4인 가구의 균등화 개인소득은 200만 원이다.

소득 양극화 정도를 집단 간의 격차 측면에서 접근한 소득 분위 배율 지표의 최근 추이를 살펴봐도 한국 사회의 양극화 정도는 심각하다.

그림 3-5 | 소득 5분위 배율 추이 (단위: 배)

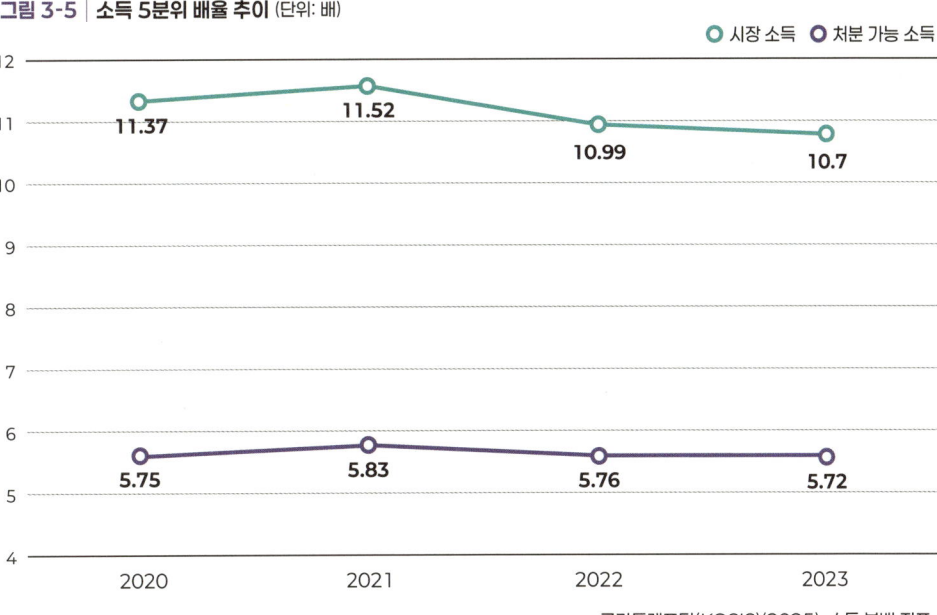

국가통계포털(KOSIS)(2025). 소득 분배 지표.

소득 5분위 배율 추이를 나타낸 [그림 3-5]를 살펴보면, 시장 소득 기준 분배율의 경우 약간의 등락은 있으나 소득 하위 20%에 비해 소득 상위 20%의 소득이 10~11배에 이르는 것으로 나타났다. 우리나라는 고소득자에게 더 높은 비율의 소득세를 부과하고 있어, 처분 가능 소득을 기준으로 한 불평등 수치는 시장 소득을 기준으로 했을 때보다 다소 완화된 모습을 띤다. 그러나 완화된 수준도 5.7~5.8배에 이른다.

한편, [그림 3-6]에 따르면 소득 10분위 배율에서 양극단의 소득 차이는 더욱 벌어진다.

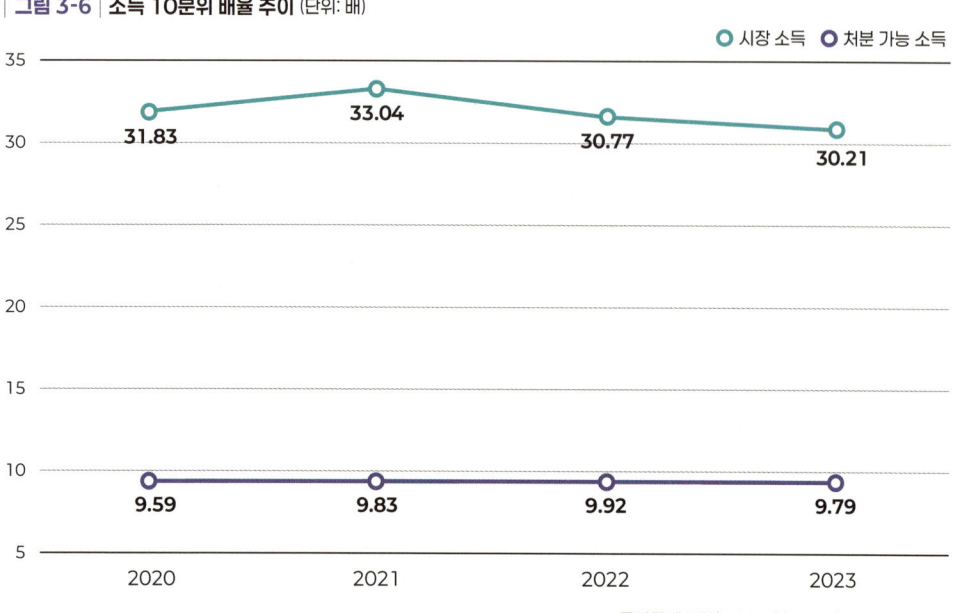

그림 3-6 | 소득 10분위 배율 추이 (단위: 배)

국가통계포털(KOSIS)(2025). 소득분배지표.

시장 소득 기준 10분위 배율의 경우 소득 하위 10%에 비해 소득 상위 10% 소득이 30~33배에 이르며, 처분 가능 소득의 경우에는 소득 하위 10%에 비해 소득 상위 10% 소득이 9.6~9.9배에 이른다.

소득 분위별 평균 소득액의 격차는 어떻게 변화해 왔을까? 역시나 점점 증가하는 추이가 나타났다. 소득 분위별 평균 소득액과 분위별 차이의 추이를 나타낸 <표 3-1>을 살펴보면, 2017년 기준 1분위의 평균 소득은 1,015만 원으로 5분위와 1억 1,941만 원 정도의 차이를 보였다. 이러한 차이는 점차 증가하여 최근 시점인 2024년에는 1분위와 5분위의 소득 평균액 격차가 1억 5,097만 원까지 벌어졌다. 주목할 점은 2024년도 1분위의 소득 평균액이 2017년 대비 48.3% 증가한 반면, 5분위의 소득 평균액은 28.1% 증가했다는 것이다. 이는 1분위의 연간 소득 변동률이 5분위의 연간 소득 변동률보다 크지만, 소득 절대액의 차이 때문에 계층 간 소득 격차가 더욱 커지고 있음을 의미한다.

| 표 3-1 | 소득 분위별 평균 소득액과 분위별 차이 (단위: 만 원) |

소득 분위 연도	평균 소득액					1분위와 5분위 소득의 절대적 차이
	1분위	2분위	3분위	4분위	5분위	
2017	1,015	2,590	4,358	6,630	12,956	11,941
2018	1,071	2,691	4,500	6,872	13,547	12,476
2019	1,119	2,759	4,625	7,027	13,786	12,667
2020	1,168	2,801	4,728	7,181	13,947	12,779
2021	1,314	3,002	4,915	7,397	14,269	12,955
2022	1,347	3,133	5,110	7,731	15,026	13,679
2023	1,405	3,309	5,388	8,111	15,598	14,193
2024	1,505	3,512	5,700	8,605	16,602	15,097

소득 분위별 평균 소득액의 분위별 격차가 점점 증가하고 있다.

국가통계포털(KOSIS)(2025). 소득 5분위별 자산, 부채, 소득 현황.

[그림 3-7] 분위별 소득과 소비 지출 현황에서도 계층 간 소득의 편중 현상이 심화되는 것을 확인할 수 있다.

| 그림 3-7 | 소득 5분위별 소득과 소비 지출(2024년) (단위: 천 원, % / 전년 동분기 대비)

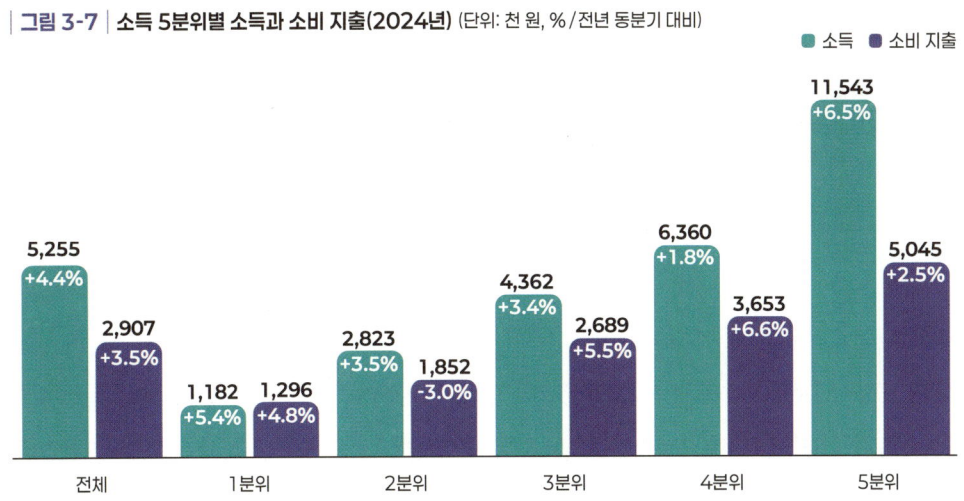

5분위는 다른 분위에 비해 소득 증가율이 가장 높은 반면, 소비 지출 증가율은 소득 증가율보다 낮게 나타났다.

통계청 보도자료(2024). 2024년 3/4분기 가계동향조사 결과.

2024년 소득 5분위별 소득과 소비 지출 현황을 살펴보면, 2024년 3분기 소득 5분위(상위 20%) 가구의 월평균 소득은 전년 동기 대비 6.5% 증가한 1,154만 3천 원으로 나타났다. 동시에 각 분위별 월평균 소득 증가율을 비교해 보면, 모든 분위의 소득이 증가했으나 소득 5분위의 증가율이 가장 높은 수준으로 나타났다. 반면, 소득 5분위의 2024년 3분기 소비 지출은 전년 동기 대비 2.5% 늘어난 504만 5천 원으로 소득 증가율(6.5%)보다 낮게 나타났다. 이는 고소득자들이 늘어난 소득만큼 지출하지 않았다는 점을 의미한다. 한편, 3분위는 소득이 3.4% 대비 지출이 5.5% 늘어났고, 4분위는 소득이 1.8% 대비 지출이 6.6% 늘어났다. 즉 중간 계층의 경우 고소득층과 달리 지출 증가율이 소득의 증가율을 웃돌았다.

[그림 3-8]은 가구 소득 상하위 10%의 연 소득 격차가 점차 확대되고 있음을 보여 준다.

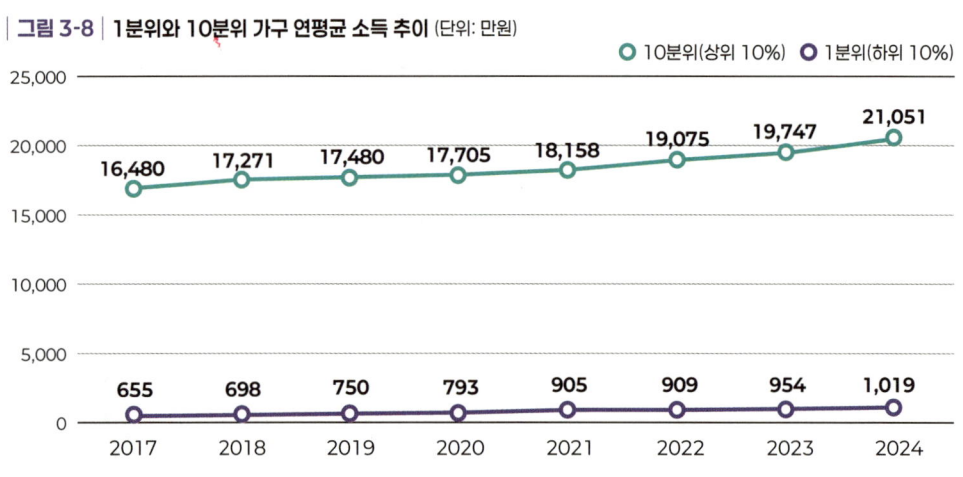

| 그림 3-8 | 1분위와 10분위 가구 연평균 소득 추이 (단위: 만원)

1분위와 10분위 간 소득 격차가 점차 심화된 추이가 나타났다.
국가통계포털(KOSIS)(2025). 소득원천별 소득10분위별 가구소득.

2017년 이후 1분위와 10분위의 소득 격차는 점차 심화되고 있다. 2024년 가구 소득 상위 10%(10분위)의 연평균 소득은 2억 1,051만원으로 전년도 대비 6.6%인 1,304만 원 증가한 반면 소득 하위 10%(1분위) 가구의 연평균 소득은 1년 전보다 6.8%인 65만 원 증가하였다. 2024년 1분위와 10분위 간 소득 격차(2억 32만 원)는 전년도 소득 격차(1억 8,793만 원)보다 더 벌어지면서 2억 원을 넘어섰다.

계층 구간별 소득 집중도˙ 현황에 따르면, 우리나라의 경우 전체 소득 중 일부 상위 계층의 소득이 차지하는 비율이 매우 크며, 이는 국제적으로도 가장 높은 수준이다.

| 표 3-2 | OECD 주요 회원국의 소득 집중도 현황(2021년) (단위: %)

국가 \ 계층 구간	하위 50%	중간 40%	상위 10%
호주	16.2	50.2	33.6
캐나다	15.6	43.7	40.7
프랑스	22.7	45.1	32.2
독일	19.0	43.9	37.1
이탈리아	20.7	47.1	32.2
일본	16.8	38.3	44.9
한국	16.0	37.5	46.5
스페인	21.1	44.4	34.5
스웨덴	23.8	45.4	30.8
영국	20.4	44.0	35.7
미국	13.3	41.2	45.5

OECD 주요국 11개국 중에서 하위 50%의 소득 집중도는 한국이 세 번째로 낮은 수치로 나타났으며, 중간 40% 소득 집중도는 가장 낮았다. 한편, 상위 10%의 소득 집중도는 가장 높게 나타났다.

Chancel, L. et al.(2022).

● **소득 집중도** | 상위 소득자가 사회 전체의 소득에서 차지하는 비율을 말한다. 상위 소득 1%, 5%, 또는 10% 집단의 소득이 사회 전체 소득에서 차지하는 비율로 나타낸다. 소득 집중도는 소득 분위 배율과 마찬가지로 집단들 사이 소득 차이를 드러낸다는 점에서 장점이 있으나 한 사회의 불평등 양태를 전체적으로 보여 주지 못하는 한계가 있다.

OECD 주요 회원국의 소득 집중도 현황(2021년)을 보여 주는 <표 3-2>를 살펴보면, 한국의 하위 50%의 소득 집중도(16%) 수준이 미국(13.3%), 캐나다(15.6%) 다음에 위치하여 비교 대상국 중에서 다소 낮은편에 속한다. 또한 한국의 중간 40%의 소득 집중도(37.5%) 수준은 비교 대상국 중에서 가장 낮았다. 한편, 상위 10%의 소득 집중도(46.5%) 수준은 비교 대상국 중에서 가장 높게 나타났다. 이는 한국이 OECD 주요 회원국 중에서 계층 간 소득 격차가 심한 국가에 속함을 보여 준다.

　　소득 양극화 문제를 논할 때 비정규직 임금 노동자의 실태를 빼놓을 수 없다. 대표적으로 정규직과 비정규직의 임금 격차 수준, 임금 근로자 대비 비정규직의 비중, 비정규직 대비 시간제 근로자 비중 등을 살펴보자. 먼저, 정규직과 비정규직의 임금 격차는 최근 7년간 연속적으로 확대되어 현재 역대 최대폭을 기록하고 있다.

| 그림 3-9 | 정규직과 비정규직의 임금 격차 현황 (단위: 만 원/월평균)

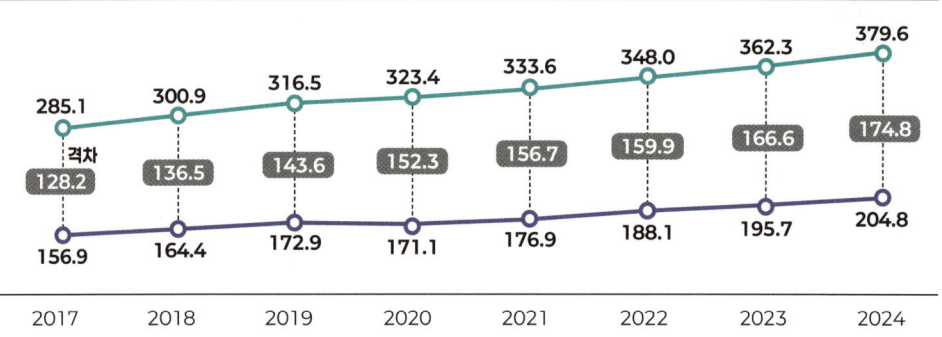

정규직과 비정규직의 임금 격차가 점차 증가하여 역대 최대 수준으로 확대되었다.
국가통계포털(KOSIS)(2025). 근로 형태별 월평균 임금 및 증감.

　　[그림 3-9]를 살펴보면, 2024년도의 정규직과 비정규직의 임금 격차는 174만 8천 원으로 2017년 이후 그 값이 계속 증가해 왔다. 정규직 근로자의 평균 임금이 오르는 수준에 비해 비정규직 근로자의 임금 상승 수준은 낮은 것이다. 실제로, 2024년 정규직 근로자의 월평균 임금은 379만 6천 원으로 1년 전보다 17만 3천 원 인상되었지만, 이에 비해 2024년 비정규직 근로자의 월평균 임금은 204만 8천 원으로 1년 전보다 9만 1천 원 정도만 상승한 수준이다.

정규직과 비정규직 사이의 임금 격차가 확대된 이유로는 비정규직 중 시간제 노동자 비중이 증가했다는 사실을 들 수 있다. 즉, 저임금 직종에 속하는 시간제 노동자의 비중이 커지면 전체적으로 비정규직 노동자의 임금이 낮아질 수밖에 없고, 정규직과 비정규직 노동자 사이의 임금 격차는 확대된다. 다음 [그림 3-10]과 [그림 3-11]은 이러한 현황을 잘 보여 주고 있다.

| 그림 3-10 | 임금 노동자 대비 비정규직 비중 (단위: %) (해당 연도 8월 기준)

2020: 36.3, 2021: 38.4, 2022: 37.5, 2023: 37.0, 2024: 38.2

임금 노동자 대비 비정규직의 비중이 등락폭은 있으나 36~38%에 이르는 것으로 나타났다.

| 그림 3-11 | 비정규직 대비 시간제 노동자 비중 (단위: %) (해당 연도 8월 기준)

2020: 43.8, 2021: 43.5, 2022: 45.2, 2023: 47.7, 2024: 50.3

비정규직 대비 시간제 노동자 비중이 급격히 확대된 것으로 나타났다.

통계청 보도자료(2024). 경제활동인구조사 근로형태별 부가조사 결과.

[그림 3-10]에서 임금 노동자 대비 비정규직 비중 추이를 살펴보면, 2021년에 최고치(38.4%)를 기록하다가 이후 2년간 약간 낮아졌으나 2024년에 다시 증가하여 2021년 수준에 육박하였다(38.2%). 또한 [그림 3-11]을 살펴보면, 비정규직 대비 시간제 노동자 비중이 2021년부터 점차 증가하다가 2024년에는 가파르게 상승하여 역대 최고치(50.3%)를 기록하였다.

시도별 종합소득 격차 현황 분석

01 시도별 종합소득 격차 현황

그림 3-12 | 시도별 종합소득 격차 현황

▼ 상위 0.1% 종합소득
(단위: 억 원/연평균)

서울	64.8
부산	25.0
광주	23.8
대구	22.6
세종	19.9
제주	19.8
경기	19.7
인천	16.8
울산	16.1
경남	15.9
대전	15.5
전북	14.6
전남	13.4
충남	13.0
경북	12.7
충북	12.4
강원	11.8

▼ 소득 상위 20%-하위 20% 5분위 배율
(단위: 배)

서울	64.9
부산	46.7
대구	44.8
제주	40.6
광주	40.5
경기	38.6
세종	37.4
울산	36.5
경남	34.7
대전	34.4
전남	33.0
인천	32.9
전북	32.4
경북	31.7
충남	30.5
충북	29.6
강원	28.5

*종합소득: 이자, 사업, 연금, 근로 등으로 얻은 소득으로 주로 전문직과 자영업자 등 개인 사업자의 소득이 해당된다.
종합소득 상위 0.1%의 평균 소득뿐만 아니라 지역 내 종합소득 격차도 서울, 부산 등 특정 대도시에서 크게 나타났다.

박원희(2024.2.11.).

서울의 종합소득 5분위 배율은 약 65로, 17개 시도 중 가장 큰 수준이다. 서울에서 종합소득 상위 0.1%에 해당하는 사람의 연 소득은 평균 65억 원

(2,307명)으로 강원 상위 0.1%와 5배 넘게 차이가 났다. 이어 부산이 25억 원(592명), 광주가 23억 8천만 원(252명) 등으로 서울 뒤를 이었다. 종합소득 상위 0.1%의 평균 소득이 가장 낮은 곳은 강원으로 253명이 평균 11억 8천만 원을 신고했다. 1위 서울과는 5.5배 차이가 났다. 충북(12억 4천만 원·270명), 경북(12억 7천만 원·376명) 등도 서울의 약 5분의 1 수준에 그쳤다.

02 지역 내 종합소득 격차 현황

전국에서 지역 내 종합소득 격차가 가장 큰 곳 또한 서울이었다. 서울에서 상위 20%에 해당하는 사람의 연 소득은 평균 1억 7천만 원이었다. 하위 20%의 연 소득은 평균 262만 원으로 상위 20%와는 64.9배 차이가 났다. 이어 부산이 46.7배로 뒤를 이었다. 부산 상위 20%는 연평균 1억 1천만 원, 하위 20%는 244만 원을 벌었다. 대구는 상위 20%가 1억 2천만 원, 하위 20%가 267만 원으로 44.8배 차이가 나 세 번째로 격차가 컸다. 전국 기준으로 상위 20%(1억 1천만 원)와 하위 20%(262만 원)의 격차는 43.1배였다. 종합소득 격차가 근로소득 격차(15.1배)보다 더 크게 나타났다.[10]

지표로 살펴보는 자산 양극화

소득이 일정한 기간 동안 벌어들이는 돈이라면, 자산은 이미 축적된 부를 의미한다. 자산 양극화의 실태는 순자산 지니계수, 분위별 자산액과 자산 격차(분위 배율), 계층 구간별 자산 집중도 현황, 주택 자산 가액 기준 분위별 주택 소유 가구 현황 등에서 파악할 수 있다.

순자산 지니계수는 자산 불평등 정도를 보여 주는 대표적인 지표이다. 이 지표에 따르면, 한국은 2012년(0.617) 이후 12년 만에 가장 높은 수치인 0.612를 기록했다.

| 그림 3-13 | 순자산 지니계수 추이

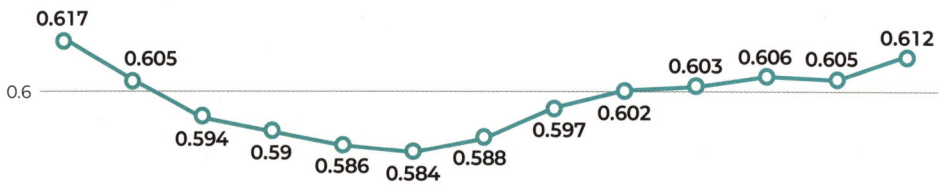

순자산 지니계수가 2012년 이후 조금씩 하락했다가 2017년을 기점으로 지속적으로 증가하여 2012년 이후 최대치를 기록하고 있다.

국가통계포털(KOSIS)(2025). 순자산 지니계수 현황.

순자산 지니계수 추이를 나타낸 [그림 3-13]을 살펴보면, 한국의 순자산 지니계수는 2012년 0.617로 높게 나타났다가 2013년 0.605로 약간 하락하였다. 이후 2014년부터 0.58~0.59 사이에서 미세하게 등락을 거듭하였고, 2020년 이후로 0.6을 넘어서 점차 증가하여 2024년에는 0.612로 2012년 이후 12년 만에 가장 높은 수치를 기록했다.

자산의 양극화 정도를 보다 직접적으로 파악하기에는 분위별 자산액과 자산 격차(분위 배율)가 용이하다. 이 통계의 최근 현황을 살펴보면 한국의 자산 양극화 정도가 매우 심각한 수준으로 나타난다.

| 그림 3-14 | 5분위와 1분위의 자산액과 자산 격차 (단위: 만 원, %)

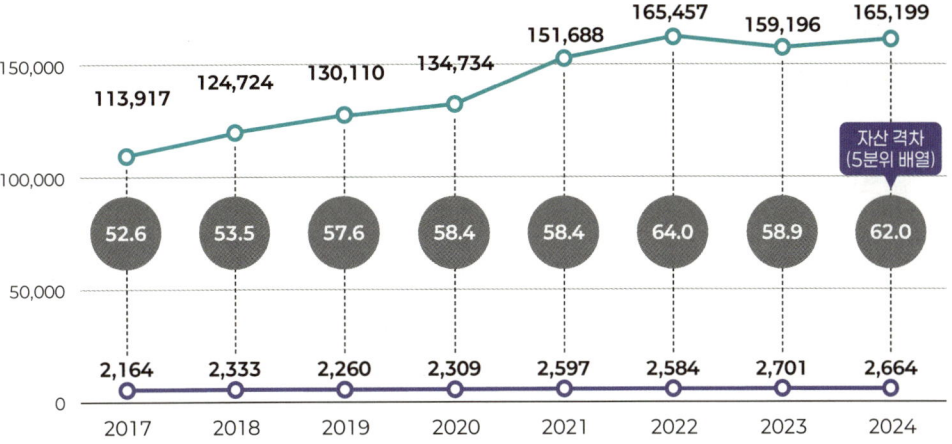

*자산 격차(5분위 배율): 5분위 자산액을 1분위 자산액으로 나눈 값
2017년 이후 약간의 등락폭이 있으나 점차 증가한 것으로 나타났다.

국가통계포털(KOSIS)(2025). 자산 5분위별 자산, 부채, 소득 현황.

2017년 이후 5분위와 1분위의 자산액과 자산 격차(5분위 배율)를 보여 주는 [그림 3-14]를 살펴보면, 2017년 이후 약간의 등락은 있었으나 점차 증가하는 추세를 확인할 수 있다. 2024년 기준 상위 20%와 하위 20% 가구의 평균 자산은 각각 16억 5,199만 원과 2,664만 원으로, 격차가 62.0배에 달한다.

OECD 주요 회원국의 계층 구간별 자산 집중도 현황(2021년 기준)은 한국의 상류층으로의 자산 쏠림이 국제적으로도 높은 수준임을 보여 준다. 이를 보여 주는 <표 3-3>을 살펴보면, 한국의 경우 하위 50%의 소득 집중도(5.6%) 수준이 미국(1.5%), 독일(3.4%), 영국(4.6%), 프랑스(4.9%) 다음에 위치하여 비교 대상국 중에서 낮은 편에 속한다. 또한 한국의 중간 40%의 소득 집중도(35.9%) 수준은 미국(27.8%), 프랑스(35.6%), 스페인(35.8%) 다음에 위치하여 비교 대상국 중에서 낮은 편이다. 한편 한국의 상위 10%의 소득 집중도(58.5%) 수준은 미국(70.7%), 독일(59.6%), 프랑스(59.5%) 다음에 위치하여 비교 대상국 중에서 높은 편이다. 이는 한국이 OECD 주요 회원국 중에서 계층 간 자산 격차가 심한 국가에 속하고 있음을 보여 준다.

표 3-3 | OECD 주요 회원국의 계층 구간별 자산 집중도 현황(2021년) (단위: %)

국가 / 계층 구간	하위 50%	중간 40%	상위 10%
호주	6.1	37.7	56.2
캐나다	5.8	36.5	57.7
프랑스	4.9	35.6	59.5
독일	3.4	37.1	59.6
이탈리아	10.0	42.4	47.7
일본	5.8	36.5	57.8
한국	5.6	35.9	58.5
스페인	6.7	35.8	57.6
스웨덴	5.8	36.2	58.0
영국	4.6	38.2	57.1
미국	1.5	27.8	70.7

OECD 주요 11개국 중에서 한국은 하위 50%의 자산 집중도가 5번째로 낮은 것으로 나타났고, 중간 40% 자산 집중도는 4번째로 낮은 것으로 나타났으며, 상위 10%의 자산 집중도는 4번째로 높은 것으로 나타났다.

Chancel, L. et al.(2022).

그런데 이러한 자산의 격차는 어디에서 비롯될까? 자산 분위별 자산 구성비를 보여 주는 <표 3-4>를 살펴보면, 저분위일수록 총자산에서 금융자산이 차지하는 비중이 높고 고분위일수록 거주 주택과 그 외의 부동산 등 실물자산의 비중이 높게 나타난다. 2012년 시점과 2021년 시점 모두 이러한 경향성을 보인다. 특히 2012년 대비 2021년의 경우 5분위의 자산 구성에서 부동산의 비중이 다소 증가했다. 이는 1분위의 자산 중 상당 부분을 차지하는 금융자산은 유동성이 있는 자산으로 소득 활동을 하지 않는 이상 크게 증가할 수 있는 구조가 아닌 반면 5분위 자산의 상당 부분을 차지하는 부동산의 경우 관련 시장과 정책에 따라 가격 변동이 이루어지는 특징이 반영되었다고 해석된다.

| 표 3-4 | 자산 분위별 자산 구성비 (단위: %)

자산구성비 \ 분위 연도	1분위 2012	1분위 2021	2분위 2012	2분위 2021	3분위 2012	3분위 2021	4분위 2012	4분위 2021	5분위 2012	5분위 2021
금융자산	76.7	74.3	50.6	46.6	33.3	32.9	24.9	22.4	19.4	17.6
거주 주택	11.1	13.0	33.8	37.3	48.4	47.5	49.5	54.6	32.8	43.2
거주 주택 외 부동산	2.1	2.3	7.5	8.2	11.0	12.6	19.0	17.9	42.1	36.0
기타 실물 자산	10.1	10.4	8.2	7.8	7.3	7.0	6.5	5.2	5.7	3.3

저분위일수록 총자산에서 금융자산이 차지하는 비중이 높고 고분위일수록 거주 주택, 거주 주택 이외 부동산 등 실물 자산의 비중이 높게 나타났다.

김태완 외(2022).

가구별로 보유한 주택의 가격에서도 자산 양극화의 심각성을 엿볼 수 있다. 다음 <표 3-5>는 주택 자산 가액(조사 시점 모든 보유 주택의 공시 가격을 합친 금액) 기준 10분위별 주택 소유 가구 현황을 보여 준다. 2017년부터 2023년까지 6년간 각 분위별 평균 주택 자산 가액이 전반적으로 증가하였으나 상위 분위로 갈수록 증가 폭이 상대적으로 크게 나타났다. 특히 10분위의 경우 2017년 기준 3억 7,400만 원 증가한 반면, 1분위의 경우 6백만 원만 증가했다. 또한 2023년 기준 상위 10% 가구가 소유한 주택 가격은 하위 10%보다 40배를 넘는 수치이다. 이는 한국 사회에서 부동산 자산의 양극화 현상이 매우 심각한 상태에 있음을 보여 준다.

| 표 3-5 | 주택 자산 가액 기준 10분위별 주택 소유 가구 현황 (단위: 억 원)

분위 \ 연도	2017	2018	2019	2020	2021	2022	2023
10분위(상위 10%)	8.81	9.77	11.03	13.09	14.84	12.16	12.55
9분위	4.00	4.32	4.62	5.69	6.63	5.38	5.49
8분위	2.88	3.05	3.21	3.92	4.64	3.76	3.83
7분위	2.24	2.32	2.41	2.86	3.46	2.86	2.91
6분위	1.80	1.82	1.87	2.14	2.60	2.24	2.26
5분위	1.45	1.46	1.49	1.64	1.96	1.76	1.77
4분위	1.15	1.16	1.17	1.25	1.46	1.36	1.36
3분위	0.86	0.87	0.88	0.93	1.05	1.00	1.01
2분위	0.58	0.59	0.59	0.62	0.69	0.67	0.68
1분위(하위 10%)	0.25	0.26	0.27	0.28	0.30	0.30	0.31
10분위와 1분위의 절대적 차이	8.56	9.51	10.76	12.81	14.54	11.86	12.24
10분위와 1분위의 상대적 차이(배수)	35.24	37.58	40.85	46.75	49.47	40.53	40.48

각 분위별 평균 주택 자산 가액이 전반적으로 증가하였으나 상위 분위로 갈수록 증가 폭이 상대적으로 크게 나타났다.

국가통계포털(KOSIS)(2025). 주택자산가액기준 10분위별 주택소유가구 기본현황

소득 양극화와 자산 양극화의 관계

앞서 살펴본 소득 양극화와 자산 양극화는 어떠한 관계를 가지고 있을까? '연도별 소득과 자산 분위 분포 현황'과 '소득 항목과 자산 항목의 상관관계'에 대한 자료에서 그 관계를 확인해 보자.

어쩌면 당연할 수도 있지만, 소득 분위와 자산 분위가 일치하는 집단의 비율은 대체로 높게 나타난다. 연도별 소득 분위와 자산 분위의 분포를 한눈에 보여 주는 <표 3-6>에 따르면, 통상 소득 1분위의 약 45% 정도가 자산도 1분위에 속하며, 소득 2분위의 경우 자산 1분위와 2분위에 대략 50% 정도가 분포하고 있다. 소득 5분위의 대략 45% 이

상은 자산 또한 5분위에 속해 있으며, 이러한 분포는 연도와 관계없이 비슷한 경향성을 나타낸다. 즉, 소득과 자산 모두 저분위에 속하거나 고분위에 속하는 집단은 그 비율이 지속적으로 유지되어 왔다.

표 3-6 | 연도별 소득과 자산 분위 분포 현황 (단위: 억 원)

소득\자산	2016					소득\자산	2018				
	1분위	2분위	3분위	4분위	5분위		1분위	2분위	3분위	4분위	5분위
1분위	47.4	25.0	13.5	8.6	5.5	1분위	45.8	24.7	14.5	9.0	6.0
2분위	26.2	27.9	22.0	14.6	9.3	2분위	27.2	26.6	21.6	14.8	9.8
3분위	16.5	23.1	26.1	21.3	13.0	3분위	15.8	23.8	25.4	21.2	13.8
4분위	7.2	16.5	24.1	29.0	23.1	4분위	9.0	17.3	24.0	28.4	21.4
5분위	2.7	7.5	14.2	26.5	49.1	5분위	2.3	7.5	14.6	26.6	49.0

소득\자산	2019					소득\자산	2020				
	1분위	2분위	3분위	4분위	5분위		1분위	2분위	3분위	4분위	5분위
1분위	45.9	25.9	13.4	9.0	5.8	1분위	45.8	25.0	14.4	8.3	6.4
2분위	27.0	26.5	22.2	14.4	9.9	2분위	27.5	26.6	20.8	15.5	9.7
3분위	16.3	22.3	25.8	21.7	14.0	3분위	16.5	23.6	25.4	20.6	13.9
4분위	8.6	17.7	24.2	27.7	21.8	4분위	7.5	17.3	25.0	27.6	22.6
5분위	2.2	7.6	14.5	27.2	48.5	5분위	2.7	7.5	14.4	28.0	47.5

*p<0.01

소득과 자산 모두 저분위에 속하는 집단과 고분위에 속하는 집단이 대체로 일치한다.

김태완 외(2021).

표 3-7 | 소득 항목과 자산 항목의 상관관계(2019년)

자산 항목 소득 항목	부동산 자산	금융자산
근로소득	0.20*	0.40*
사업소득	0.20*	0.19*
자산소득	0.57*	0.37*
이전소득	-0.03*	-0.27*

금융자산보다는 부동산 자산이 자산 소득과 매우 높은 상관성을 보인다.

이성균(2022).

소득 항목과 자산 항목의 상관관계를 분석한 연구에 따르면, 부동산 자산과 자산소득 간 상관관계가 높은 것으로 나타났다. 일반적으로 사람들은 회사 생활을 하거나 사업을 운영하여 발생한 소득(근로소득과 사업소득)의 일부를 저축하고 투자해 금융자산을 형성한다. 그리고 이러한 금융자산은 이자나 배당금 등의 자산소득을 발생시킨다. 그러나 한국 사회에서의 자산소득은 금융자산보다는 부동산 자산과 매우 높은 상관성을 보인다. 즉, 한국 사회에서는 임대료 등 부동산 자산에 따른 소득이 금융자산에 따른 소득보다 그 힘이 더 크다. 나아가 이러한 부동산 자산에서 발생하는 임대 소득은 가구 간 소득 격차에 큰 영향을 준다. 결국 부동산 자산은 자산 불평등을 발생시키는 주요 요인인 동시에 임대료와 같은 자산 소득을 매개로 소득 불평등에까지 영향을 미친다고 볼 수 있다.

소득과 자산 양극화 문제의 원인과 해결 방안

원인: 인적 자본, 노동시장, 자산 분위

　소득과 자산 양극화 문제가 발생하는 이유는 다양하다. 아래는 그중에서도 대표적인 세 가지 이유를 꼽은 것이다.

　첫째, 인적 자본 이론에 따르면, 사람들은 살아온 환경이나 스스로의 노력 등에 따라 저마다 다른 노동 생산성을 가진다. 어릴 때부터 높은 수준의 교육이나 직업 훈련 등을 받으며 인적 자본에 많은 투자를 기울인 사람은 노동 생산성이 높고, 그렇지 못한 사람은 노동 생산성이 낮다. 그리고 이러한 노동 생산성 차이는 고용 기회나 보상에서의 차이로 이어진다. 즉, 인적 자본에 많이 투자한 고숙련 노동자는 그 대가로 많은 임금을 받게 되고, 그 반대의 저숙련 노동자는 상대적으로 낮은 임금을 받게 되어 소득 양극화 문제가 발생한다.

　둘째, 노동시장 분절론에서는 고임금 노동자와 저임금 노동자가 활동하는 무대가 아예 분리되어 있다고 설명한다. 그 무대는 각각 1차 노동시장과 2차 노동시장으로 불린다. 1차 노동시장은 고임금, 높은 직무 안정성, 내부 승진 시스템 등을 제공하는 반면 2차 노동시장은 저임금, 낮은 직무 안정성, 고용 불안정성 등 상대적으로 열등한 조건을 가진다. 특히 정규직 노동자들과 비정규직 노동자들 사이에 존재하는 벽을 설명할 때 이 노동시장 분절론이 매우 유용하다. 1차 노동시장에 속한 정규직 노동자들과 2차 노동시장에 속한 비정규직 노동자들 간 이동은 극히 제한되고, 소득 격차 또한 고착화된다. 그 결과 소득은 점차 양극화된다.[11]

셋째, 분위별 자산 구성비 현황에서 확인했듯, 일반적으로 자산 저분위일수록 총자산에서 금융자산이 차지하는 비중이 높고, 자산 고분위일수록 부동산 등 실물자산의 비중이 높다. 이는 자산의 양극화에 부동산과 같은 실물자산 가격의 영향이 크게 작용하기 때문이다. 즉, 주택을 소유한 계층은 자산 가치를 크게 증가시키는 반면, 무주택 계층은 높은 임대료와 주거 불안을 겪으며 자산 축적의 기회를 상실하다 보니 자산의 격차는 점차 확대된다.

해결 방안: 제도적, 정책적

원인 진단을 토대로 우리는 소득과 자산 양극화 문제를 해결할 수 있는 다음의 방안들을 떠올려 볼 수 있다.

첫째, 임금 격차가 인적 자본의 차등적 분배에 따른 결과라는 점을 고려하여 교육이나 직무 훈련 등과 같은 인적 자본 투자를 제도적으로 지원하는 방안을 마련한다. 예를 들어, 직업 교육을 강화해 일자리 창출을 유도하거나 노동 생산성 향상과 직결된 직업 훈련 프로그램 강화로 임금 소득 증가를 유도할 수 있다.

둘째, 정규직과 비정규직 등 고용 형태에 따른 노동시장 내 임금 차별을 어느 정도 완화해야 한다. 특히 동일한 형태로 동일한 시간에 동일한 업무를 하는 정규직과 비정규직 사이의 차별이 발생하지 않도록 한다. 즉 동일 노동·동일 임금의 원칙이 충실히 지켜질 수 있도록 법과 제도를 정비해야 한다. 가령, 동일 노동 원칙의 의미와 이를 판단할 기준을 근로 기준법에 구체적으로 명시함으로써 동일 노동·동일 임금의 실효성을 제고한다.

셋째, 자산 양극화 현상이 특히 부동산에서 심화되고 있다는 점에서 실수요자와 주거 취약 계층을 위한 주택 공급은 지속하되, 부동산 투기 수요를 줄이고 부동산 시장이 경기 부양의 수단이 되지 않도록 주택 시장을 안정화시키는 정책을 마련한다.

넷째, 자산 형성이 취약한 계층이 자산을 형성할 수 있도록 재정적으로 지원하고, 관련 교육을 실시하는 자산 형성 지원 사업*을 강화한다. 구체적으로, 저축액에 비례해 지원되는 정부 지원금의 규모를 확대하고, 고용이나 소득이 불안정한 사람들도 수혜 대상에 포함시키는 방안 등을 생각해 볼 수 있다.

다섯째, 소득 재분배와 사회보장 정책 강화이다. 특히 소득세와 재산세를 통한 소득 재분배 정책을 강화함으로써 고소득층과 저소득층 간의 소득 격차를 완화할 수 있다. 또한, 생계 급여 수급 대상자 지원, 구직 단념 청년의 직장 적응 지원, 고령층의 계속 고용 장려금 등 저소득층의 기초 생활 수준 향상과 자활을 위한 각종 사회보장제도를 강화해야 한다. 더불어, 금융자산과 부동산 자산 관련 세금을 강화하거나, 부의 대물림을 완화하기 위해 증여세와 상속세를 높이는 것 등도 고려해 볼 수 있다.

공정과 지속 가능한 사회 건설을 위한 노력

앞선 내용을 되새겨 보자. 한국 사회에서는 소득과 자산의 양극화 현상이 심각한 수준이다. 소득 양극화 실태를 드러내는 지니계수와 소득 분배율 수치가 높으며, 평균 소득액의 소득 분위별 격차가 컸다. 또한 소득 상위 20% 가구의 월평균 소득 증가율이 소비 지출 증가율 대비 높으며, 가구 소득 상하위 10%의 연 소득 격차가 컸다. 동시에 중하위 계층에 비해 상위 계층에 소득이 집중되었고, 정규직과 비정규직의 임금 격차도

● **자산 형성 지원 사업** | 일하는 생계·의료 수급 가구, 차상위 계층 가구, 기준 중위 100% 이하 가구의 청년을 대상으로 진행하는 사업으로 월 10만 원 이상 50만 원 이하의 금액을 저축할 때 추가로 근로 소득 장려금을 지원해 주는 사업이다.

높은 수준이었다. 한편 자산 양극화와 관련해서는, 순자산 지니계수 수치가 높고 상위 20%와 하위 20% 가구의 평균 자산액 격차가 컸으며, 중하위 계층에 비해 상위 계층의 자산 집중도가 높았다. 자산 격차의 주요 요인인 주택 자산 가액 기준으로 상위 10% 가구가 소유한 주택 가격이 하위 10%의 40배를 넘는다는 점은 전반적으로 자산 양극화 문제가 매우 심각함을 확인해 주었다. 잊지 말아야 할 사실은 자산 불평등과 소득 불평등이 밀접한 관련이 있다는 점이다. 실물 자산인 부동산은 자산 불평등을 발생시키는 주요 요인인 동시에 임대료와 같은 자산 소득을 매개로 해서 소득 불평등에도 큰 영향을 미치고 있었다.

이러한 소득과 자산 불평등 현상은 노동 생산성에 영향을 주는 인적 자본 투자의 차이, 노동시장의 분절에 따른 정규직과 비정규직 노동자 간 임금 격차, 부동산과 같은 실물 자산 가격의 영향 강화 등이 복합적으로 작용하여 초래되었다. 따라서 인적 자본 투자의 제도적 지원, 고용 형태에 따른 임금 격차 축소와 동일 노동·동일 임금 원칙 준수 강화를 위한 법과 제도 정비, 실수요자와 주거 취약 계층을 대상으로 주택 공급 확대, 부동산 투기 수요 억제 정책 강화, 자산 형성이 취약한 계층을 지원하는 정부 사업 확대, 소득 재분배와 사회보장 정책 강화, 세금 제도 개선 등과 같은 방안 마련이 필요하다.

소득과 자산의 양극화 문제는 그대로 방치할 경우 국민 삶의 질을 저하시킬 뿐만 아니라 계층 간 위화감을 조장하여 정치적 불안과 사회적 갈등을 발생시킬 수 있다. 소비 위축에 이어진 생산 감소와 그에 따른 경제적 타격 또한 우려되는 결과이다.

따라서 소득과 자산의 양극화 문제는 개인에 국한된 문제가 아닌 사회 전체의 지속 가능성을 위협하는 심각한 문제라는 점을 인식하고 보다 적극적인 양극화 해소 정책이 추진되어야 한다. 공정하고 지속 가능한 사회를 만들기 위한 사회 구성원 각자의 역할과 참여가 요구된다.

생각해 볼 문제

01 기본 소득 제도의 효용성

최근 경제적 양극화 문제의 대응 방안으로 자산 조사나 근로 조건 없이 모두에게 일정 소득을 지원하는 보편적 소득 지원 제도인 '기본 소득 제도'가 주목받고 있다. 이 제도의 도입을 주장하는 배경과 취지가 무엇이지 파악하고, 이 제도의 도입이 필요한가를 주제로 토론해 보자.

02 기술의 진보와 소득 양극화

인공 지능(AI), 빅데이터, 사물 인터넷 등 진보된 기술이 생산 현장에 적용되어 확대되어 가고 있다. 이와 같은 기술 진보가 소득 양극화에 미치는 영향을 예측해 보자.

미주

01 안정현(2019.10.22.). 기생충, 양극화 시대의 우울한 자화상. 가톨릭뉴스 지금여기.
02 지웅배(2024.3.1.). 내 월급의 몇배야? 월 3500만원 내는 월세집 어디?. SBS Biz.
03 오진영(2022.1.7.). "고시원 창문 생겨 좋겠다고요? 오를 월세가 더 걱정입니다". 머니투데이.
04 민승규 외(2006), 소득 양극화의 현상과 원인. CEO information, 547, 3.
05 신광영(2016). 불평등, 격차, 소득 집중과 양극화. 한국사회학회 사회학대회 논문집, p. 485.
06 이주미(2023). 소득과 자산의 양극화 및 격차 실태와 정책적 함의. 보건복지포럼, 316, p. 41.
07 통계청(2025). Income 소득: 소득 분배 지표 작성 방법 및 의의. kostat.go.kr/menu.es?mid=b80301000000
08 통계청(2025). 앞의 글.
09 통계청(2025). 앞의 글.
10 박원희(2024.2.11.). 종합소득 격차 1위 '서울' … 상위0.1% 연소득 65억원. 연합뉴스.
11 이명진·안소영(2020). 노동시장 내부 불평등의 다양성. 국회미래연구원 보고서.

4장

성 불평등 문제

우리 사회의 성 불평등 현실

2022년 8월, 한 직장의 업무 내용이 공개되었다. 바로 '밥 짓고, 빨래하기'이다. 이곳은 식당이 아니고, 업무 담당자는 가사근로자가 아니다. 해당 내용은 S 은행의 한 지점에서 근무하던 이현정(가명)의 고발로 공론화되었다. 2020년 입사 첫날부터 '밥 짓는 법'을 인수인계 받은 이 씨는 '밥맛'으로 능력을 평가받았다. 해당 지점에는 '직장 상사에 대한 예절' 지침서도 있었다. 상사를 섬기고, 순종하는 자세를 가져야 한다는 내용이었다. 이 씨는 이런 성차별적이고 수직적인 조직문화에 문제를 제기하였으나, 다른 여성 직원들도 모두 하는 일이라는 이야기와 함께 비난과 폭언을 들어야 했다. '나이 어린 여자 직원'이라는 이유 때문이었다. 이는 이 씨가 문책성 인사발령으로 본점으로 이동했을 때 더욱 명확해졌다. 그곳에서도 이 씨는 유일한 여직원이란 이유로 밥을 지었다. 이 씨의 피해 사실이 밝혀진 이후 다른 여러 지점에서도 유사 경험 사례가 쏟아졌다. 이 씨는 조사 기간에 심해진 스트레스로 2023년 1월 퇴사하였고, 동종업계 취업을 포기하였다.[01]

✦ 세계적 성 불평등의 나라, 한국 ✦

상이한 생물학적 특성을 가진 남성과 여성이 서로 다른 정체성과 사회적 역할을 가지는 것이 당연하다는 인식은 뿌리가 깊다. 남성은 용감하고 능동적이어서 생계를 책임지는 반면, 여성은 섬세하고 수동적이므로 가사와 육아에 적합하다는 것 등이 그 예이다. 이처럼 가정이나 사회에서 성(性)의 차이에서 발생하는 편견과 차별을 성 불평등이라고 부른다.[02] 남성도 편견과 차별의 대상이 될 수 있지만, 지금까지는 주로 여성이 그 대상이었다. 가정과 정치, 경제, 법 등 여러 분야에서 부당한 대우로 나타나는 성 불평등 문제는 개인의 자아실현을 위한 균등한 기회를 박탈해 왔고, 궁극적으로는 인간으로서 누려야 할 기본 인권을 침해하는 심각한 결과를 초래하였다. 예전과 비교하면 상황이 나아졌다고는 하나, 여전히 많은 지표가 우리 사회의 성 불평등 실태를 비추고 있다.

세계경제포럼(World Economic Forum, WEF) 보고서에 따르면, 한국의 성 격차 지수(Gender Gap Index, GGI)˙ 수준은 2023년 기준 146개국 중에서 105위에 머물렀다. 이 보고서에서는 '성평등'을 '남녀 간 권력과 자원 배분에서의 공평함'으로 정의하여 사회 각 영역에서 남성 대비 여성이 받는 실제 처우를 지표화했다.

보고서 속 한국은 성별 임금 격차가 OECD 국가 중 가장 크고, 여성 관리직과 전문직 비율은 매우 낮으며, 여성의 경제 활동 참가율과 정치적 대표성도 여성 고등교육 이수율을 따라가지 못하는 것으로 나타났다. 경제 규모가 비슷한 다른 국가들과 비교하면 그 심각성은 더욱 뚜렷해진다. 이어지는 내용에서 가사, 노동, 정치, 미디어 활동과 일상생활에서의 성 불평등 실태를 더욱 구체적으로 살펴보자.

● **성 격차 지수** | 한 나라에서 여성 인권이 남성 인권과 얼마나 차이가 있는지를 상대적으로 평가하여 수치화한 지수이다. 글로벌 성 격차를 한눈에 알아볼 수 있다. 평가 기준은 경제 참여와 기회, 교육 성취, 보건과 생존, 정치적 권한 부여로 구성되었다. 2006년부터 세계경제포럼에서 매년 전 세계 100여 개국의 국가별 성 격차 지수를 발표하였다.

성 불평등 실태

"시부모님은 아이를 낳을 때부터 '일을 줄이고 육아에 전념하라'고 했어요. 친정아버지도 '다들 그렇게 사는데 유별나게 그러냐'고 했고요." 초등학생인 아이 또래를 키우는 주변 엄마들은 대부분 '풀타임'으로 일하지 않는다. 그들은 당연히 남편보다 수입이 적으니 "가사 노동을 더 많이 하는 건 어쩔 수 없다."고 여긴다. 공동육아를 목적으로 부부 네 쌍이 함께 만들었던 휴대전화 단체 대화방에는 어느새 엄마들만 남았다.

장 씨는 48시간 동안 가사 노동을 기록하면서 "일하거나 책을 읽다가도 수시로 집 안을 청소하고 식탁 언저리에 있는" 자신을 발견했다. "'집'이란 공간을 떠나야지만 (가사 노동을) 하지 않겠구나란 생각이 들더라고요." 장 씨와 김 씨 부부는 둘 다 나름의 노력을 하지만 가사 노동과 양육을 온전히 지탱해 나가기엔 "절대적인 시간이 늘 부족하다."고 느낀다.[03]

가정에서의 성 불평등 문제

가정에서의 성 불평등 실태는 '가정 내 부부의 가사 노동 분담 비율(2023년)'과 '자녀 돌봄 활동 분담 비율(2023년)'에서 잘 드러난다.

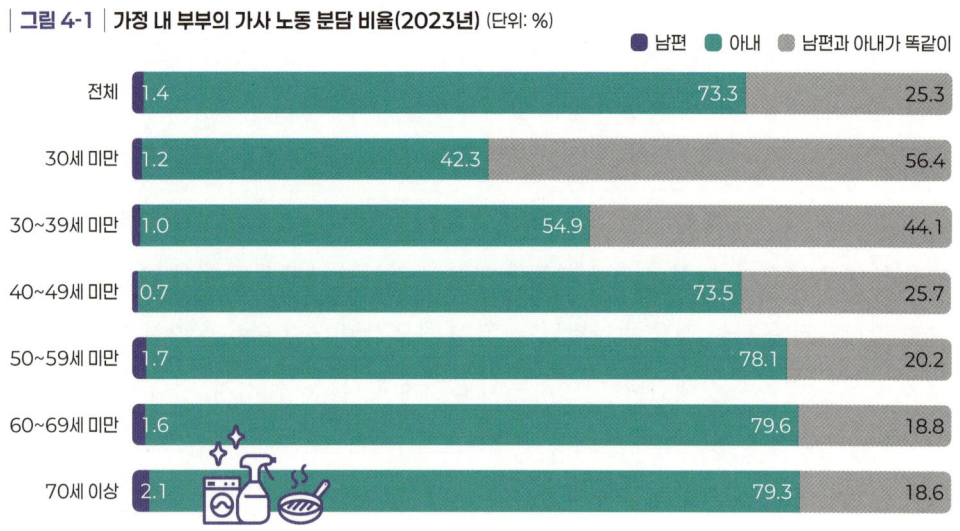

| 그림 4-1 | 가정 내 부부의 가사 노동 분담 비율(2023년) (단위: %)

■ 남편　■ 아내　■ 남편과 아내가 똑같이

구분	남편	아내	남편과 아내가 똑같이
전체	1.4	73.3	25.3
30세 미만	1.2	42.3	56.4
30~39세 미만	1.0	54.9	44.1
40~49세 미만	0.7	73.5	25.7
50~59세 미만	1.7	78.1	20.2
60~69세 미만	1.6	79.6	18.8
70세 이상	2.1	79.3	18.6

전반적으로 여성의 가사 노동 부담이 남성과 비교해 크다는 것을 확인할 수 있다.

여성가족부(2024).

가정 내 부부의 가사 노동 분담 비율을 보여 주는 [그림 4-1]을 살펴보면, 가사 노동을 '아내'가 담당하는 경우(73.3%)가 '남편' 또는 '남편과 아내가 똑같이' 담당하는 경우보다 월등히 많다는 사실을 알 수 있다. 이러한 현상은 특히 고 연령층에서 두드러졌으며, 연령이 낮아질수록 '남편과 아내가 똑같이' 가사를 수행하는 비율(20대 56.4%, 30대 44.1%)이 높아졌다. 2030 세대에서는 그 정도가 비교적 덜하지만, 우리 사회에서는 여전히 아내의 가사 노동 부담이 훨씬 크다.

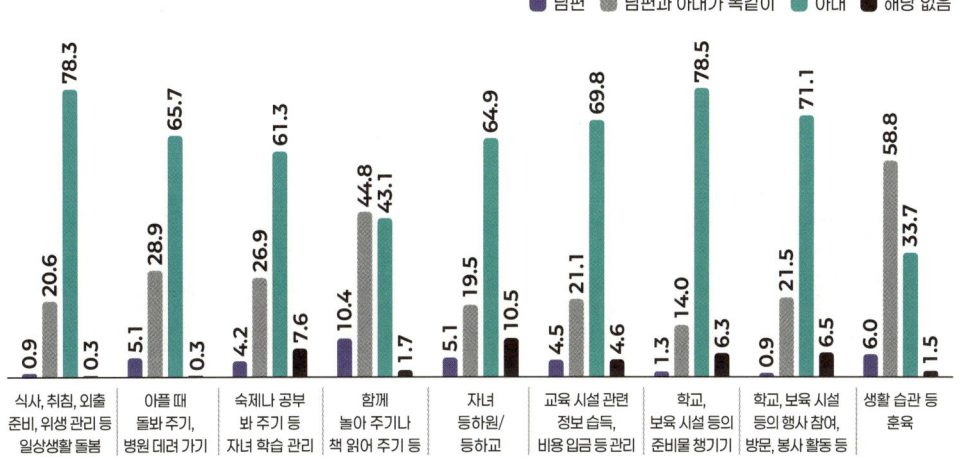

| 그림 4-2 | 부부의 12세 미만 자녀 돌봄 분담 비율(2023년) (단위: %)

전반적인 돌봄 항목에서 아내의 전담 비율이 높게 나타난다.

여성가족부(2024).

12세 미만 자녀 돌봄 분담 비율을 보여 주는 [그림 4-2]를 살펴보면, '놀이와 책 읽기', '생활 습관 훈육' 영역에서는 부부가 똑같이 분담하는 비율이 50% 내외이지만 그 외 자녀 돌봄은 대부분 아내가 전담하고 있다. 특히 '학교, 보육 시설 등의 준비물 챙기기(78.5%)', '식사, 취침 등 일상생활 돌봄(78.3%)', '학교, 보육 시설 등의 행사 참여(71.1%)' 영역에서는 그 편중 정도가 매우 컸다.

가정을 유지하려면 부부 중 누군가는 돌봄과 양육에서 주도적 역할을 맡아야 한다. 결국 한쪽이 경력을 희생하는 수밖에 없다. 여성의 평균 근속연수는 8.2년, 남성은 12.2년이다. 그러다보니 남성 1인당 평균 임금이 7,980만 원, 여성은 5,110만 원으로 성별 임금 격차가 벌어진다. (2021년 2,149개 상장 기업 기준) 남성 평균 근속연수가 여성보다 긴 기업일수록 남녀 임금 차이도 대체로 크게 벌어졌다. 여성의 경제활동 참가율이 육아를 도맡아야 하는 30~40대에 뚝 떨어지는 M자형 그래프를 그리는 것도 같은 이유다.

이런 임금 차이는 가정 안에서 위계를 만들어 낸다. 이주희 이화여대 사회학과 교수는 "돈을 좀 못 버는 쪽이 집안일로 보상해야 한다는 생각으로 이어진다. 성별 임금 격차 때문에 여성은 가정 안에서도 상대적으로 교섭력이 떨어지게 된다."고 말했다. 성별 고정관념 등에 따라 '여성의 일'로 굳어진 가사노동과 양육은 여성을 노동시장에서 탈락시키는 요소로 작용하고, 이는 다시 여성의 짧은 근속기간과 낮은 임금의 원인이 된다. 노동시장에서 이 구조적 격차가 다시 여성을 집안으로 옭아매는 덫이 되어 악순환이 벌어진다.[04]

노동시장에서의 성 불평등 문제

노동시장에서의 성 불평등 실태는 성별 고용률과 성별 임금 격차, 성별 비정규직 비율, 기업의 여성 임원 비율 등의 지표에서 드러난다.

국내 성별 고용률을 보여 주는 <표 4-1>을 살펴보면, 2012년 이후로 남성과 여성의 고용률이 모두 증가하는 추세를 보이는 가운데 남성 대비 여성의 고용률 또한 점진적으로 증가하였다. 그러나 2023년 기준 남성 고용률과 여성 고용률의 격차는 15.5%p로 여전히 높은 수준에 머물렀다. 이는 고용에서의 성별 격차가 여전히 우리 사회의 미해결 과제로 남아 있음을 뜻한다.

| 표 4-1 | **성별 고용률** (단위: %)

		2012	2013	2014	2015	2016	2017	2018	2019	2020	2021	2022	2023
전체 (15-64세)		64.3	64.6	65.6	65.9	66.1	66.6	66.6	66.8	65.9	66.5	68.5	69.2
성	남성	75.1	75.2	76.0	75.9	75.9	76.3	75.9	75.7	74.8	75.2	76.9	76.9
	여성	53.5	54.0	55.0	55.7	56.1	56.9	57.2	57.8	56.7	57.7	60.0	61.4

여성 고용률이 점차 상승하고 있지만, 여전히 남성과의 격차는 크다.

통계청(2024). 경제활동인구조사.

한편, 다른 국가의 여성 고용률과 비교해 보아도 우리나라의 여성 고용률은 낮은 수준에 해당한다. OECD 38개 회원국을 대상으로 한 조사에 따르면, 우리나라의 여성 고용률 수준은 38개국 중 30위에 머문다고 나타났다. 아이슬란드(81.4%), 네덜란드(78.8%), 스위스(77%), 뉴질랜드(76.4%), 에스토니아(75.6%), 핀란드(74.5%), 호주(74.2%) 등을 따라잡기 위해서는 국내 여성 고용률(61.4%)[05]을 높이기 위한 많은 노력이 필요해 보인다.

| 그림 4-3 | OECD 성별 임금 격차(2022년) (단위: %)

순위	국가	성별 임금 격차
1	벨기에	0.9
2	코스타리카	1.4
3	콜롬비아	1.9
4	노르웨이	4.5
32	이스라엘	20.8
33	일본	21.3
34	에스토니아	21.7
35	한국	31.2
OECD 평균		12.1

성별 임금 격차가 31.2%라는 것은 남성의 월급이 100만 원이라고 가정했을 때, 여성은 69만 원 정도의 월급을 받는다는 사실을 뜻한다.

OECD(2022). Gender wage gap.

OECD 성별 임금 격차를 보여 주는 [그림 4-3]을 살펴보면, 한국의 성별 임금 격차는 2022년 기준 31.2%로 OECD 35개 회원국 중 최고 수준이었다. 이는 OECD 평균(11.4%)의 2.7배 수준으로, 35개 국가 중 임금 격차가 30% 이상 벌어진 국가는 한국이 유일했다. 한국 다음으로 임금 불평등이 심한 에스토니아(21.4%), 일본(21.3%), 이스라엘(20.8%) 등은 그 격차가 20%대로 나타났다. 임금 격차가 낮은 국가는 노르웨이(4.5%), 콜롬비아(1.9%) 등이며, 코스타리카(1.4%)와 벨기에(0.9%)는 여성과 남성의 임금이 비슷한 수준이었다.

| 표 4-2 | 성별 비정규직 근로자 비율 (단위: %)

		2013	2014	2015	2016	2017	2018	2019	2020	2021	2022	2023	2024
전체		32.5	32.2	32.4	32.8	32.9	33.0	36.4	36.3	38.4	37.5	37.0	38.2
성	남성	26.4	26.4	26.4	26.3	26.3	26.3	29.4	29.4	31.0	30.6	29.8	30.4
	여성	40.6	39.9	40.2	41.1	41.2	41.4	45.0	45.0	47.4	46.0	45.5	47.3

*비정규직 근로자 비율=(비정규직 근로자 수÷전체 임금 근로자 수)×100

통계청(2024). 경제활동인구조사 근로형태별 부가조사.

국내 성별 비정규직 근로자 비율을 보여 주는 <표 4-2>를 살펴보면, 비정규직 근로자 비율은 남성과 여성 모두에서 점진적으로 증가했다. 하지만 모든 조사 대상 시기에 걸쳐 여성의 비정규직 비율은 남성과 비교했을 때 높은 수준을 유지했다. 가장 최근 연도인 2024년 기준 여성 비정규직 노동자 비율은 47.3%로, 남성 비정규직 노동자 비율 30.4%보다 16.9%p나 높다.

| 그림 4-4 | 100대 대기업 전체 임원 수와 여성 비중 현황(2024년)

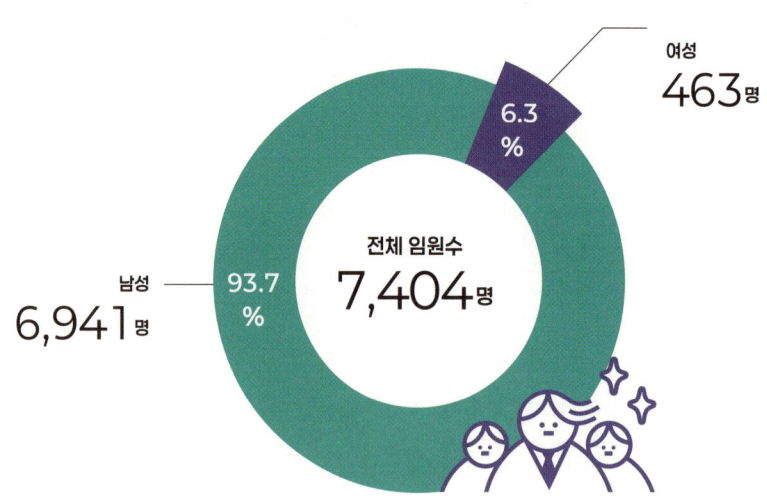

강병한(2024.11.11.).

승진 기회 획득에서도 성 불평등이 존재한다. 헤드헌팅 전문기업 유니코써치에서 조사한 100대 대기업 전체 임원 수와 여성 비중 현황을 살펴보면, 여성 임원 비율은 2019년 3.5%, 2020년 4.1%, 2021년 4.8%, 2022년 5.6%, 2023년 6.3% 순으로 상승해 왔다. 특히 2024년의 경우 전체 임원(7,404명)의 6.3%인 463명으로 집계되어 역대 최다를 기록하였다. 그러나 경제 활동에 참여하는 여성의 수가 비약적으로 증가해 왔음을 고려했을 때, 6.3%의 여성 임원 비율은 여전히 낮은 수준이라고 말할 수 있다. 이는 승진 기회에서의 구조적 불평등이 지속되고 있음을 시사한다.

한국 여성의 경력 단절 현상

01 30대 경력 단절 현상

2021년 OECD 회원국(38개국)의 여성 연령별 고용률을 분석한 결과를 살펴보면 M자 모양이 눈에 띈다. 여성의 고용률이 30대에 추락하는 현상을 보이는 'M자형' 그래프는 특히 한국에서 도드라진다. 25~29세 70.9%이던 한국의 여성 고용률이 35~39세에서는 57.5%까지 13.4%p나 급락하기 때문이다. 한국의 25~29세 여성 고용률은 OECD 평균(67.7%)보다 3.1%p 높게 나타나지만 35~39세 여성 고용률(57.5%)은 OECD 평균(68.9%)보다 11.4%p 낮게 나타난다. 돌봄과 육아를 위한 국가적 인프라는 부족하고 노동시간이 긴 데다, 돌봄과 육아를 여성의 일로 규정하는 사회적 분위기는 30대 여성 고용률에 직격탄이 된다.

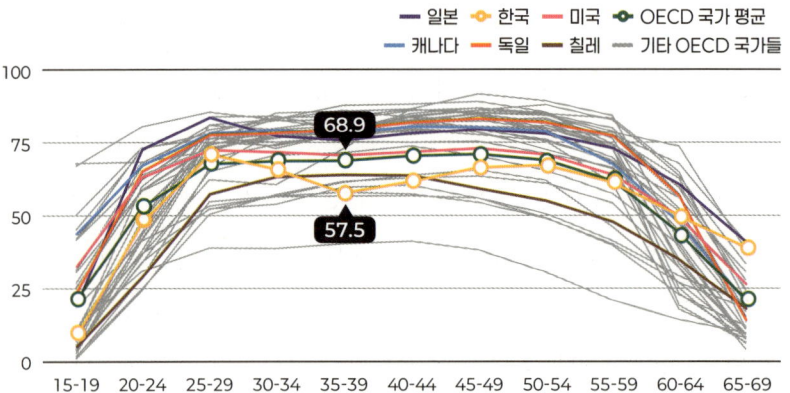

| 그림 4-5 | OECD 가입국 여성 연령별 고용률(2021년) (단위: %)

OECD(2021). Employmetnt and unemployment by five-year age group and sex - indicators.

02 경력 단절 여성 인터뷰

김지영(41세, 가명)은 서울에 있는 4년제 대학을 졸업하고 2005년 12월 처음 외국계 유통 기업에 취직했다. 김 씨는 이 기업에서 5년 6개월, 외국계 의류 회사에서 5년 6개월, 외국계 에이전트에서 3년여를 합쳐 14년간 회사 생활을 했지만 2021년 퇴사를 결정했다. 코로나19가 심각해지면서 학교에 가지 못하게 된 9세 딸을 돌볼 방법을 찾지 못해서다.

재택 근무를 하기도 했지만 일과 육아가 한꺼번에 김 씨를 짓누르자 '퇴사' 밖에 답이 없었다. 직책 '부장', 연봉 8,000만 원이던 '회사원 명함'을 포기하는 일은 쉬운 일이 아니었지만 방법이 없었다. 아이를 낳고서는 늘 '위기'였다. 출산 직후에는 친정에 아이를 보내 5세까지 키워 '1차 위기'를 넘었고 저녁까지 돌봐 주는 전일제 유치원 추첨에 당첨돼 '2차 위기'를 넘었지만 코로나19는 넘지 못했다.

현재 김 씨는 바리스타 자격증을 따고 창업을 준비 중이다. 그는 "카페도 포화 시장(레드 오션)이라 창업이 쉽지 않다는 걸 알고 있다. 막막하다."고 말했다. 남편이 회사를 다니고 있지만 그 일자리도 언젠가 위태로울 수 있다는 걸 안다. "남편이 일을 못하게 되면 식당 아르바이트라도 해야죠. 다시 사무직이 되기에는 나이가 많으니까요."[06]

정치와 공직 활동에서의 성 불평등 문제

여성 국회의원 비율과 공공기관 여성 임원 비율 현황을 살펴보면 국내 정치와 공직 활동에서도 성 불평등의 존재를 확인할 수 있다.

우리나라의 여성 국회의원 비율은 전반적으로 증가 추세를 보이기는 하지만 여전히 낮은 수준에 머물러 있다. 우리나라는 제16대 총선을 기점으로 정당이 국회의원 등의 후보를 추천할 때 반드시 일정 비율의 여성을 포함시키는, 이른바 여성 할당제를 시행하고 있다. 여성 의원 당선자 수와 비율(제17~22대 총선)을 제시한 [그림 4-6]을 살펴보면, 제17대 총선에서는 그 비율이 50%로 높아졌고, 총 39명의 여성 의원이 당선되어 최초로 여성 의원 비율(13%)이 10%를 넘었다. 이후 여성 의원 당선자 수는 제18대 국회 41명(13.7%), 제19대 국회 47명(15.7%), 제20대 국회 51명(17.0%), 제21대 국회 57명(19.0%), 제22대 국회 60명(20.0%)으로 꾸준히 증가하였다. 그러나 이러한 증가 추세에도 불구하고, 국내 여성 국회의원 비율은 OECD 회원국의 평균 여성 의원 비율 33.8%보다 낮을 뿐만 아니라, 국제의원연맹(IPU) 회원국의 평균 여성 의원 비율인 26.9%에도 미치지 못하는 실정이다(IPU, 2024). 여성 국회의원 비율이 여성의 정치 참여 수준을 확인하는 핵심적인 지표임을 고려한다면, 우리나라는 여성의 정치 참여가 여전히 제한적이라 할 수 있다.

| 그림 4-6 | 여성 의원 당선자 수와 비율 (단위: 명, %)

대수	당선자 수	비율
17대	39	13%
18대	41	13.7%
19대	47	15.7%
20대	51	17%
21대	57	19%
22대	60	20%

국회입법조사처(2024).

여성 관리직 공무원과 공공기관 임원 비율 현황에서도 성별 간 격차가 드러난다. 행정안전부가 조사한 '지방자치단체 공무원 인사 통계'에서는 2022년 기준 전체 공무원 중 여성의 비율은 49.4%인 데 반해 5급 이상 공무원 중 여성의 비율은 27.4%에 그쳤다.[07] 또한, 공공기관 여성 임원 비율 현황에 따르면, 절반 이상의 공공기관에서 지침으로 권장되는 여성 임원 비율(20%)을 준수하지 않고 있었으며(<표 4-3>), 여성 임원이 한 명도 없는 곳도 다섯 중 하나 수준이었다. '공기업·준정부기관의 경영에 관한 지침'에서는 여성이 임원 직위에 선임되는 데 제도적, 사실적 어려움이 없도록 하고, 임원을 임명하는 경우 여성 비율이 임원 정수의 20% 이상이 되도록 노력하는 의무를 규정하고 있다. 그런데도 공기업은 32곳 중 25곳(78.1%)에서 여성 임원 비율이 20% 미만이며, 준정부기관은 55곳 중 33곳(60%)이 기준에 미달했다. 기타 공공기관은 240곳 중 116곳(48.3%)이 여성 임원 20% 미만이었다. 또한 전체 공공기관 중 여성 임원이 단 한 명도 없는 곳은 59개로 18%에 달했다. 여성 임원이 기관장이나 상임이사, 상임감사 등 상임직을 맡고 있는 공공기관 수는 더 낮았다. 올해 327개 공공기관 중 기관장이 여성인 곳은 한국가스공사, 동북아역사재단 등 23개(7.0%)에 그쳤다. 전체 공공기관의 여성 임원 752명 중 기관장직을 포함한 상임직은 총 50명으로 6.6%에 불과했다. 93.1%는 비상임직이었다.[08]

| 표 4-3 | 여성 임원 비율 20% 이상 기준 미준수 공공기관 현황(2024년 2분기) (단위: A, B개, B/A%) |

구분	전체 기관 수(A)	여성 임원 비율 20% 미만 기관 수(B)	여성 임원 비율 20% 미만 기관 비중(B/A)
공기업	32	25	78.1
준정부기관	55	33	60
기타공공기관	240	116	48.3
전체	327	174	53.2

전민(2024.10.15.).

사회·문화 생활에서의 성 불평등 문제

성 불평등 문제는 일상의 사회·문화 생활 속에서도 나타난다. 성차별적 언어 사용 관행, 혼례나 장례 등 의례 속 성차별적인 관행, 미디어 속 성차별적 표현 관행 등이 대표적이다.

과거와 비교해 성평등 언어 사용을 장려하는 분위기가 조성되고 있음에도 불구하고 성차별적 언어 사용은 여전히 일상에 만연해 있다. 가령, '여교사'와 '여류작가', '여배우', '여의사', '여경', '여군' 등은 직업을 지칭하는 명사에 굳이 성별을 뜻하는 접두사를 덧붙여 만들어졌다. 이러한 단어들은 언어 형식상 여성을 남성의 종속적 지위에 두는 성차별 표현으로 볼 수 있다. 또한 여성의 순결을 의미하는 '처녀'라는 단어를 어떤 일이나 행동을 처음 한다는 의미로 활용한 '처녀작', '처녀비행' 등과 같은 단어도 성차별의 요소를 지닌다. 가부장적 이데올로기가 반영되어 있는 '미망인(未亡人)'과 '학부형(學父兄)' 등의 단어도 성차별 언어 사례이다. 미망인은 글자 그대로 풀이하면 '아직 죽지 못한 사람'으로 남편을 따라 죽지 못해 살아남은 죄인이라는 의미로 해석되며, 학부형은 말 그대로 학생의 아버지와 형을 뜻하여 학생의 보호자는 남자여야 한다는 고정관념을 함축한다. 흔히 사용되는 '유모차(乳母車)'와 '맘스테이션(mom station, 부모 안심 승강장)' 등의 단어에도 여성이 육아를 담당해야 한다는 의미가 반영되었다.[09]

혼례나 장례 등에도 성차별적 관행이 존재한다. 결혼식에서 남성은 결혼식에 온 손님을 맞이하고 여성은 정적인 자세로 신부 대기실에 앉아 하객들과 사진을 찍고 짧은 대화를 나눈다. 신부 옆에는 늘 도우미가 따라다니며 옷매무새와 화장, 머리를 다듬어 준다. 결혼식이 시작되면 신부 아버지가 신부의 손을 잡고 입장한 후 사위에게 딸의 손을 넘겨준다. 이는 여성의 호주가 아버지에서 남편으로 바뀜을 의미하며, 여성이 남성 가족에게 속한다는 인식을 반영한다. 혼인 서약서나 주례사에서는 신랑을 내조하는 일이 신부의 중요한 역할이라고 선언되기도 한다.[10]

한편, 우리나라 장례식 또한 여전히 가부장제 문화의 영향 아래에 있다. 장례 의식은 남성을 중심으로 이루어지고 여성은 주변화된다. 한국여성정책연구원(2019)이 수행한 장례 문화 인식 조사 결과를 살펴보면, 상주의 역할, 영정 사진과 위패 들기, 의사결정 권한 등을 남성이 맡고 있다는 응답이 약 95%에 달했다.[11]

드라마와 애니메이션, 광고, 예능, 시사·교양 등 다양한 미디어 프로그램에서도 성불평등 문제를 발견할 수 있다. 과거와 비교해 인권과 평등 의식이 높아지면서 미디어에서도 성평등을 지향하는 프로그램들이 늘어나고 있으나 여전히 성별 고정관념과 성차별적 내용이 많다. 대중매체 양성평등 내용 분석 보고서(서울 YWCA, 2023)에 따르면, 어린이 프로그램에서의 성별 고정관념은 성별에 따른 특정 장난감 선호를 강조하거나 남자 캐릭터가 위험에 빠진 여자 캐릭터를 구하는 구도, 외향적 특성을 사용한 성별 표현 등 다양한 형태로 반복된다.[12]

그림 4-7 | TV 어린이 프로그램 홈페이지상의 남아와 여아 캐릭터 소개

송이
5살, 여아, 콩순이 친구.
성격 : 차분함, 새침함.
특징 : 모험을 싫어하고, 어른들에게 칭찬 받기를 좋아함.

레이스와 리본을 좋아하는 공주풍 소녀. 친구들 앞에서 우아하게, 도도하게, 새침하게 정말 공주인 마냥 굴지만 사실 송이는 내심 쾌활한 콩순이가 부럽다.

밤이
5살, 남아, 콩순이 친구.
성격 : 밝고 씩씩함, 솔직함.
특징 : 공룡을 좋아함.

먹는 것, 노는 것을 굉장히 좋아한다. 가끔 너무나 솔직한 발언으로 친구들에게 상처를 줄 때도 있지만, 그건 악의가 있어서가 아니라 순수해서 나온 말이라 친구들도 미워하지 않는다. 커다란 공룡처럼 용감해지고 싶지만 아직은 무서운 것이 많다.

KBS(2022), 〈엉뚱발랄 콩순이와 친구들 8〉.

대다수 애니메이션에서 여성 캐릭터는 속눈썹이나 리본, 화관 등 장신구를 갖추었으며, 여성은 분홍색, 남성은 파란색으로 묘사되었다. 예능 프로그램에서 성별 고정관념은 출연자 발언과 자막에서 두드러졌다. '엄마'와 '여성'의 역할을 육아와 가사에 국한하거나 '아빠'와 '남성'을 경제 활동 또는 강인한 체력과 연결 짓는 식이다. 광고에서도 여성은 육아와 돌봄, 가사 주체로, 남성은 경제 활동을 하고 상품을 소비하는 주체로 그려냈다. 시사·교양 프로그램에서는 여성이 남성 혹은 남성 가족의 보조 역할로 등장하거나, 남성을 가장으로 전제하고 그에 따른 남성 권위 보장이 당연하다는 인식을 드러내는 사례들이 확인되었다.

장례 의례 속 성 불평등 문제

01 상주 임명 과정에서의 성 불평등

장례 의례를 분석한 연구에 따르면 '상주는 남성이어야 한다.'는 인식은 장례지도사뿐만 아니라 장례식에 참여하는 대부분의 사람들이 공유하고 있었다. 상주 임명 의례에서 본인의 의지로 상주가 될 수 없는 '보이지 않는' 규범이 존재한다는 점을 알아차린 여성은 당혹감과 불쾌감을 느꼈다.

> **연구 참여자 A**
> "장례식장에 도착해서 업체 담당자랑 얘기하는 과정에서 '상주는 누구를 올려야 되냐, 남자 형제 없냐, 사촌 (남자) 형제 없냐.' 이런 식으로 얘기를 하더라고요. … 고모가 셋이고 둘째 고모 아들이 한 명 있었는데 그 오빠한테 상주를 서라는 거예요. 오빠는 저보다 한 살 많았어요. 첫째 고모는 (자녀가) 다 딸이었거든요. 그다음 순서인 둘째 고모한테 아들이 있으니까 남자 조카를 (상주로) 세우라고, 상주로 달아야 한다는 거예요."

> **연구 참여자 B**
> "(이모들은) '상주는 너네 아빠가 해야 한다. 아니면 매부(여동생의 남편)가 해야 한다. 또 아니면 어머니의 오빠인 삼촌이 해야 한다.'고 하는데, 정작 삼촌은 '나 상주하고 싶지 않다. 너무 부담스럽다.'라고 하셨어요."

02 장례 의복 착용에서의 성 불평등

장례 문화에는 여전히 전통 장례의 남녀 구별 원리가 남아 있었다. 대표적으로 '완장은 남자만 찰 수 있다.', '여성은 치마 상복을 입어야 한다.' 등의 인식에서 현대에도 유지되고 있는 가부장적 전통을 확인할 수 있다.

연구 참여자 C "상조 회사 직원(장례지도사)은 저에게 상주 띠(완장)를 주지 않고, 가슴에 붙이는 상주 글씨가 적힌 핀도 주지 않았어요. 그래서 제가 (완장을) 달라고 하니 '입관 전에는 줄 수 없다.'고 하더라고요. 근데 입관 일정이 늦어서 이미 조문을 받는 상황이었어요. 조문객들이 상주가 누군지 헷갈리니 그냥 지금부터 상주 완장을 차겠다고 하는데 안 된다고 하는 거예요. … 나중에 입관 끝나고 머리핀을 주는 거예요. 제가 머리핀 싫고 완장을 달라고 했어요. 그랬더니 '저희 핀 예쁘게 나와요.' 이러는 거예요. 너무 어이가 없어서 예쁜 것은 됐고 완장을 달라고 했죠. 그랬더니 상조 회사 직원이 '보통 (여성분들은) 머리핀을 착용한다.'라고 말하더라고요."

03 관 운구에서의 성 불평등

장례식장에서 화장장으로 이동하는 발인 시점에 관을 운구하는 일을 모두 남성이 했다. 남성 운구에 강한 거부감이 있었던 연구 참여자는 남성이 운구하는 행위가 문제가 아니라, 운구 인력은 오직 남자들로만 구성해야 한다는 암묵적 규범에 문제가 있음을 지적하였다.

연구 참여자 A "근데 그게 되게 무력한 거죠. '내 친구들로 구성하지 못하고, 내 남자 친구의 친구한테 이걸 들어달라고 해야 해?' 이게 너무 수치스럽더라고요. 아빠한테 미안하기도 하고. … 제 여자 친구 세 명이 장례 치르는 동안 내내 같이 있어 주고 장지도 따라갔는데 걔네는 (운구를) 할 수가 없는 거예요. 못 들게 하니까."[13]

드라마는 모성을 어떻게 재현하고 있을까?

01 드라마 〈동백꽃 필 무렵〉(2019) 분석

| 그림 4-8 |

KBS(2019). 〈동백꽃 필 무렵〉.

드라마 〈동백꽃 필 무렵〉에 등장하는 세 명의 어머니를 살펴보자. 용식의 어머니인 덕순은 인내하는 어머니로, 자식과 관련된다면 무엇이든 견디어 왔음을 '30년 동안 져 줬으니 이번에도 져' 달라는 용식의 말에서 알 수 있다. 여기서 덕순의 모성은 절대적이고 희생적이며 무조건적이고 견고하다. 그다음으로 동백의 어머니인 정숙은 극의 초반에는 자신의 행복을 위해 자식을 떠난, 모성의 가장 부정적인 형태를 보여 준 인물로 여겨졌다. 하지만 그 선택은 자식을 위한 결정이었고, 그 후 동백에게 생명 보험금을 남길 목적으로 돌아왔음이 밝혀졌다. 그 순간부터 정숙의 모성은 목숨을 건 희생을 상징했다. 마지막으로 정숙의 딸 동백은 초등학생 아들을 둔 젊은 엄마이다. 동백은 여성으로서의 삶을 희생하고자 했다. 동백은 "나를 두고 결혼하려 하냐?"는 아들의 한마디에 연애를 중지하고 '엄마'로만 살기로 결심했다.[14]

02 드라마 〈산후조리원〉(2020) 분석

| 그림 4-9 |

tvN(2020). 〈산후조리원〉.

드라마 〈산후조리원〉은 '산후조리원'이라는 공간을 배경으로 모성 이데올로기를 재현한다. 과학적 모성(Scientific motherhood)*이 극대화된 공간인 산후조리원에서는 '과학'을 무기로 들어 자신의 고통쯤은 감내하며 모유 수유를 하는 것을 산모의 당연한 도리라고 강조한다. 이러한 압박은 전문가들의 권위로 이루어지며 전문적인 지식의 영역에서 합리화된다. 이때 조리원의 원장과 간호사는 전문가의 권위를 이용해 모두가 완벽한 어머니 역할을 해야 한다고 강요한다. 그렇게 전문가가 강조하는 어머니 역할을 수행하는 산모는 조리원 내에서 최상층 계급의 엄마가 된다.[15]

● **과학적 모성** | 여성이 아이를 건강하게 키우려면 과학·의학 전문가들의 조언이 필요하다는 믿음을 의미한다. 이 믿음은 여성들이 전문가에게서 과학적이고 합리적인 육아 방식을 배우고, 이러한 과학적 지식으로 가사 노동과 양육을 수행하라는 요구로 이어졌다.[16]

성 불평등 문제의 원인과 해결 방안

원인: 세 가지 관점

　성 불평등 문제의 원인은 관점에 따라 다르게 설명할 수 있다. 대표적으로 기능론과 갈등론, 상징적 상호작용론의 세 가지 시각을 빌려 그 원인을 진단해 보자.

　기능론적 관점에서는 문화 지체나 노동 생산성의 차이를 성 불평등의 중요한 원인으로 본다. 먼저 문화 지체는 물질문화의 빠른 변화 속도를 비물질문화가 따라가지 못하는 현상을 의미한다. 오늘날 성 불평등 문제는 성 역할 분업 영역에서 규범의식이나 관행이 사회 변화 속도를 따라가지 못하여 발생하곤 한다. 예를 들어, 가사 노동을 대신하는 기계가 대량으로 보급되고 양육을 대신하는 각종 보육 기관이 늘어나면서 여성의 사회 참여 기회가 크게 확대되었지만, 그에 걸맞은 성 역할 규범이나 관행이 자리 잡지 못해 갈등이 발생하는 것처럼 말이다. 한편, 기능론의 한 부류인 인적 자본 이론에서는 노동시장에서 남녀 간의 고용 기회와 보상의 차이는 노동 생산성의 차이 때문에 발생한다고 설명한다.[17] 즉, 이 이론에서는 여성이 노동 생산성을 결정하는 인적 자본에 투자하는 경우가 과거보다 많아지고 있으나 여전히 남성에 비해 투자의 정도가 적기 때문에 여성이 남성보다 낮은 임금과 적은 승진 기회를 얻게 된다고 본다.[18]

　갈등론적 관점에서는 성 불평등 문제의 주요 원인으로 가부장제를 꼽는다. 가부장제는 가정에서 아버지가 가장으로서 권위를 가지고 가족 구성원을 지배하는 제도이다. 이 제도는 남성은 생계를 위한 직장 노동을 담당하고, 여성은 가정 내의 가사와 양육을 담당하는 성별 분업 체제를 형성하였다.[19] 갈등론적 관점은 이러한 성별 분업 체제가 현대의 직업 사회에 그대로 이식되어 남성은 주도적인 일을, 여성은 보조적인 일을 담당하는 차별적인 분업이 이루어지게 되었다고 설명한다.

　상징적 상호작용론적 관점에서는 성별에 따른 차별적인 사회화 과정이 성 불평등 문제를 초래한다고 설명한다. 생물학적 성별은 태어나면서 결정되지만, 남성성과 여성성 같은 성 정체성이나 성 역할에 대한 인식은 부모나 또래 집단과 같은 주변 사람들과의 사회적 상호작용으로 형성된다.[20] 이 과정에서 '여성은 순종적이어야 하고, 남성은 대범해야 한다.'와 '여성은 가사를 담당하고, 남성은 공적인 일을 맡아야 한다.' 같은 성별 고정관념이 형성될 수 있다. 이러한 차별적인 사회화는 성별 고정관념을 지닌 부모의 자녀 교육, 전통적인 성 역할 규범을 가르치는 학교 교육, 성차별 의식이 반영된 미디어 콘텐츠 등을 통해 심화되기도 한다.

해결 방안: 제도적 실천과 의식 개선

> 미국의 글로벌 제조사 3M에는 두 종류의 CEO가 있다. 일반적으로 잘 알려진 최고 경영자(Chief Executive Officer) 외에 최고 평등 책임자(Chief Equity Officer)가 있다. 최고 평등 책임자는 회사와 비즈니스뿐 아니라 지역사회의 평등을 증진할 책임을 맡는다. 글로벌 기업 중 최고 다양성 책임자(Chief Diversity Officer)를 두는 경우는 많지만 3M은 한 걸음 더 나아갔다. 3M의 최고 평등 책임자 아래에 다양성과 포용성을 담당하는 최고 다양성 책임자와 기부와 봉사, 사회정의 전략과 구상·발의(이니셔티브)를 담당하는 부사장급 임원들이 있다.[21]

국가나 기업 수준에서 이루어지는 정책은 큰 강제성을 띤다는 점에서 사회문제 해결에 매우 효과적이다. 우리나라에서도 성 불평등 문제를 중심으로 공감대가 형성되어 다양한 제도가 실시되고 있다. 직장 내 어린이집 설치와 육아 시간 운영 등이 대표적이다. 그러나 이러한 정책이 형식적인 개발과 시행에 그치지 않는 것이 중요하다. 앞선 3M의 사례가 주목받는 이유도, 그들이 평등한 문화 조성을 위해 국가 수준에서 권장하는 수준 이상의 노력을 자발적으로 기울였기 때문이다. 최고 평등 책임자의 지휘 아래 3M은 자사 사업장 내 성별 임금 차별을 없앴으며, 2030년까지 여성과 외국인, 장애인 등의 임원 비율을 두 배로 늘리겠다는 목표를 세운 후 실천해 나가고 있다.

성 불평등 문제를 해결하기 위해서는 정부와 기업 차원에서 모든 사람의 일·가정 양립을 돕는 정책이 내실 있게 운영되어야 한다. 물론 여기에 앞서, 임신과 출산, 육아 등으로 받게 된 여성을 향한 차별을 우선적으로 제거해야 한다. 필요에 따라서는 합리적 차별로 여성에게 교육과 취업에서 더 많은 기회를 제공해 주는 제도 마련도 고민해 보아야 한다. 국회의원과 지방의회의원 비례 대표의 50% 이상을 여성으로 공천하도록 하는 여성 할당제와 같은 적극적 우대 조치(Affirmative action)가 이에 해당한다.

한편 다른 차원에서는 사회 구성원 각자가 가정과 사회에서 성별 고정관념에서 벗어나도록 돕는 의식 개선 교육도 필요하다. 사회 구성원들이 일상생활에서 성 차별 요소를 감지해 낼 수 있는 성인지 감수성을 함양하고, 남성과 여성은 상호 공존을 추구해야 하는 존재라는 점을 인식할 수 있도록 성평등 교육을 내실화해야 한다. 예를 들어, 성평등한 학교 문화 조성, 교육과정 편성과 운영 측면에서의 성평등 교육 강화, 학생들의 성인지 감수성 측정에 기반한 성평등 교육 프로그램 개발과 운영, 학교 교과서 속 성 역할 고정관념 표현 모니터링 활동 강화 등의 노력을 기울일 수 있다.

행복하고 지속 가능한 공동체를 향한 성평등

앞서 살펴봤듯, 한국 사회에서는 여전히 가정, 경제, 정치, 사회·문화 등 광범위한 영역에서 성 불평등 현상이 지속되고 있다. 가사 노동과 자녀 돌봄 활동은 주로 여성이 전담하고 있으며, 여성 고용률 수준과 성별 임금 격차 수준도 OECD 회원국 하위권에 해당했다. 여성 비정규직 노동자 비율이 남성과 비교해 더 높았고, 반대로 기업 임원 비율은 낮았다. 여성 국회의원 비율 역시 OECD 회원국 평균보다 낮았으며, 5급 이상 여성 공무원 비율 또한 전체 여성 공무원 비율보다 현저히 낮았다. 공공기관 여성 임원 비율이 20% 미만인 곳이 전체 기관의 80%에 육박하였고, 준정부기관의 경우도 그 수가 60%에 이르렀다. 일상생활에서는 성차별 언어가 여전히 많이 사용되고 있었으며, 혼례나 장례 등 의례에는 가부장제 문화가 강하게 스며 있어 의례 과정에서 여성은 주변화되는 성차별적 관행이 여전히 지속되고 있었다.

이와 같은 성 불평등 현상은 성별 고정관념과 성 차별적인 사회구조가 복합적으로 작용하여 초래되었다. 따라서, 성평등 사회의 실현을 가로막는 성차별적인 제도나 관행을 개선하려는 노력과 함께 성평등 의식을 제고하려는 교육적 노력이 병행되어야 한다.

성 불평등 문제를 해소하고 성평등 사회를 실현하는 것은 우리 사회에 다양한 효용을 제공한다. 성평등 사회는 성별에 관계없이 모든 인재에게 동등한 기회가 부여되므로 다양한 시각이 존중되고 창의성이 발현되어 사회 전체의 발전을 도모할 수 있게 된다. 또한 성평등 사회에서는 성별에 따른 차별이 존재하지 않기 때문에 사람들은 서로를 존중하고 신뢰하며 협력하는 관계를 형성하게 됨으로써 갈등과 대립을 줄이고 사회 통합을 촉진할 수 있다.

끝으로 성평등의 가치는 성별에 따른 구조적 차별을 개선하여 사회 구성원 모두가 행복하고 지속 가능한 공동체를 형성하는 데 있으므로, 성별을 불문하고 모든 구성원이 성 불평등 현상을 개선하는 변화 과정에 적극적으로 동참해야 한다.

생각해 볼 문제

01 기업 이사회 구성

'기업 이사회 여성 비율'이 OECD 회원국 평균은 32.5%이나, 한국은 16.3%로 그 절반에 그쳤다. 유럽연합은 오는 2026년부터 상장 기업을 대상으로 비상임 이사의 40%, 전체 이사의 33%를 여성으로 구성하는 제도를 의무적으로 시행하기로 했다. 우리나라도 유럽연합처럼 기업 이사회의 30~40% 이상을 여성으로 의무적으로 구성하는 제도를 시행할 필요가 있는지 토론해 보자.

02 여성 혐오 문제

최근 한국 사회에서 심각한 사회문제로 부각되는 여성 혐오 문제의 발생 원인은 무엇이고, 이 문제가 어떤 사회현상을 야기할지 생각해 보자. 이어서 여성 혐오의 해결 방안을 토의해 보자.

03 인공지능 성별 편향 현상

최근 생성형 인공지능(AI) 기술이 우리 사회 각 분야에서 활발히 이용되는 가운데, 이 기술의 성별 편향이 심각해 이를 조정하는 방안 마련이 시급하다는 주장이 제기되고 있다. 인공지능의 성별 편향 현상이 사회에 미치는 영향과 그 해결 방안을 토의해 보자.

미주

01 노컷뉴스(2022.8.25.). '남자화장실 수건 빨래와 밥짓기' 거부한 여직원에게 돌아온 말은?.; 참여연대(2024.2.5.). 2022년 새마을 금고 갑질과 성차별 사례를 제보한 이현정(가명). 공익제보지원센터.
02 Wartick-Booth, L.(2019). *Social inequality* (2nd Ed.). London: SAGE Publications. pp. 58-62.
03 김선식·박다해(2022.2.22.). '여성의 일'이라는 덫: 부부 9쌍의 '48시간 가사 노동 기록' 실험, 돌봄 전담과 커리어 희생의 악순환. 한겨레21.
04 김선식·박다해(2022.2.22.). 앞의 글.
05 OECD. Employment rate (indicator). 2023. Q2. www.oecd.org/en/data.html
06 플랫팀(2023.3.16.). 30대 여성 '경력 단절', 재취업 선택지는 '저임금 단순 일자리'. 경향신문.
07 한국여성정책연구원 성인지통계 시스템(2023). 관리직 5급 이상 자치단체 공무원. gsis.kwdi.re.kr/statHtml/statHtml.do?orgId=338&tblId=DT_1LGC031
08 전민(2024.10.15.). 공공기관 절반 이상 '여성임원' 비율 미준수… 18%는 '0명'. 뉴스1.
09 김소영(2022). 성차별적 언어와 대안어의 성격-<서울시 성평등 언어 사전>(2018-2020)의 '성평등 단어'를 대상으로-. 한국학언어, 64, pp. 293-297.
10 고유미(2024.12.10.). 결혼 문화에 깔린 성차별, 가정 내 여성의 역할 규정해. 덕성여대신문.
11 송효진 외(2019). 가부장적 가정의례 문화의 개선을 위한 정책 방안 연구: 장례문화를 중심으로. 한국여성정책연구원 연구보고서, p. 118.
12 서울 YWCA(2023). 2022 대중매체 양성평등 내용 분석 보고서: 시사교양, 예능·오락, 광고, 유튜브 어린이 애니메이션.
13 오지민·오세일(2022). 장례식 장(場)에서 여성 상주의 인정과 상징 투쟁. 문화와 사회, 30(3), pp. 63-117.
14 정영희(2020). 텔레비전 드라마 속 모성 판타지에 대한 여성주의적 고찰: KBS 드라마 <동백꽃 필 무렵>을 중심으로. 한국언론학보, 64(4), p. 149.
15 송민이(2021). 드라마 <산후조리원>을 통해 본 과학적 모성의 재현. 여성학 연구, 31(2), p. 87.
16 송민이(2021). 앞의 글. p. 72.
17 박철현(2021). 사회문제론: 이론·실태·지구적 시각. 박영사. pp. 238-239.
18 신광영(2016). 한국 사회 불평등 연구. 후마니타스. p. 162.
19 Leon-Guerrero, A.(2016). *Social problems: Community, policy, and social action* (5th Ed.). California: SAGE Publications. p. 102.
20 Macionis, J. J.(2008). *Social problems*. Upper Saddle River, New Jersey: Pearson Education. p. 227.; Andersson, T., Hasson, K. A. & Ryle, R.(2022). Gender. In Treviño, A. J. (Eds.)(2022). *Investigating social problems* (3rd Ed.). California: SAGE Publications. pp. 111-112.
21 최진석(2022.10.19.). '다양성 존중'엔 진심인 3M엔 '최고 평등 책임자(CEO)'가 있다. [기업 인권 경영 리포트16]. 한국경제.

5장

건강 격차와 삶의 질 저하

우리 사회의 건강 격차 현실

경남 의령군 칠곡면에 거주하는 P 씨는 최근 가슴을 쓸어내리는 큰일을 겪었다. 늦은 밤 같은 동네에 사는 아흔 살의 시어머니에게 갑작스레 오한과 발열이 발생했다. 부리나케 시어머니를 모시고 간 읍내 종합병원 응급실에서는 응급환자를 검사할 장비와 시설이 갖춰져 있지 않다며 다른 큰 병원으로 가길 권유했다. 고령의 시어머니가 걱정돼 해열제나 기본 응급 처치만이라도 해주길 부탁했지만 이마저도 거부당했다. 하는 수 없이 주변의 큰 병원을 검색했는데 칠곡면에서 차로 40여 분 떨어진 창원에 위치한 대학병원밖에 대안이 없었다. 혹시 모를 이동 중 위험한 상황에 대비하기 위해 병원에 119 구급대를 불러달라고 했지만, 사설 구급대밖에 부를 수 없다는 답변이 돌아왔다. 어쩔 수 없이 시어머니를 다시 집으로 모시고 온 후 119 구급대를 불러 창원의 대학병원까지 이동했다. 다행히 시어머니는 병원에 도착해 적절한 응급 처치를 받고 상태가 회복됐다.

한편, 경기 안성시 공도읍에 거주하는 L 씨는 최근 손가락이 절단돼 봉합 수술을 받고 회복 중이다. 그는 기계에 콩을 넣고 간 후 지저분해진 기계를 닦았다. 하지만 기계의 전원을 차단하는 것을 깜빡했고, 기계에 고무장갑을 낀 손이 말려 들어갔다. 손을 급하게 뺐지만 이미 손가락 한 마디가 절단된 후였다. 급한 마음으로 절단된 부위를 지혈하며 평택에 위치한 종합병원 응급실에 갔지만, 절단된 부위를 찾아와야 한다는 말만 들었다. 다시 집으로 돌아가 절단된 부위를 찾아 응급실에 갔더니 봉합 수술 전문 병원으로 안내했다. 이때까지 걸린 시간이 세 시간 남짓이었다. 또다시 다른 병원으로 이동해 운 좋게 봉합 수술을 마쳤다. 하지만 절단 이후 수술까지 오랜 시간이 흘러 회복이 더딘 상황이다.[01]

✦ 건강 격차, 문제의 시작 ✦

건강한 몸은 행복한 삶의 필수 조건이다. 현대인이라면 누구나 건강한 몸을 원하지만, 아쉽게도 개인의 건강 수준은 그들이 속한 사회경제적 집단의 수준에 따라 달라지곤 한다. 이를 흔히 '건강 격차(health disparities)'[02] 문제로 부르며, 건강 격차 문제는 사회적으로 큰 주목을 받고 있다.

세계보건기구(World Health Organization, WHO)에 따르면, 건강은 지역과 소득, 직업, 장애, 성별, 인종 등의 영향을 받지 않고 보장되어야 하는 기본적인 인권이다. 건강은 생물학적 요인뿐만 아니라 사람들의 생활 환경에도 영향을 받는다. 건강권의 실현은 생활 환경의 차이로 발생하는 건강상 격차를 체계적으로 파악하여 제거하는 것을 의미한다.[03]

우리나라의 경우 OECD 국가 평균 대비 기대 수명과 의료 자원 보유율은 높은 편이고, 예방 가능 사망률과 치료 가능 사망률, 만성 질환의 주요 원인이 되는 과체중과 비만 인구 비율은 낮은 편이다.[04] 그러나 이와 같은 지표는 평균 수치를 나타내므로, 개개인이 건강권을 형평성 있게 누리는지를 보여 주지는 못한다. 따라서 개인이 지니는 특성에 따라 건강 격차가 어느 정도 발생하고 있는지 별도로 살펴보아야 한다. 유감스럽게도 개인의 거주 지역, 소득 수준, 고용 형태, 장애 유무 등에 따라 건강 격차 현상은 지속해서 발생하고 있다. 이어지는 내용에서 이러한 특성에 따른 건강 격차의 실태를 확인하고 그 원인과 해결 방안을 떠올려 보자.

✦ 건강 격차의 실태 ✦

지역 간 건강 격차 문제

지역 간 건강 격차 실태는 인구 천 명당 의사 수, 치료 가능 사망률, 중증도 보정 입원 사망비, 미충족 의료율 등의 지표를 지역별로 살펴보았을 때 드러난다.

우선 [그림 5-1]에서 지역별 인구 천 명당 의사 수를 살펴보자.

| 그림 5-1 | 지역별 인구 천 명당 의사 수(2022년) (단위: 명)

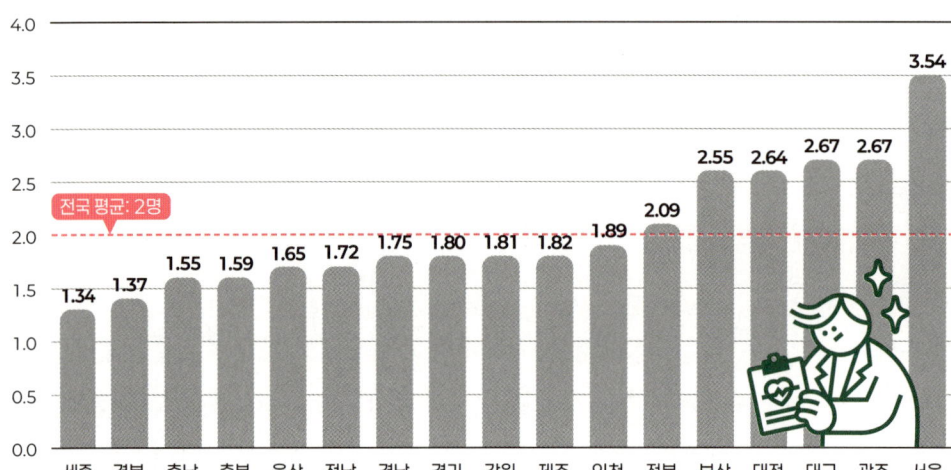

인구 천 명당 의사 수가 서울, 광주, 대구, 대전, 부산 등의 순서로 나타난 반면, 인구 천 명당 의사 수가 가장 적은 지역은 세종, 경북, 충남 등의 순서로 나타났다.

곽성순(2023.10.30.).

인구 천 명당 의사 수는 지역별로 크게 차이가 났다. 서울이 3.54명으로 가장 많았고, 이어 광주와 대구가 2.67명, 대전 2.64명, 부산 2.55명으로 나타났다. 그 외 지역은 전국 평균 2.22명보다 적었다. 인구 천 명당 의사 수가 가장 적은 지역은 세종으로 1.34명으로 나타났으며, 경북이 1.37명, 충남 1.55명으로 그 뒤를 이었다. 주목할 점은 서울, 광주, 대구와 같은 대도시 지역이 세종, 경북, 충남과 같은 지역에 비해 인구 천 명당 의사 수가 거의 두 배에 이른다는 점이다. 의료 서비스의 핵심 자원인 의료 인력은 이처럼 지역별로 큰 차이를 보인다.

그다음으로 지역별 치료 가능 사망률*을 살펴보면, 이 지표의 결과에도 큰 격차가 나타났다.

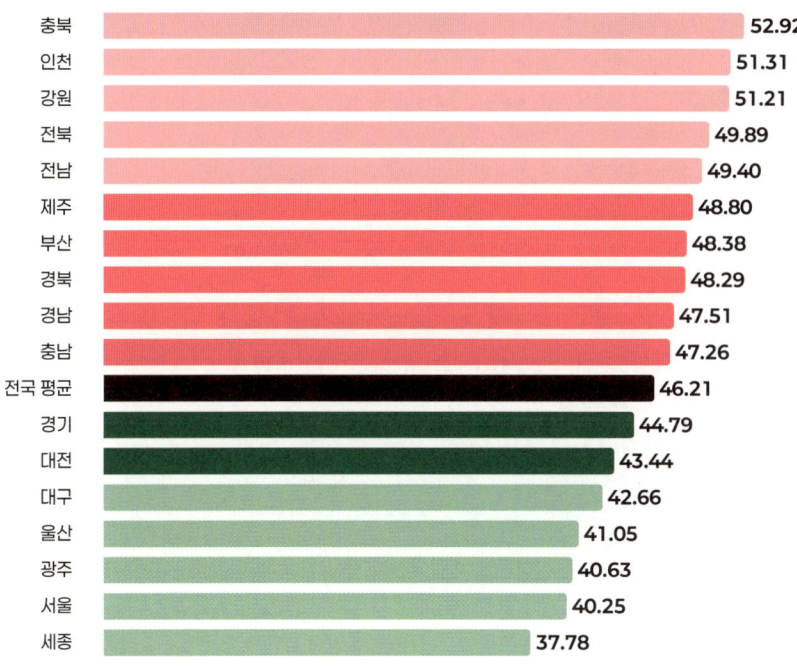

| 그림 5-2 | 전국 시도별 치료 가능 사망률(2022년) (단위: 명/10만 명)

치료 가능 사망률이 높은 지역은 충북, 인천, 강원, 전북, 전남, 제주, 부산, 경북 등의 순서로 나타난 반면, 치료 가능 사망률이 낮은 지역은 세종, 서울, 광주, 울산, 대구, 대전 등의 순서로 나타났다.

곽성순(2024.10.8.).

[그림 5-2]에 따르면, 2022년 기준 치료 가능 사망률은 충북이 인구 10만 명당 52.92명으로 가장 높았다. 이어 인천 51.31명, 강원 51.21명, 전북 49.89명, 전남 49.40명, 제주 48.80명, 부산 48.38명, 경북 48.29명 등의 순으로 나타났다. 반면 치료 가능 사망률이 가장 낮은 지역은 세종으로 인구 10만 명당 37.78명이었으며, 서울 40.25명, 광주 40.63명, 울산 41.05명, 대구 42.66명, 대전 43.44명 등이 그 뒤를 이었다. 여기에서 우리는 치료 가능 사망률의 지역 간 편차를 확인할 수 있다.

● **치료 가능 사망률** | 치료가 시의적절하게 효과적으로 이루어진다면 발생하지 않을 수 있는 조기 사망자로 통상 인구 10만 명당 조기 사망자 수로 산출된다.

지역별 의료 수준을 평가하는 또 다른 지표인 지역별 중증도 보정 입원 사망비*는 어떨까? 이 지표에서도 차이가 나타났다.

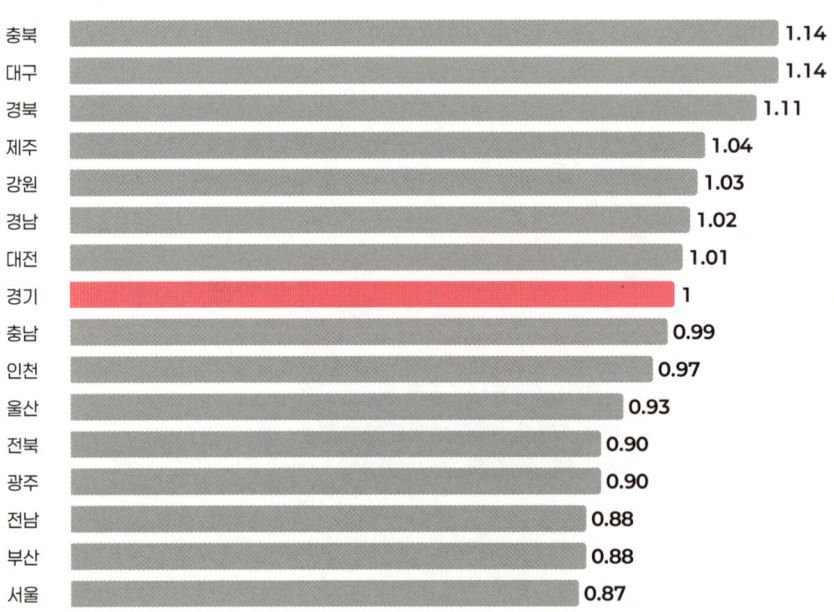

| 그림 5-3 | 전국 시도별 중증도 보정 입원 사망비 현황(2017~2021년)

중증도 보정 입원 사망비가 높은 지역은 충북, 대구, 경북, 제주 등의 순서로 나타난 반면, 중증도 보정 입원 사망비가 가장 낮은 지역은 서울, 부산, 전남, 광주 등의 순서로 나타났다.

배준수(2023.9.24.).

[그림 5-3]은 전국 시도별 중증도 보정 입원 사망비 현황을 보여 준다. 이에 따르면, 중증도 보정 입원 사망비가 가장 높은 지역은 충북과 대구로 그 값이 1.14에 달했다. 그 밖에 중증도 보정 입원 사망비가 1을 초과하는 지역으로 경북 1.11, 강원 1.03, 대전 1.01 등이 있다. 반면 중증도 보정 입원 사망비가 1 미만으로 전국 평균보다 낮은 지역은 서울 0.87, 부산과 전남 0.88, 광주와 전북 0.90, 울산 0.93 등의 순서로 나타났다.[05]

● **중증도 보정 입원 사망비** | 급성기 입원 환자, 즉 급작스러운 질환의 발생으로 상태가 위독해 즉각적인 치료가 필요한 환자를 기준으로 산출한다. 먼저 급성기 입원 환자의 여러 위험 요인을 고려해 중증도를 보정한다. 보정 후 나온 값인 기대(expected) 사망자 수와 실제(actual) 사망자 수의 비율을 계산하면 중증도 보정 입원 사망비가 산출된다. 특정 지역의 사망비가 1보다 크면 실제 사망자 수가 기대보다 많고, 1보다 작으면 기대보다 적다는 의미이다. 만약 1이라면 평균 수준에 해당한다. 이 지표는 지역별 상대적인 의료 수준과 성과를 평가하는 데 활용된다.

마지막으로 최근 1년 동안 본인이 병의원(치과 제외)에 가고 싶을 때 가지 못한 사람의 분율(%)을 의미하는 미충족 의료율의 경우도 지역 간 편차가 컸다.

| 그림 5-4 | 지역별 미충족 의료율(2024년) (단위: %)

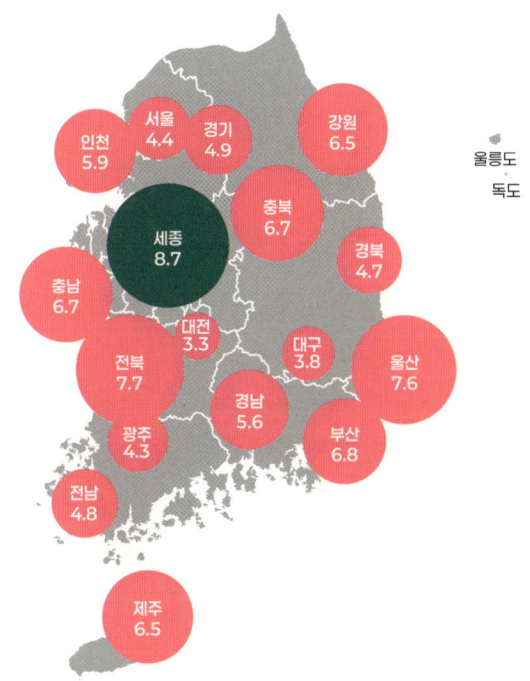

지역별 미충족 의료율이 대전, 대구, 광주 등의 순서로 낮은 반면, 세종, 전북, 울산 등의 순서로 높다.

국가통계포털(KOSIS)(2025). 보건의료서비스.

[그림 5-4]에 제시된 지역별 미충족 의료율 현황을 살펴보자. 미충족 의료율이 낮은 지역은 대전 3.3, 대구 3.8, 광주 4.3 등으로 나타난 반면, 미충족 의료율이 높은 지역은 세종 8.7, 전북 7.7, 울산 7.6 등으로 나타났다. 이처럼, 미충족 의료율이 가장 높은 세종은 가장 낮은 대전의 두 배를 웃돌았다.

소득 수준 간 건강 격차 문제

일부 지표는 건강 격차가 지역뿐만 아니라 소득 수준에 따라서도 나타난다는 사실을 보여 준다.

대체로 소득 수준이 낮을수록 미충족 의료율은 높게 나타났다.

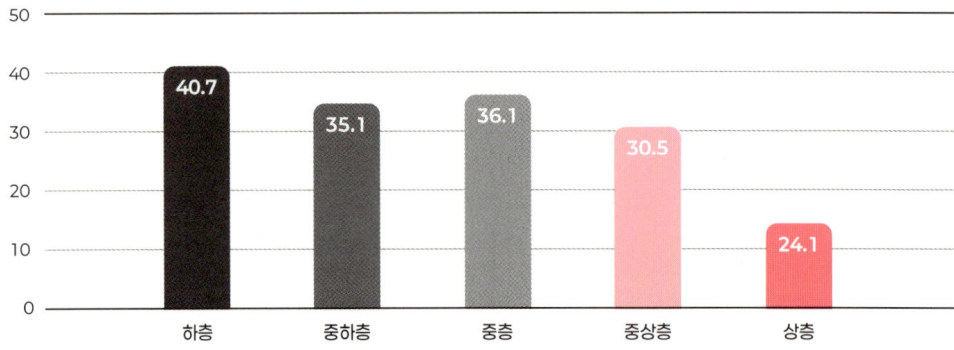

| 그림 5-5 | 소득 수준별 연간 미충족 의료율(2022년) (단위: %)

1.0 차이로 중하층보다 중층의 미충족 의료율이 높다는 예외의 결과가 나왔지만, 대체로 소득 수준과 미충족 의료율이 반비례한 경향이 크다.

통계청(2025). 한국의 사회지표: 연간 미충족 의료율.

[그림 5-5]를 살펴보면, 연간 미충족 의료율은 소득 수준 기준 상층에서 24.1%, 중상층에서 30.5%, 중층에서 36.1%, 중하층에서 35.1%, 하층에서 40.7%로 나타났다. 즉 소득 수준이 낮을수록 미충족 의료율이 높아지는 경향을 보였다. 특히 하층의 미충족 의료율은 상층의 1.7배에 육박하여 나타났는데, 이 지점에서 소득 수준 간 미충족 의료율 격차가 심각함을 알 수 있다.

조기 진단과 치료, 관리 등 적절한 의료가 필요한 만성 질환도 소득 수준과 관련이 있다. 소득 수준이 낮을수록 만성 질환 유병률이 높아지는 것으로 확인되었다.

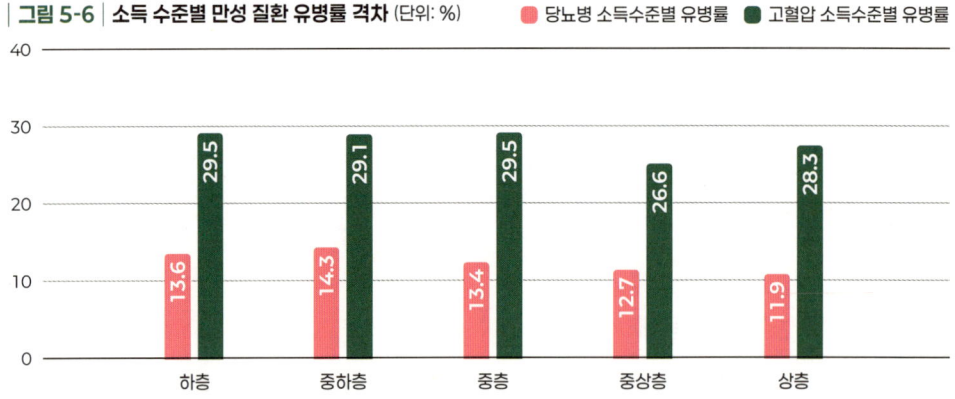

| 그림 5-6 | 소득 수준별 만성 질환 유병률 격차 (단위: %)   ● 당뇨병 소득수준별 유병률   ● 고혈압 소득수준별 유병률

당뇨병 유병률과 고혈압 유병률이 소득 수준 '중하'보다 '중'에서 일부 증가하는 경향을 보이지만 전반적으로 소득 수준이 높아질수록 유병률이 낮아졌다.

국가통계포털(KOSIS)(2025). 당뇨병 유병률 추이, 고혈압 유병률 추이.

[그림 5-6]에 제시된 소득 수준별 만성 질환 유병률 현황을 당뇨병과 고혈압으로 구분해서 살펴보자. 먼저, 당뇨병 유병률은 소득 상층 11.9%, 중상층 12.7%, 중층 13.4%, 중하층 14.3%, 하층 13.6%로 나타났다. 중하층 수준에서 유병률이 두드러지지만, 전반적으로는 소득 수준이 낮아질수록 당뇨병 유병률이 높아지는 경향을 보였다. 한편, 소득 수준별 고혈압 유병률은 상층 28.3%, 중상층 26.6%, 중층 29.5%, 중하층 29.1%, 하층 29.5%로 나타났다. 즉 고혈압 유병률 역시 상층, 중상층에 비해 하층, 중하층, 중층 수준에서 높게 나타났다.

소득 수준에 따른 건강 수명 격차는 과거보다 커졌다. 여기서 건강 수명은 신체 및 정신적 질환 없이 건강히 생활하는 기간을 의미한다.

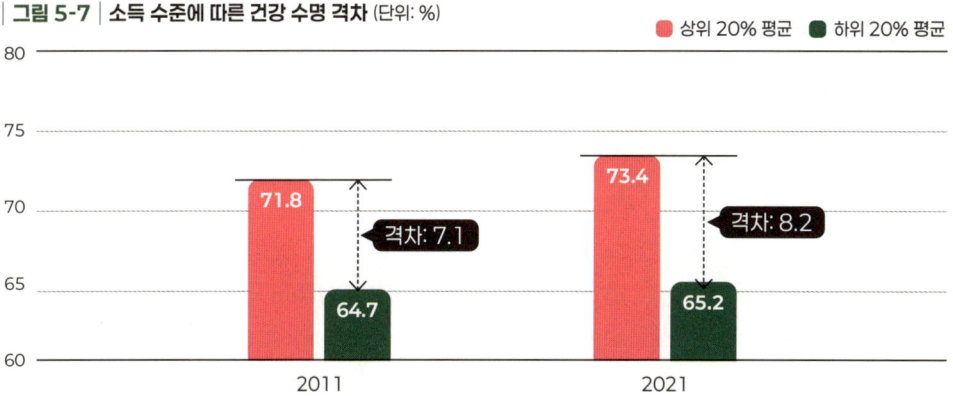

| 그림 5-7 | 소득 수준에 따른 건강 수명 격차 (단위: %)

소득 상위 20%와 하위 20%의 건강 수명 격차는 증가하였다.

한국건강증진개발원(2023).

소득 수준에 따른 건강 수명 격차를 보여 주는 [그림 5-7]에 따르면, 소득 상위 20%의 건강 수명은 2011년 71.8세에서 2021년 73.4세로 1.6세 증가하였다. 반면, 같은 기간 동안 소득 하위 20%의 건강 수명은 64.7세에서 65.2세로 0.5세 정도만 늘어났다. 즉, 소득 상위 20%와 하위 20%의 건강 수명 격차가 2011년 7.1세에서 2021년 8.2세로 1.1세 증가한 것이다. 사회 발전과 함께 기대 수명과 건강 수명이 점차 늘어나고 있지만, 실상은 소득 수준에 따라 그 정도가 달랐다.

치아에도 격차가 있다

소득 수준에 따라 벌어지는 건강 격차는 상식처럼 받아들여진다. 치아의 세계에서 건강 격차는 더 크게 다가온다. 치과 진료비의 건강보험 보장률은 다른 진료비의 절반 수준이다. 치아 상태에 따라 수십만 원에서, 많게는 수천만 원까지 들어가는 치과 치료는 먹고살 만한 이들에게도 부담이다. 소득이 적다면 치과 치료는 늘 후 순위로 밀린다. 목돈이 드는 치과 치료 대신 하루 세 끼를 챙겨 먹는 데 돈을 쓰는 게 나은 선택이다. 저소득층의 치아는 일상을 버티는 데 쓰이다가 사라진다. 치통이 심해 스스로 이를 빼는 이들도 적지 않다. 노인 세대에 이르면 남아 있는 치아 개수가 인생사를 말해 준다. 만 65세 이상 노인 3,405명을 조사한 결과, 소득 1분위의 평균 치아 개수는 15개였지만 소득이 가장 많은 소득 5분위의 평균 치아 개수는 20.6개로 확인되었다(제7기 국민건강영양조사).

> **인터뷰 대상자 A** "저 같은 경우 통증은 없었는데, 밥 먹다가 이가 부러져 버린 거예요. 사업이 망하기 직전까지 바빠서 치과를 못 갔는데, 그 사이 (이가) 나빠진 거죠 뭐."

> **인터뷰 대상자 B** "신경을 안 썼다기보다는 치과에 가는 걸 망설였던 것 같아요. 돈이 감당이 안 될 것 같으니까…. 참다 보니 참을성도 강해졌어요. 제대로 먹을 수 없으니 모임도 거의 안 나갑니다. 코로나가 계속 있었으면 좋겠어요, … 마스크를 쓰면 더 마음 편하고, 환하게 웃고 그래요."[06]

고용 형태에 따른 건강 격차

고용 형태 또한 건강 격차를 만들어 낸다. 고용 형태별로 직장 내에서 건강을 위협하는 요소의 수나 그 위험 수준이 다를 수 있기 때문이다. 고용 형태에 따른 건강 격차 실태는 '고용 형태별 작업장 건강위해 요인과 보호 요인 노출 정도', '미충족 의료 경험률'[07], '주관적 건강 수준' 등의 지표에서 잘 드러난다.

[그림 5-8]에 따르면, 고용의 안정성에 따라 작업장 건강위해 요인과 보호 요인 노출 정도가 다르게 나타났다.

| 그림 5-8 | 고용 형태에 따른 작업장 건강위해 요인과 보호 요인 노출 정도 (단위: %)   ■ 불안정 고용 ■ 안정 고용

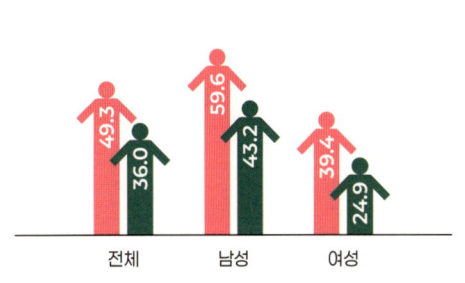

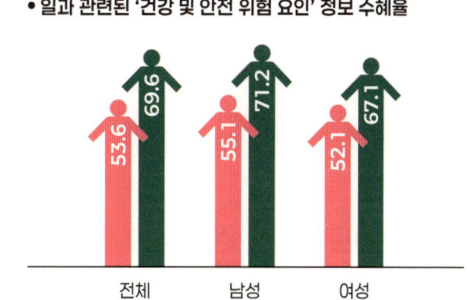

고용 형태가 불안정할수록 작업장에서 건강위해 요인에 노출되는 비율이 높게 나타난 반면, 이에 대한 대응 자원이나 보호 요인에 노출되는 수준은 열악한 것으로 나타났다.

한국보건사회연구원(2021).

    고용 형태가 불안정한 사람들은 안정적으로 고용된 사람들과 비교하면 작업장에서 건강위해 요인에 노출되는 비율이 높다. 반면, 이 문제에 대응하기 위한 자원이나 보호 요인에 노출되는 비율은 낮게 나타났다. 즉, 기계 진동, 소음, 고온·저온, 연기, 가스, 먼지 등의 물리적 유해 인자에 노출되는 비율은 안정 고용군과 비교했을 때 불안전 고용군에서 더 높았다. 반대로 건강 보호 요인에 해당하는 '일과 관련한 건강 및 안전 위험 요인 정보 수혜율'은 안정 고용군에서 더 높았다.

    [그림 5-9]를 살펴보면, 고용 형태에 따라 미충족 의료 경험률과 주관적 건강 수준에도 차이가 나타났다.

| 그림 5-9 | 고용 형태에 따른 미충족 의료 경험률과 주관적 건강 수준 (단위: %)   ■ 불안정 고용 ■ 안정 고용

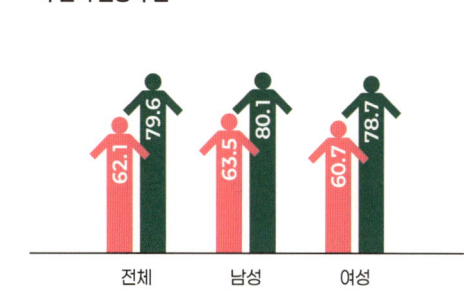

*주관적 건강 수준(%): 건강 상태가 매우 좋거나 좋은 편이라고 생각하는 취업자/경제활동 상태가 취업인 사람
고용 형태가 불안정 노동자들이 정규 상용직보다 미충족 의료 경험률은 높았고, 주관적 건강 수준은 낮았다.

한국보건사회연구원(2021).

미충족 의료 경험률은 안정 고용군보다 불안정 고용군에서 더 높았다. 반대로, 자신의 건강을 좋다고 평가한 노동자의 비율인 주관적 건강 수준은 불안정 고용군보다 안정 고용군에서 더 높게 나타났다.

사업체 규모에 따른 건강 격차

고용 형태뿐만 아니라 사업체 규모도 근로자의 건강 격차에 영향을 미쳤다. 업무상 사고(재해) 발생률과 사망률은 사업체 규모에 따라 심한 편차를 보였다.

| 그림 5-10 | 사업체 규모에 따른 업무상 사고(재해) 발생률과 사망률 (단위: 명/만 명)

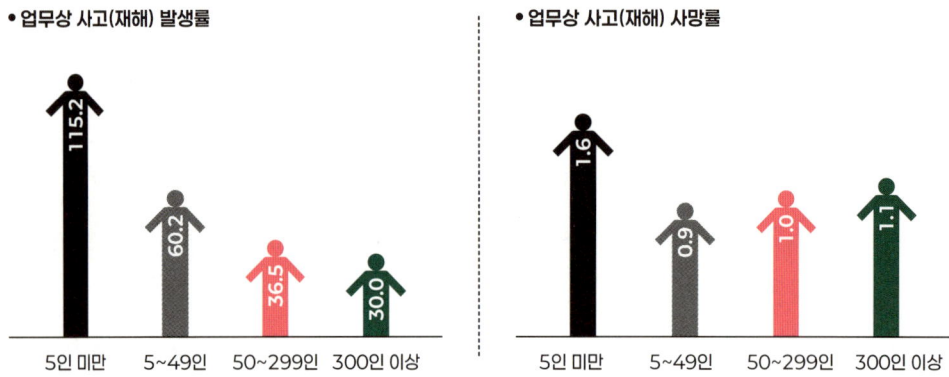

업무상 사고(재해)를 경험한 근로자의 비율은 사업체 규모가 작을수록 높게 나타났고, 업무상 사고(재해)를 원인으로 사망한 근로자의 비율은 5인 미만 소규모 사업체에서 가장 높았다.

한국보건사회연구원(2021).

[그림 5-10]에 제시된 업무상 사고(재해) 발생률과 사망률을 구분해서 살펴보자. 먼저, 업무상 사고(재해)를 경험한 근로자의 비율을 살펴보면, 사업체 규모가 작을수록 업무상 사고 발생률이 높게 나타났다. 특히 5인 미만 소규모 사업체의 업무상 사고(재해) 발생률이 300인 이상 대규모 사업체와 비교해 3.84배나 컸다. 또한 업무상 사고(재해)로 사망한 근로자의 비율을 살펴보면, 5인 미만 소규모 사업체에서 가장 높게 나타났다. 전반적으로 인원 규모 차이에 따라 업무상 사고(재해) 발생률과 사망률의 편차가 심해짐을 알 수 있다.

| 그림 5-11 | 사업체 규모에 따른 주관적 건강 수준 (단위: %)

■ 5인 미만 ■ 5~49인 ■ 50~299인 ■ 300인 이상

전체: 60.5 / 74.6 / 77.7 / 84.5
남성: 62.3 / 75.1 / 79.8 / 84.1
여성: 58.4 / 73.8 / 73.1 / 85.8

사업체 규모가 작을수록 자신의 현재 건강 상태를 좋게 평가하는 근로자의 비율이 낮게 나타났다.

한국보건사회연구원(2021).

주관적으로 인식하는 개인의 건강 수준에서도 사업체 규모에 따라 큰 차이가 나타났다. [그림 5-11]은 사업체 규모에 따른 주관적 건강 수준 현황을 보여 준다. 성별 구분 없이 전체 통계를 살펴보면, 사업체 규모가 작을수록 주관적 건강 수준이 낮아짐을 확인할 수 있다. 특히 인원 규모가 5인 미만 소규모 사업체에 근무하는 근로자의 주관적 건강 수준은 300인 이상 대규모 사업체보다 24%p나 낮게 나타났다. 성별을 구분하여 남성을 중심으로 살펴보면, 전체 성별에서와 마찬가지로 사업체 규모가 작을수록 주관적 건강 수준이 낮아졌으며, 5인 미만 소규모 사업체에 근무하는 근로자의 주관적 건강 수준이 300인 이상 대규모 사업체보다 21.8p% 낮은 것으로 확인되었다. 여성의 경우 50~299인 사업체보다 5~49인 사업체에서 주관적 건강 수준이 미세하게 높았으나, 전반적으로는 사업체 규모가 작을수록 주관적 건강 수준이 낮은 경향을 보였다. 주목할 점은 인원 규모가 5인 미만 소규모 사업체에 근무하는 근로자의 주관적 건강 수준이 300인 이상 대규모 사업체와 비교하면 27.4%p나 낮게 나타났다는 것이다. 즉 남성과 비교했을 때 여성의 경우 사업체 규모에 따른 주관적 건강 수준 격차가 더 컸다.

장애인과 비장애인 간 건강 격차 문제

건강 격차는 장애의 유무에 따라서도 나타났다. 그 실태는 장애인과 비장애인의 만성 질환 격차, 급성 질환 치료 격차, 피할 수 있는 원인으로 발생한 사망률 등의 지표에서 드러난다.

결과적으로 건강검진에서 만성 질환(당뇨, 고혈압)을 판정받은 비율, 예방 가능한 만성 질환으로 입원한 비율(인구 10만 명당 사례 수) 등에서 장애인과 비장애인 간 차이가 나타났다.

<표 5-1>의 내용을 건강검진 결과 만성 질환(당뇨, 고혈압)으로 판정된 비율과 예방 가능한 만성 질환으로 입원한 비율로 구분하여 살펴보자.

표 5-1 장애인과 비장애인의 만성 질환(당뇨, 고혈압) 격차

구분		2012	2013	2014	2015	2016	2017	2018	2019	2020	2021
● 건강검진 결과										(단위: %, %p / 10만 명)	
당뇨	비장애인	3.89	4.17	4.33	4.55	4.71	4.95	5.02	5.26	5.44	
	장애인	5.35	5.72	5.91	6.40	6.58	7.08	7.03	7.41	7.61	
	격차	1.47	1.55	1.58	1.84	1.87	2.13	2.02	2.15	2.17	
고혈압	비장애인	7.65	7.30	7.19	7.18	7.26	7.36	7.17	7.16	7.45	
	장애인	9.41	9.20	9.04	9.02	9.25	9.58	8.88	9.37	9.46	
	격차	1.76	1.90	1.85	1.84	1.99	2.22	1.71	2.21	2.02	
● 예방 가능한 입원										(단위: 명 / 10만 명)	
당뇨	비장애인	267.4	265.7	263.1	249.5	250.1	240.5	232.4	223.7	197.6	196.6
	장애인	1399.6	1481.0	1482.8	1448.2	1475.8	1443.2	1482.3	1598.2	1510.7	1557.0
	격차	1132.2	1215.3	1219.7	1198.7	1225.7	1202.7	1249.9	1374.5	1313.1	1360.4
고혈압	비장애인	153.0	147.8	138.7	133.8	126.1	117.4	113.9	104.7	93.2	95.6
	장애인	792.3	846.8	839.2	785.9	815.0	785.9	774.5	728.7	770.9	757.8
	격차	639.3	699.0	700.5	652.1	688.9	668.5	660.6	624.0	677.7	662.2

*격차는 장애인 수치에서 비장애인 수치를 차감한 값이다.
장애인과 비장애인 간 만성 질환 판정율, 만성 질환 관련 예방 가능 입원 격차가 증가하였다.

김수진(2023).

먼저, 건강검진 결과 당뇨로 판정된 비율은 비장애인의 경우 2012년 3.89%였다가 2020년 5.44%로 증가한 반면, 장애인의 경우 같은 기간 5.35%에서 7.61%로 증가하였다. 여기서 특징은 두 집단 모두 당뇨 판정 비율이 증가하였지만 장애인에서의 증가 폭이 더 컸으며, 장애인과 비장애인 간 당뇨 판정 비율 격차는 2012년 1.76%에서 2020년에 2.02%로 커졌다는 점이다. 건강검진 결과 고혈압으로 판정된 비율은 비장애인의 경우 2012년 7.65%였다가 2020년 7.45%로 감소한 반면, 장애인의 경우 2012년 9.41%에서 2020년 9.46%로 오히려 증가하였다. 그렇다 보니 비장애인과 장애인 간 고혈압 판정 비율 격차는 2012년 1.76%p에서 2020년에 2.02%p로 증가하였다.

다음으로 만성 질환 관련 예방 가능한 입원 현황을 당뇨와 고혈압으로 구분해서 살펴보자. 당뇨의 경우 예방 가능한 입원의 수치가 비장애인에서는 2012년에 인구 10만 명당 267.4명이었다가 2021년에는 196.6명으로 감소하였다. 반면, 장애인에서는 2012년에 1399.6명이었다가 2021년에는 1,557.0명으로 증가하였다. 그 결과 비장애인과 장애인 간 비율(인구 10만 명당 사례 수)의 격차가 2012년 1,132.2명에서 2021년 1,360.4명으로 다소 증가하였다. 한편, 고혈압의 경우 예방 가능한 입원의 수치가 비장애인에서는 2012년 인구 10만 명당 153.0명이었다가 2021년에는 95.6명으로 감소하였다. 반면 장애인에서는 2012년 792.3명이 2021년 757.8명으로 감소하였다. 두 집단 모두에서 그 수치가 감소했지만, 장애인에서의 감소 폭이 더 작아 비장애인과 장애인 간 격차는 2012년 639.3명에서 2020년에 662.2명으로 크게 증가하였다.

장애인과 비장애인 사이에는 급성 질환(급성 심근 경색, 허혈성 뇌졸중) 격차 또한 나타났다.

표 5-2 장애인과 비장애인의 급성 질환 치료 격차 (단위: 명/10만 명)

구분		2014	2015	2016	2017	2018	2019	2020
급성 심근경색: 30일 내 사망	비장애인	7.83	7.44	8.88	9.25	8.75	7.57	8.29
	장애인	12.38	12.28	14.66	13.2	11.47	15.7	13.27
	격차	4.55	4.84	5.78	3.95	2.72	8.13	4.98
허혈성 뇌졸중: 30일 내 사망	비장애인	5.78	5.78	5.38	4.84	4.66	5.06	4.72
	장애인	6.06	6.28	6.97	6.21	5.76	5.86	5.96
	격차	0.28	0.5	1.59	1.37	1.1	0.8	1.24

*격차=장애인 수치-비장애인 수치

김수진(2023).

<표 5-2>에 따르면, 급성심근경색과 허혈성 뇌졸중으로 발생하는 입원 30일 내 사망률이 장애 유무에 따라 편차가 있다고 나타났다. 먼저, 급성심근경색으로 입원 후 30일 내 사망률의 경우 비장애인에서는 2014년 10만 명당 7.83명이었다가 2020년 8.29명으로 증가하였다. 한편 장애인에서는 2014년 12.38명이 2020년 13.27명으로 증가하면서 비장애인과 장애인 간 급성심근경색 입원 후 30일 내 사망률 격차가 2014년 4.55명에서 2020년 4.98명으로 증가하였다. 허혈성 뇌졸중으로 입원 후 30일 내 사망률의 경우 비장애인에서는 2014년 10만 명당 5.78명이었다가 2020년 4.72명으로 감소하였다. 같은 기간 장애인에서는 6.06명이 5.96명으로 감소하였다. 두 집단 모두 그 값이 감소하였지만, 비장애인에서 감소 폭이 더 크다 보니 비장애인과 장애인 간 허혈성 뇌졸중 입원 후 30일 내 사망률 격차는 2014년 0.28명에서 2020년 1.24명으로 증가하였다.

마지막으로 피할 수 있는 원인으로 발생한 사망률*에 있어서도 장애인과 비장애인 간 격차가 나타났다.

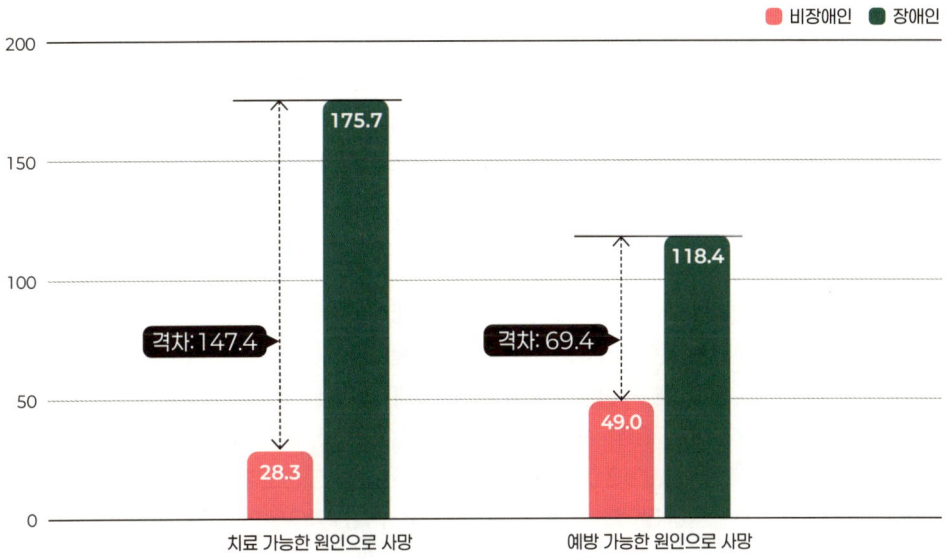

그림 5-12 | 장애인과 비장애인의 피할 수 있었던 사망률(2021년) (단위: 명/10만 명)

*격차는 장애인 수치에서 비장애인 수치를 차감한 값이다.

김수진(2023).

[그림 5-12]는 비장애인과 장애인의 치료 가능한 사망률을 산출한 막대그래프이다. 이에 따르면, 비장애인에서 치료 가능한 사망률은 2021년 인구 10만 명당 28.3명으로 나타난 반면, 장애인에서는 175.7명으로 나타나 147.4명의 격차가 나타났다. 이어서 예방 가능한 원인으로 발생하는 사망률을 산출한 막대그래프를 살펴보면, 비장애인에서의 사망률은 2021년 인구 10만 명당 49.0명으로 나타난 반면, 장애인에서는 118.4명으로 나타나 69.4명의 격차가 나타났다.

● **피할 수 있는(avoidable) 사망률** | 예방 가능한(preventable) 사망률과 치료 가능한(treatable 혹은 amenable) 사망률로 구분된다. 예방 가능한 사망률은 효과적인 공중보건 및 1차 예방 개입(예: 질병·상해 발병 전, 발생률 감소를 위한)을 통해 주로 피할 수 있는 조기 사망률로 정의된다. 한편, 치료 가능한 사망률은 2차 예방 및 치료(질병 발병 후, 사망률을 줄이기 위한)를 포함하여 시의적절하고 효과적인 건강 관리 개입을 통해 주로 피할 수 있는 사망률로 정의된다.

자연 재난과 건강 격차 사례 분석

01 폭염 관련 질환 발생 위험 요인

폭염 관련 질환으로 발생한 위험은 사회·경제·환경적 취약성이 높은 지역사회에서 더 높게 나타나고 연령·직업군별로도 격차가 있다. 즉, 체온 조절 기능이 취약한 고령자일수록, 비기술육체 노동자, 일용직, 건설업 노동자 등 실외 작업이 주된 직업군일수록 폭염 관련 질환에 노출될 위험이 높다.

02 온열질환자 현황

질병관리청은 2024년 5월 20일~9월 30일 약 500개 응급의료기관을 대상으로 운영한 온열질환 감시 체계 결과를 발표했다. 2024년 현재 온열질환자는 총 3,704명, 온열질환 추정 사망자는 총 34명이다. 온열질환자 현황을 살펴보면, 연령대별로는 50대가 716명(19.3%)으로 가장 많았다. 이어 60대(678명), 40대(538명), 30대(478명), 70대(434명) 순이었다. 65세 이상 노년층에서 전체 환자의 30.4%가 나왔다. 인구 10만 명당 신고 환자 수로 보면 80대 이상 고령층에서 환자 발생이 많았다. 지역별로는 경기도에서 767명으로 가장 많은 환자가 발생했다. 이어 전남 407명, 경남 377명, 경북 290명, 충남 244명 순이었다. 질환 발생 장소는 실외가 2,914명(78.7%)으로, 실내(790명)보다 3.7배 많았다. 실외 작업장에서 1,176명(31.7%)의 환자가 발생했고, 논·밭(529명), 길가(364명), 실내 작업장(339명) 순으로 환자가 발생했다. 직업별로는 단순 노무 종사자가 947명(25.6%)으로 가장 많았다.[08]

건강 격차 문제의 원인과 해결 방안

건강 격차 문제의 원인

건강 격차 문제가 발생하는 원인은 다양하다. 그중 몇 가지 대표적인 원인을 살펴보자.

첫째, 가정과 지역사회의 경제력은 건강 격차를 발생시키는 핵심 요인이다. 형편이 넉넉하지 못한 가정은 의료비를 감당하기 어려우며 지역사회의 재정 수준이 열악하다면 질 높은 의료 서비스에 필요한 여러 기반 시설과 인력을 충분히 확보하지 못한다. 경제적 여건이 좋지 않은 사회적 약자들은 질 좋은 의료 서비스로부터 멀어지며[09] 그 결과 질병에 취약하게 된다. 건강 보험 제도가 의료 접근성을 어느 정도 높여주지만, 모든 환자가 같은 수준의 의료 서비스를 누리는 수준에는 미치지 못한다. 결과적으로, 경제력에 따른 의료 서비스의 질 차이는 개인의 건강 격차로 고스란히 이어진다.

둘째, 건강 격차는 문화적 요인에서도 발생한다. 문화 자본 개념에 따르면 오늘날에도 사람들은 어느 정도 계급화되어 있으며, 계급에 따라 음식 섭취, 여가 활동, 문화 활동 등에서 차이가 두드러진다.[10] 그리고, 특정한 질병 유형은 특정한 생활 방식과 밀접하게 연관된다. 상층 계급은 일상에서 질 좋은 음식을 섭취하는 문화를 누림으로써 건강을 유지한다. 또한 그들은 사회적 관계를 위한 여가 모임이나 문화 활동을 자주 즐겨 낮은 스트레스 수준을 보인다. 이에 반해 하층 계급은 패스트푸드 같은 음식을 즐기는 등 균형 잡힌 식사와는 거리가 먼 음식 문화를 공유한다. 운동 모임 같은 여가나 문화 활동을 누리기 힘들어 스트레스를 완화할 기회도 부족하다. 결국 하층 계급은 상층 계급에 비해 질병에 취약한 상태에 놓이게 된다. 그런데 이러한 계급 문화는 경제적 조건에 영향을 받아 장기간에 걸쳐 형성된다. 따라서 계급 문화에 따른 건강 격차는 앞선 경제적 요인으로 발생한 건강 격차의 연장선상으로 이해되기도 한다.

셋째, 고용 형태도 건강 격차를 발생시킨다. 개인별 고용 형태에 따라 임금 조건이나 근로 시간, 작업 환경 등의 노동 조건이 다르며, 이는 노동자 간 건강 격차로 이어진다. 비정규직과 같이 고용이 불안정한 직업군에 종사하는 노동자들은 정규직에 비해 저임금과 장시간의 강도 높은 노동에 노출된다. 또한 작업 중 사고가 나거나 병에 걸려도 충분히 회복하고 휴식을 취할 시간과 비용 등을 보장받지 못한다. 불안정한 고용 지위 때문에 아프면 언제든지 다른 인력으로 대체될 수 있는 처지에 놓여 건강 관리를 안정적으로 하지 못하게 된다.[11]

빈곤의 주변화와 건강 악화의 관계

쪽방 거주자들 중에는 사회적 지지 기반을 잃고 신체 손상이나 질병으로 경제 활동에 참여할 수 없는 경우가 많았다. 이러한 상황은 신체 건강뿐만 아니라 정신건강까지 더 악화시켰다. 이 때문에 노동시장에 재진입할 기회를 잃거나 포기하는 쪽방 주민들이 많았다. 그들은 결국 빈곤 상태를 벗어나지 못하고 만성적 빈곤의 악순환을 반복해 경험했다.

연구 참여자 A
"서울에 올라온 지 대략 생각해 보면 36년 전…. 건설업을 했으니까 맨 처음에 명동에 있었어요. 그 사업이 망하고 나니까, 98년도 이전부터 서서히 무너지기 시작했어요. 은행 일곱 군데를 상대했어요. 그 돈을 다 빼서 인건비 주고, … 이런 거 다 주고 나니까 집까지 팔고 그러니까 몸뚱이밖에 안 남았어요."

연구 참여자 B
"근데 이제 망하기도 빨리 망하고 병도 빨리 오고, 그러니까 당뇨가 조금씩 있었는데 그때부터 알고 조금씩 신경썼으면 이렇게까지 나빠지진 않았을 텐데…."

연구 참여자 C
"사실은 직장을 다니기가 굉장히 부담스러운 상황이에요. 조건 자체가 안 되는 분들이 많을 거예요. 개인 사업을 하다가 금융이라든지 신용상의 문제라든지 걸리는 것도 많고. … 구청에 (구직) 신청해 놓으면 대부분 다 경비직 같은 일자리가 나오고. 그다음에는 주로 우리한테는 해당 사항이 안 되는 직종이거든요. 저희들은 사무직이나 영업 사원은 해당 사항이 안 되죠. 경비직 같은 직종도 실제로는 신용상에 그런 게 돼 있으니까 안 되죠. 해 보다가 안 되니까 (포기해 버리죠)."[12]

건강 격차 문제의 해결 방안

앞서 진단한 원인에 따라 건강 격차 문제의 해결 방안을 생각해 보자.

첫째, 건강 격차 문제를 일으키는 핵심 원인인 경제적 격차의 해소나 완화가 필요하다. 일부 고위직에게 소득이 집중되는 임금 구조를 개혁하거나 조세 제도를 개편함으로써 소득 격차를 완화할 수 있다. 더불어 건강 문제의 치명적인 원인이 되는 빈곤을 해결하기 위해 국가 차원의 탈빈곤 정책을 강력하게 추진해야 한다.

둘째, 의료 자원의 공정한 배분이 이루어져야 한다. 앞서 살펴보았듯이 국내 의료 자원은 중소 도시와 농어촌보다 대도시와 수도권에 다소 집중되어 있으며, 사회적 약자층의 의료 접근성도 취약하다. 따라서 중소 도시와 농어촌 지역에 재정 투자를 확대하여 지역 의료시설과 의료 인력을 확충하고, 사회적 약자층이 의료 자원에 쉽게 접근할 수 있도록 돕는 방안을 마련해야 한다. 의료 급여˙ 대상자 확대, 의료비 중 본인 부담금 축소, 취약 계층 방문 건강 관리 사업˙ 시행 등을 예로 들 수 있다.

셋째, 취약 노동 계층의 건강 관리를 위한 제도를 강화한다. 취약 노동 계층의 노동환경과 노동조건을 개선한다면, 그들의 건강 수준을 크게 향상시킬 수 있다. 취약 노동 계층의 건강 관리를 지원하는 제도(예: 근로자건강센터˙ 사업, 소규모 사업장 건강 디딤돌 사업˙)를 강화하는 것도 좋은 방안이다. 이들 제도의 경우 현재 일부 기관에서 무상으로 제공되고 있으나 실제로 혜택을 받고 있는 노동자나 사업장이 제한적인 상황이다. 따라서 그 적용 대상을 확대할 수 있도록 재정적인 뒷받침이 필요하다.

- **의료 급여** | 생활 유지 능력이 없거나 생활이 어려운 저소득 국민의 의료비 부담을 국가가 지원하는 사회보장제도를 말한다. 2023년 기준으로 의료 급여 수급자 수는 1,517천 명으로 2.9%의 수급률[13](총 인구 대비 의료 급여 수급자 수)을 보였다.
- **취약 계층 방문 건강 관리 사업** | 기초 생활 보장 수급자, 차상위 계층, 다문화 가족, 독거노인, 장애인 등을 대상으로 지방 자치 단체가 주관하는 보건 사업이다. 간호사 등 보건 전문 인력을 파견하여 건강 취약 계층의 건강 위험 요인 파악, 건강 상태 관찰, 건강 개선을 위한 상담 및 교육, 보건 복지 서비스 정보 제공 등과 같은 건강 관리 서비스를 제공한다.
- **근로자건강센터** | 건강 관리에 취약한 50인 미만 소규모 사업장 근로자들의 건강 관리를 지원하기 위하여 직업병 등 질병 상담 및 다양한 직업 건강 서비스를 제공하고자 설립되었다. 센터에서는 근로자 건강 상담실, 직업 환경 상담실, 근골격계질환 예방실, 뇌·심혈관계 질환 예방실 등을 운영하고 있다.
- **건강 디딤돌 사업** | 재정이 열악한 소규모 사업장의 작업 환경 측정, 근로자 건강 진단 등에 필요한 비용을 지원하고, 취약 사업장을 발굴 및 관리하여 근로자가 깨끗한 작업 환경에서 건강하게 일할 수 있는 발판을 마련하고자 하는 사업이다.

건강 형평성 향상을 위한 노력

　한국 사회에서는 여전히 지역과 소득 수준, 고용 형태, 사업체 규모, 장애 유무 등에 따라 개인의 건강 수준에 격차가 발생하고 있다. 지역별 격차는 인구 천 명당 의사 수, 치료 가능 사망률, 중증도 보정 입원 사망비, 미충족 의료율 등에서 보였다. 한편 개인의 소득 수준이 낮을수록 미충족 의료율, 만성 질환 유병률은 높게, 건강 수명은 낮게 나타났다. 고용 형태가 불안정할수록 작업장에서 건강위해 요인에 노출되는 비율과 미충족 의료 경험률은 높았으며, 건강위해 요인에 대한 대응 자원이나 보호 요인 수준, 주관적 건강 수준은 낮았다. 사업체 규모가 작을수록 업무상 사고(재해)를 경험한 근로자와 사망한 근로자의 비율은 높았으며, 주관적 건강 수준은 낮았다. 비장애인과 비교해 장애인이 만성 질환(당뇨, 고혈압)의 발생률과 예방 가능한 입원 환자비, 급성 질환(급성 심근 경색, 허혈성 뇌졸중)의 30일 내 사망비, 피할 수 있는 원인으로 발생한 사망비가 높게 나타났다.

　앞선 실태에서도 잘 드러났듯이 건강 격차 문제는 크게 경제적 요인, 문화적 요인, 고용 형태 등에서 발생한다. 즉, 가구와 지역사회의 경제력, 계급에 따른 생활 방식, 노동자 간 차별적 노동 조건 등이 건강 격차 문제의 주요한 원인으로 손꼽힌다. 따라서, 건강 격차 문제를 완화하기 위해서는 임금 구조 개혁과 조세 제도 개편 등을 통한 소득 격차 완화 정책, 의료 자원의 공정 배분 정책, 취약 노동 계층의 건강 관리 강화 정책 등의 방안 실행이 필요하다.

　건강 격차 문제는 얼핏 개인의 문제로 보일 수 있다. 그러나 깊이 있게 들여다보면 건강 관리에 직간접적으로 영향을 주는 생활 환경과 습관의 차이, 의료 자원이나 시설 접근 기회의 차이 등 그 이면에 숨어 있는 사회구조적 요인을 발견할 수 있다. 따라서 건강 격차 문제를 해결하기 위해서는 보건과 의료 부문뿐만 아니라 건강에 직간접적으로 영향을 미치는 노동과 주거, 복지, 교육 등 다양한 부문에서 프로그램과 정책이 필요하다. 이들 정책 간의 긴밀한 연계로 모든 사람의 건강 형평성을 높이기 위한 노력이 이루어져야 한다.

생각해 볼 문제

01 지역 간 의료 편차

지역 간 의료 인력 자원(예: 인구 천 명당 의사 수)의 편차가 지역 간 미충족 의료율, 지역 간 치료 가능 사망률, 지역 간 중증도 보정 입원 사망비 등의 편차에 미치는 영향을 추론해 보자. 그리고 지역 간 의료 인력 자원의 편차 문제를 해결하기 위한 합리적인 방안을 토의해 보자.

02 디지털 의료 기술

최근 인공지능 디지털 의료 기술이 지역 간 건강 격차 해소 방안으로 대두되고 있다. 디지털 의료 기술이 어떤 측면에서 지역 간 건강 격차 해소에 활용될 수 있는지 토의해 보자.

미주

01 안형준(2019.12.31.). [병든 농촌, 어디로 가야하오] 병원 선택은커녕 아파도 갈 곳 없어…도-농 '건강 불평등'도 넘었다. 한국농어민신문.
02 Wartick-Booth, L.(2019). *Social inequality* (2nd Ed.). London: SAGE Publications. pp. 134-136.
03 WHO(2025). Health equity. www.who.int/health-topics/health-equity#tab= tab_1
04 보건복지부 보도자료(2022.7.27.). 『OECD 보건통계 2022』로 보는 우리나라 보건의료 현황.
05 백성주(2024.10.8.). "치료 가능 사망률(조기 사망), 충북·인천·강원 높아". 데일리메디.
06 김원진·송윤경(2021.11.3.). 치아에 새겨진 격차, '이' 이를 어쩌나. 경향신문.
07 미충족 의료율과 미충족 의료 경험률은 모두 의료 서비스 접근성 부족을 나타내는 지표이다. 하지만 미충족 의료율은 의료 필요가 있었으나 의료 서비스를 받지 못한 사람들의 비율을 나타낸 반면, 미충족 의료 경험률은 의료 서비스를 받아야 할 필요와 욕구가 있었으나 미충족 의료를 경험한 사람들의 비율을 나타낸다. 즉, 전자는 객관적인 의료 이용률을 나타낸 반면, 후자는 주관적인 경험을 반영한다.
08 김경선·홍보배(2023). 기후변화와 건강 형평성. 보험연구원 CEO Report.; 이혜인(2024.10.13.). 기록적 폭염에 온열질환 사망자 역대 두 번째로 많았다… 8월초 급증. 경향신문.
09 강희정(2019). 의료 격차와 정책 과제. 보건복지포럼, 270, p. 21.
10 조병희(2017). 질병과 의료의 사회학. 집문당. pp. 55-56.
11 정연(2021). 고용 형태 및 사업체 규모에 따른 노동자 건강 불평등의 현황과 과제. 보건복지 Issue & Focus, 414, p. 4.
12 허현희 외(2016). 도시 빈곤 지역 주민의 주변화와 건강 불평등의 관계에 대한 질적 연구. 보건과 사회과학, 43, pp. 14-21.
13 통계청(2025). 의료 급여 수급 현황. www.index.go.kr/unity/potal/main/EachDtlPage Detail.do?idx_cd=1406

6장

한국 사회의 자살 문제

자살의 광범위한 여파

40초마다 한 명씩, 이 세상 어딘가에서 누군가가 자살로 사망한다. 자살로 인한 죽음은 개인에게는 견디기 어려운 비극이며, 그 충격은 워낙 커서 여파의 범위가 직계 가족을 훨씬 넘어선다. 너무나 많은 아이들이 부모를 잃고, 수도 없이 많은 사람이 반려자를 잃고 혼자 남겨지며, 친구와 동료는 망연자실한 상태에 빠지고, 학교·직장·공동체는 상실감으로 충격에 젖는다. 자살로 사망한 사람 한 명당 여섯 명 꼴로, 주변 사람들이 죽음에 직접적인 영향을 받을 수 있다는 것은 오래전부터 알려진 사실이다. 하지만 이 숫자는 전적으로 과소 평가된 것으로 밝혀졌다. 2018년 임상심리학자 줄리 세럴이 이끄는 미국의 한 연구팀은 소셜 미디어에 '#notsix'라는 해시태그를 달고 게시물을 올렸다. 그 결과 자살로 사망한 고인을 아는 지인의 수는 자살 사망자 한 명당 135명으로 나타났다. 비록 이 숫자는 고인과 아주 가까운 사이는 물론 사회적으로 거리가 있는 지인도 포함된 것이고, 이들 중 많은 사람은 고인의 직계 유족이 아니겠지만, 그래도 이 실험 결과는 자살의 충격이 광범위하다는 것을 보여 준다. 각 자살의 영향은 사회에서 폭탄이 터지는 현상과 같으며, 그 피해의 정도는 예측이 불가능하다.[01]

OECD 자살률 1위, 대한민국

한 사회의 사망 양상은 그 사회의 성공과 실패를 가늠할 수 있는 중요한 지표가 된다. 특히, 자살 사망률은 개인들이 직면한 삶의 조건과 사회통합 수준을 반영하는 척도로, 사회가 얼마나 건강하고 안정적인지를 평가하는 데 중요한 역할을 한다. 그런 점에서 한국이 2003년 이후 OECD 회원국 중 자살률 1위를 기록하고 있다는 사실은 단순한 통계를 넘어, 한국 사회가 안고 있는 구조적 문제를 적나라하게 보여 주는 현상이라 할 수 있다.

통계청이 발표한 2023년 사망 원인 통계에 따르면, 자살은 10대부터 30대까지의 주요 사망 원인 1위를 차지했으며, 40대와 50대에서도 두 번째로 많은 사망 원인으로 나타났다. 이는 자살이 특정 연령층에 국한된 문제가 아니라, 사회 전반에 걸쳐 심각한 영향을 미치는 문제임을 시사한다.

자살 문제는 연령층에 따라 자살의 주요 원인과 경향이 다르게 나타난다. 청소년 자살은 학업 스트레스와 경쟁 문화 속에서 증가하고, 중장년층에서는 경기 불황과 실직으로 자살률이 증가하고 있다. 노인 자살률 역시 경제적 어려움과 사회적 고립에서 비롯되며 증가하는 등 자살 문제는 다양한 양상을 보인다. 또한, 정신건강 문제와 자살 예방 시스템의 미비도 한국 사회의 자살 문제를 더욱 악화시키는 요인으로 작용한다.

이러한 문제는 원인을 다각적으로 분석해야 한다. 그리고 국가와 사회가 적극적으로 개입하여 예방하고 지원해야 해결할 수 있다. 따라서 우리는 한국 사회의 자살 문제 현황을 심층적으로 분석하고, 자살 문제의 원인을 살펴본 후 이를 해결하는 방안을 모색하고자 한다.

우리나라 자살 문제의 현황

2023년 우리나라의 자살률(인구 10만 명당 자살자 수)은 27.3명으로 1년 전인 25.2명과 비교하면 8.5% 증가하였다. [그림 6-1]에서 우리나라의 자살률 변화를 살펴보자. 이 수치는 외환위기였던 1998년에 급격히 증가한 이후 2003년 카드대란 사태와 2009년 글로벌 금융위기 직후를 기점으로 더욱 증가하였고, 2011년 31.7명으로 최고치를 기록하였다. 이후 2011년 「자살예방 및 생명존중문화 조성을 위한 법률」(약칭: 자살예방법)이 제정되고 국가적인 자살예방사업이 본격화되면서 자살률이 감소하는 추세를 보였지만 2018년부터 증감을 반복하였다.

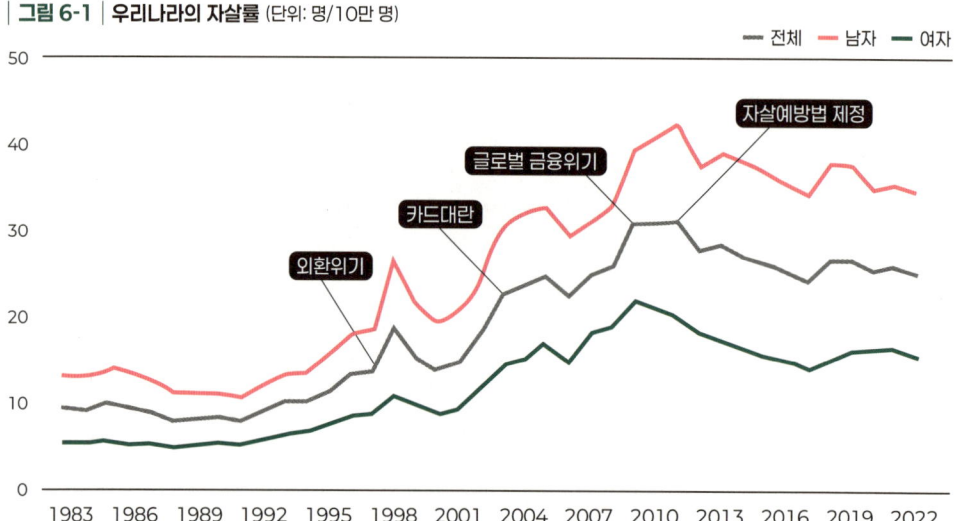

| 그림 6-1 | 우리나라의 자살률 (단위: 명/10만 명)

통계청(2023).

2023년 기준, 성별 자살률 추이를 살펴보면 남자가 38.3명으로 여자 16.5명보다 2.3배 높다. 연령대별로 살펴보면, 80세 이상이 59.4명으로 가장 높고, 70대 39.0명, 50대 32.5명, 40대 31.6명, 60대 30.7명, 30대 26.4명, 20대 22.2명, 10대 7.9명 순이었다.[02]

[그림 6-2]와 같이 국제 비교를 위해 OECD 국가 간 연령 표준화를 거친 우리나라의 자살률은 24.8명으로, 이는 OECD 전체 평균인 10.7명과 비교하면 두 배가 넘는 수치다. 우리나라는 OECD 국가 중 자살 사망률 1위 국가로, 2위인 리투아니아(2022년 기

준)는 17.1명에 그쳤다.[03] 한국 사회에서 자살률이 높다는 사실은 단순한 통계를 넘어 사회적 경고 신호로 해석할 수 있다. 높은 자살률은 단순한 개인적 불행이 아니라 사회구조적인 문제와 밀접한 관련이 있기 때문이다.

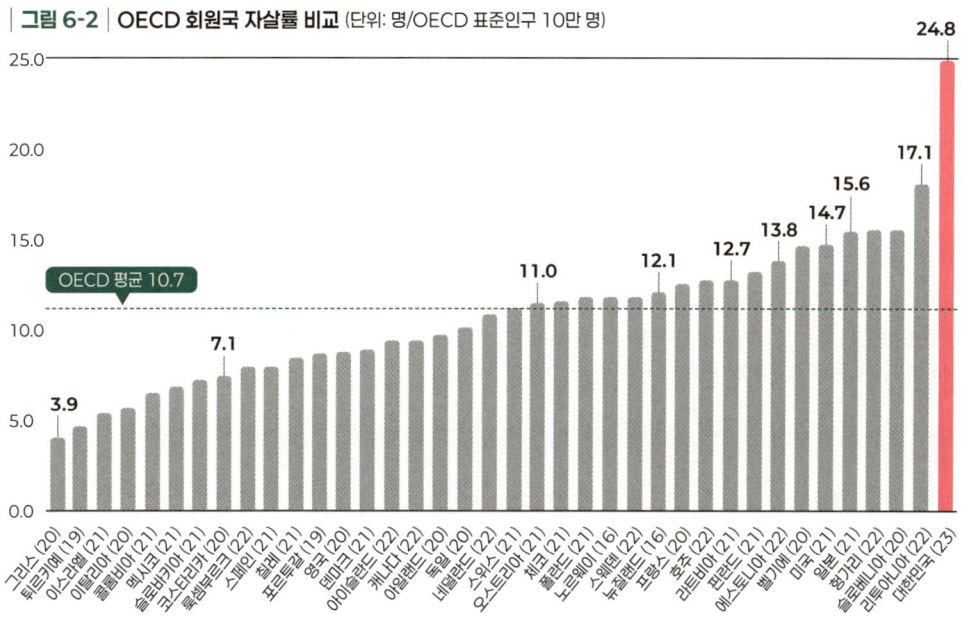

| 그림 6-2 | OECD 회원국 자살률 비교 (단위: 명/OECD 표준인구 10만 명)

*자료: OECD.STAT, Health Status Data(2023.9. 추출), 우리나라 2024년도 자료는 OECD 표준인구로 계산한 수치이다.
*OECD 평균은 자료 이용이 가능한 38개 국가의 가장 최근 자료를 이용하여 계산한다.
우리나라의 자살률은 24.8명으로, 이는 OECD 전체 평균인 10.7명과 비교해 두 배가 넘는다.

보건복지부 보도자료(2024.10.4.).

청소년 자살 현황과 원인

청소년 자살은 2011년 이후 현재까지 10대 사망 원인 1위를 차지하고 있다. [그림 6-3]에서 한국과 세계 청소년의 자살률을 비교해 보면 2000년부터 2019년까지 세계적으로 10~14세와 15~19세 청소년 자살률은 감소 추세를 보였다. 2000년에는 10~14세에서 인구 10만 명당 2.3명, 15~19세에서 9.9명으로 기록되었으나, 2019년에는 각각 1.6명과 5.9명으로 감소하였다. 반면, 우리나라의 청소년 자살률은 증가 추세를 보였다. 우리나라는 2000년 10~14세 0.8명, 15~19세 6.4명으로 시작하여 2019년 각각 1.9명과 9.9명으로 상승하였다.

| 그림 6-3 | 한국과 세계 청소년의 자살률 (단위: 명/10만 명)

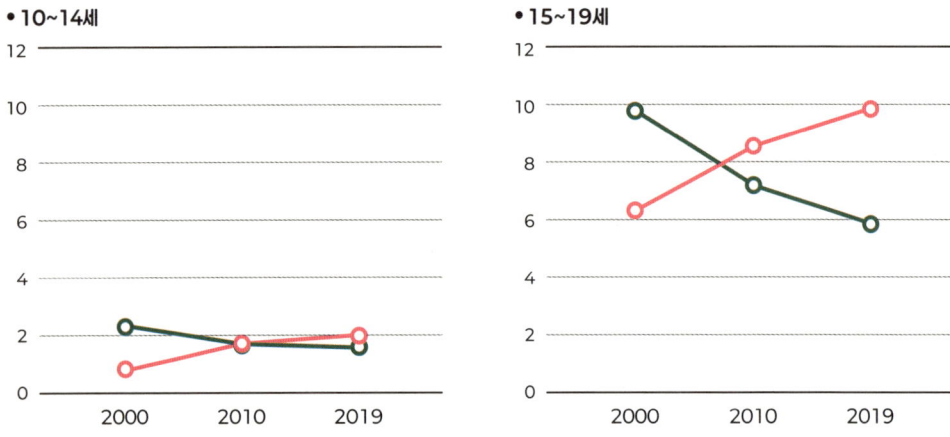

2000년부터 2019년까지 세계적으로 10~14세와 15~19세 청소년 자살률은 감소 추세를 보인 반면, 우리나라의 청소년 자살률은 증가 추세를 보이고 있다.

통계청(2024).

자살률뿐만 아니라 자살 생각률(최근 12개월 동안 심각하게 자살을 생각한 적이 있는 사람의 비율), 자살 계획률(최근 12개월 동안 자살하기 위해 구체적인 계획을 세운 적이 있는 사람의 비율), 자살 시도율(최근 12개월 동안 자살을 시도한 적이 있는 사람의 비율)에서도 청소년 자살 문제의 단면을 엿볼 수 있다. 2022년 청소년건강행태조사에서 조사된 중1~고3 청소년의 자살 생각률은 14.3%로, 2021년 대비 1.6%p 증가한 것으로 나타났다. 자살 계획률은 4.5%로, 2021년 대비 0.5%p 증가하였다. 자살 시도율 역시 2.6%로, 2021년 대비 0.4%p 증가하였다.[04] 이는 실제로 자살에 이르러 집계되는 숫자는 적더라도 자살을 고민하고 시도하는 비율은 훨씬 더 많다는 현실을 보여 준다.

청소년이 자살을 시도하는 이유는 성인과 다를 수 있으며, 그 원인 또한 다양하다. <표 6-1>에서 볼 수 있듯이, 청소년 자살은 가족 요인, 성격과 심리적 요인, 정신 질환 요인, 자살 촉발 요인, 학교 요인, 사회·문화적 요인 등이 복합적으로 작용한 결과로 나타난다.[05]

| 표 6-1 | 아동·청소년 자살행동 관련 요인 |

구분	내용
가족 요인	가족 해체(이혼, 별거, 한부모 가정, 조손 가정 등), 부모의 정신병리 및 자살행동의 가족력, 가정 학대
성격과 심리적 요인	충동성, 충동적 공격성
정신 질환 요인	정신장애, 우울과 양극성 장애, 약물사용장애, 품행장애·반사회적 행동, 불안장애, 정신증(조현병 포함), 외상후 스트레스 장애(PTSD), 수면장애
자살 촉발 요인	자살 생각과 이전 자살 시도, 치명적인 수단에의 접근성, 자살 의도와 동기, 대인관계 갈등·상실, 약물남용
학교 요인	집단 따돌림 피해, 학업 스트레스
사회·문화적 요인	미디어 사용, 다문화가정의 증가

한국자살예방협회(2023).

2017년부터 2023년까지 스스로 목숨을 끊은 아이들이 어떤 상황에 있었는지를 분석한 학생 자살 사망 사안 보고서를 분석한 결과에 따르면, 2017년 114명이었던 학생 자살자는 2023년 214명으로, 두 배 가까이 늘었다. 특히 초등학생과 중학생은 2017년보다 각각 세 배씩 증가했다. 자살 학생 수가 가장 많은 학년은 고등학교 1학년에서 중학교 3학년으로 한 학년 내려갔다. 자살 전 학생들이 겪은 문제로는 학업, 가족, 개인 문제의 비중이 고루 높게 나타났으며, 평균 두 개의 문제가 중복되는 등 복합적인 양상을 보였다. 학업 문제 중에서는 '진로에 대한 고민'이 평균 22.5%로 가장 많았다. 하지만 코로나 시기를 거치면서 '학습 의욕 부진'을 겪은 학생은 코로나 이전인 2019년보다 5.7배, '학업 실패에 대한 두려움'은 3.7배로 증가하였다. 가족 문제로는 '부모와 자녀 사이의 갈등'이 전체의 47.8%에 달했고, 개인 문제로는 '정신건강 문제'가 절반을 차지했다. 특히 정신건강 문제는 2017년보다 네 배 가까이 급증했다. 보고서에서 드러난 또 하나의 특징은 학생의 자살을 예측하기 어렵다는 점이다. 위기 징후가 나타난 경우는 10명 중 2명 남짓에 그친 반면, 자살 전 변화가 없었다는 응답은 평균 72.9%로, 그렇지 않은 경우보다 2.7배 많았다.[06]

청년층 자살 문제

2023년 우리나라 20대의 자살률은 17.6명, 30대는 27.5명으로, 중년이나 노인 연령층과 비교하면 그 비율이 낮았다. 그러나 좀 더 자세히 들여다보면 청년층 자살 문제의 심각성이 드러난다.

우선 그 심각성은 자살이 20~30대의 사망 원인 1위[07]라는 점에서 확인된다. 20대 사망자의 50.6%, 30대 사망자의 37.9%가 자살로 사망했다. 게다가 다른 연령층과 비교할 때 자살 증감률이 높았다. [그림 6-4]에서 알 수 있듯이, 20대 청년 자살률이 가파르게 증가하고 있다.

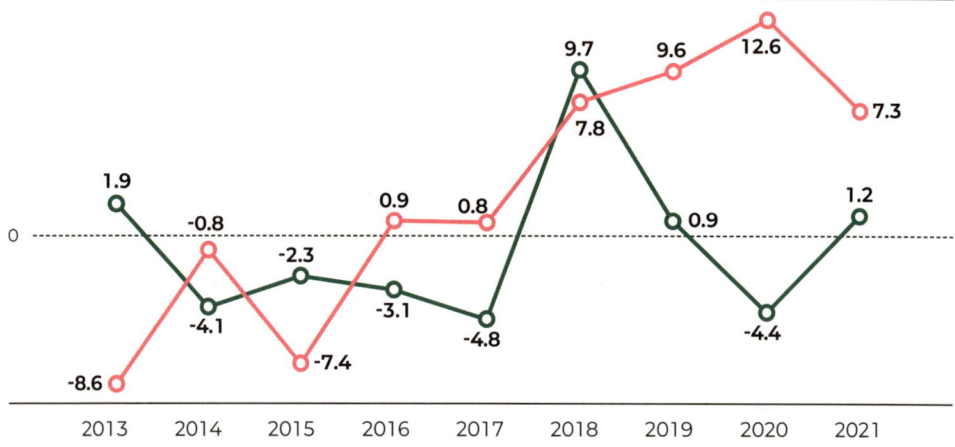

| 그림 6-4 | 우리나라 20대 자살 증감률 추이 (단위: %)

20대 자살 증감률은 2017년 이후 상승세로 전환되며 2020년 12.6%로 큰 폭으로 증가하였다. 2019년부터 2021년에는 20대 자살 증가율이 전체 평균보다 훨씬 높다.

김성은(2023.8.24.).

실제 자살을 시도해 본 인구 비율 역시 20대가 가장 높았다. [그림 6-5]의 '2023년 의료기관 방문 자살 시도자 통계'에 따르면, 총 85개의 병원에 내원한 자살 시도자 30,665명 중 19~29세의 자살 시도가 9,008명(29.4%)으로 가장 많았다. 이는 두 번째로 높은 18세 이하 4,280명(14.0%)보다 약 두 배 가까이 많은 수치였다. 자살 시도는 자살의 가장 강력한 예측인자임을 고려할 때, 20~30대의 높은 자살 시도 건수는 향후 청년층의 자살률 상승이 우려되는 통계이다.[08]

| 그림 6-5 | 의료기관 방문 자살 시도자 통계(2023년) (단위: 명, %)

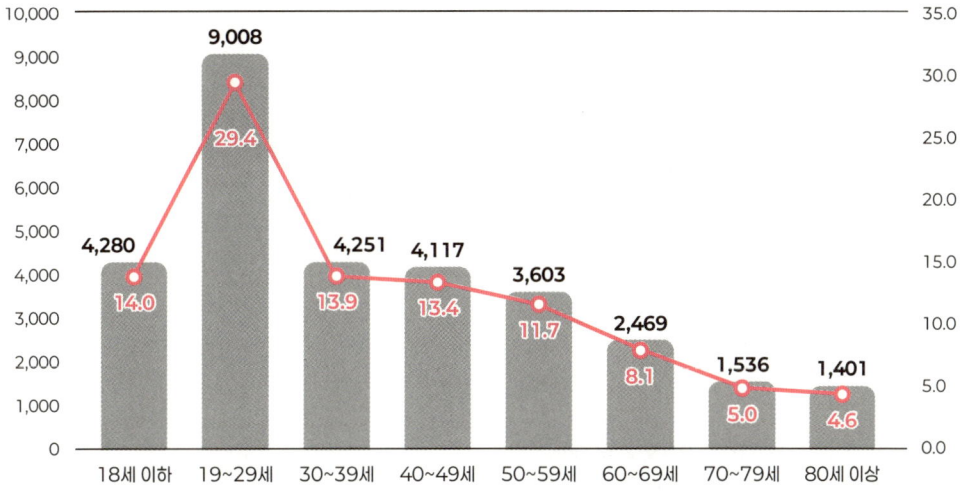

자살 시도자 중 19~29세의 자살 시도가 29.4%로 가장 많았으며, 이는 두 번째로 높은 18세 이하 14.0%에 비해 약 두 배 가까이 많은 수치이다.

보건복지부 보도자료(2024.3.29.).

20~39세 청년을 대상으로 실시한 설문 조사 결과, 자살 생각과 자살 시도에 영향을 미치는 요인은 성별에 따라 다르게 나타났다. 먼저 생각 위험 요인을 살펴보자. 남성은 교육 수준과 주관적 건강 상태가 낮고, 가족 건강성(경제적 안정과 협력)이 부족할수록 자살 생각 위험이 높았다. 또한 대인관계에서 좌절감을 많이 느낄수록, 수면의 질이 보통일 때 자살 생각 위험이 높게 나타났다. 여성은 우울감을 많이 느낄수록 자살 생각 위험이 높았다. 한편 자살 시도 위험 요인을 보면, 남성은 소득 수준이 높고 우울감이 크며 가족 건강성(가족문화와 사회 참여)이 낮을수록 그 위험이 증가했다. 여성은 실직 경험이 있거나 주관적 경제 수준이 높고, 우울감이 크며, 사회적 신뢰도가 높을수록 자살 시도 위험이 높게 나타났다.[09]

중장년층 자살 문제

　연령대별 자살률을 살펴보면 노년층에서 상대적으로 높은 비율을 보였지만, 실제 자살자 수는 40대와 50대에 해당하는 중장년층이 가장 많았다. [그림 6-6]에서 볼 수 있듯이 2022년 기준으로 전체 자살자 수는 12,906명에 달하며, 이 중 청소년기와 청년기에 해당하는 10대는 337명, 20대는 1,394명, 30대는 1,680명으로 집계되었다. 한편 노년층의 자살자 수는 60대 1,954명, 70대 1,418명, 80대 이상 1,315명으로 나타났다. 그러나 중장년층에 해당하는 40대와 50대에서는 각각 2,329명과 2,479명이 스스로 목숨을 끊으며, 다른 연령대와 비교해 현저히 높은 수치를 보였다.

| 그림 6-6 | 연령대별 자살자와 자살률(2022년)

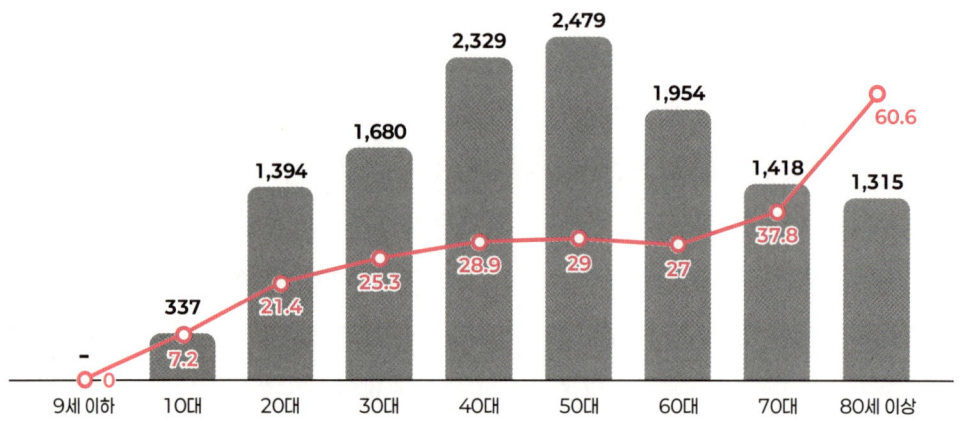

연령대별 자살률과 실제 자살자 수 사이에 차이가 있다. 자살률은 고령층(70대 이상)이 가장 높지만, 실제 자살자 수는 40대와 50대가 가장 많다.

곽현아(2024.6.20.).

　[그림 6-7]에서 볼 수 있듯이, 모든 연령대에서 주요 자살 동기는 정신건강, 경제생활, 가정, 육체적 질병 문제로 나타났다. 그러나 40대의 경우 경제생활 문제가 39.6%로 가장 높은 비중을 차지했으며, 그 뒤를 이어 정신건강 문제와 가정 문제가 주요 요인으로 나타났다. 또한 30대와 50대에서도 정신건강 문제가 가장 큰 원인이었지만, 경제생활 문제 역시 각각 37.0%, 31.6%로 매우 높은 비율을 보였다.[10] 이러한 결과는 중장년층에서 경제적 어려움이 자살의 중요한 요인으로 작용하고 있음을 보여 준다.

| 그림 6-7 | 연령대에 따른 동기별 자살자 비율(2021년) (단위: %)

범례	값
남녀 문제	
학대 또는 폭력 문제	
미상	
가정 문제	
기타	
사별 문제	
직장 또는 업무상의 문제	
정신건강 문제	
육체적 질병 문제	
경제생활 문제	

구분	10세 이하	11~20세	21~30세	31~40세	41~50세	51~60세	61세 이상
미상/기타	33.3	13.5	7.7				
정신건강		58.6	54.4	39.3	34.6	37.7	36.8
육체적 질병						12.7	40.3
경제생활	66.7	11.9	18.9	37.0	39.6	31.6	10.5
기타 하단			7.0	7.4	6.9	6.5	

30~50대의 주요 자살 동기는 정신건강과 경제생활 문제가 큰 비중을 차지하였다.

곽현아(2024.6.20.).

노년층 자살 문제

한국은 OECD 국가 중 노인 빈곤율이 가장 높은 국가이며, 이는 노인층의 높은 자살률로 이어졌다. 보건복지부가 발간한 '2023 자살예방백서'에 따르면, 2021년 기준 65세 이상 자살률은 42.2명으로 15~64세 자살률(26.4명)의 1.6배에 달했다. 다른 국가와 비교해도 한국의 노인 자살률은 비교적 높다. OECD 회원국의 노인 자살률은 평균 16.3명으로 한국의 절반에도 미치지 못한다.[11]

노년층의 자살은 정신건강 문제와 신체적 질환, 사회적 단절, 독거, 사별 등의 다양한 요인이 복합적으로 작용한 결과이다. 특히 정신 질환은 노인 자살의 주요한 위험 요인 중 하나로 손꼽힌다. 자살한 노인의 75% 이상이 자살 당시 정신 질환을 앓고 있었다고 추정되며, 특히 외국에서 시행된 자살한 노인들의 심리 부검 연구에 따르면 자살한 노인의 50~87%가 자살 당시 우울증 상태였다. 또한, 노인들이 흔히 겪는 신체적 질병과 기능적 장애 역시 자살 위험 요인으로 작용한다. 혈관성 질병, 고혈압, 갑상선 질환 등은 우울증을 매개로 자살률을 높인다고 알려져 있으며, 이외에도 만성 통증과 신경학적 질환, 호흡 곤란, 기능적 장애 등이 자살과 밀접한 연관을 보인다.

사회와의 단절은 우울증이 없는 상태에서도 노인 자살을 증가시키는 독립적인 위험 요인이 된다. 독거 또한 노인 자살의 중요한 위험 요인으로, 이는 외로움, 사회적 고립, 사회적 지지 부족과 연결된다. 한국 노인을 대상으로 한 연구에서 사회적 지지가 약하다고 느끼는 노인일수록 자살 생각을 더 많이 하며, 사회적 지지는 우울을 매개로 하여 자살에 간접적 영향을 미치는 것으로 확인되었다.[12]

이와 함께, 노년기에 빈번하게 발생하는 사별은 심각한 자살 유발 요인으로 작용한다. 특히 배우자를 갑작스럽게 잃거나, 남성 노인이 사별을 경험했을 경우 자살 위험이 급격히 증가한다고 나타났다. 연구에서는 사별 후 6개월 이내가 가장 위험한 시기라고 보고되며, 노인 자살자 중에서도 특히 남성 노인의 경우, 이혼 또는 사별로 혼자 사는 비율이 높았다. 또한, 여성 노인 자살자 중에서도 50%가 독거노인이었다는 점을 고려할 때, 젊은 연령층보다 사회적 지지망의 감소와 가족, 친구와의 접촉 부족이 노인 자살에 큰 영향을 미친다는 사실을 알 수 있다.[13]

✦ 자살 문제의 원인 ✦

한국 사회에서 자살 문제는 단일한 요인으로 설명될 수 없는 복합적인 사회현상이다. 이는 사회·경제·문화적 요소들이 복합적으로 작용한 결과다.

사회·문화적 요인으로는 경쟁과 압박이 심한 사회구조를 들 수 있다. 한국 사회에는 강한 성과주의와 경쟁 문화가 뿌리 깊게 자리 잡았으며, 이는 청소년과 직장인에게 심리적 부담을 가중시키는 주요 원인이 된다. 어린 시절부터 학업 경쟁이 치열한 환경에서 성장한 청년들은 성인이 된 후에도 치열한 취업 시장과 직장 내에서 경쟁을 견뎌야 한다. 이러한 사회 분위기는 자신의 실패를 용납하지 않는 환경을 조성하며, 개인의 정서 안정을 저해하는 요인으로 작용한다. 프랑스 사회학자 에밀 뒤르켐(Émile Durkheim)의 아노미 이론에 따르면, 사회통합이 약화되고 개인이 고립될수록 자살률이 증가하는 경향을 보인다. 한국 사회는 지나치게 경쟁을 중심으로 운영되면서 개인 간 연대와 공동체 의식이 약화되고 있으며, 이는 결국 사회적 소외와 정신적 고립으로 이어져 자살률 증가에 영향을 미친다.

경제적 불안정성 또한 자살률 증가와 밀접한 관련이 있다. 특히 OECD에서 발표한 '한눈에 보는 연금 2023(Pensions at a Glance 2023)' 보고서에 따르면 우리나라 노인 빈곤율은 40.4%로, 일본(20.2%)이나 미국(22.8%)의 두 배 수준이다.[14] 이는 한국의 노인 자살률이 높은 주요 원인으로 작용한다. 경제적 어려움을 겪는 노인들이 생계유지가 어려워지면서 극단적인 선택을 하는 경우가 많다. 또한, 경기 침체와 실업률 증가 때문에 중장년층의 자살률이 상승하는 경향이 나타난다. 가정을 책임져야 하는 40~50대는 경제적 안정이 중요한 시기지만, 실직이나 경제적 실패는 이들에게 극심한 압박감을 주며 심리적 불안을 증폭시킨다. 특히 중년층의 경우, 가족 부양과 개인 실패로 가중되는 부담이 겹쳐 자살 위험이 더욱 높아지는 경향을 보인다.

정신건강 문제는 자살의 주요 원인 중 하나이지만, 한국에서는 정신건강 치료에 붙는 사회적 낙인이 강해 많은 사람이 치료를 기피하는 경향이 있다. 2021년 정신건강실태조사에 따르면, 성인 27.8%가 평생 한 번 이상 정신건강 문제를 경험했지만, 정신 장애 진단을 받은 사람 중 정신건강 서비스를 이용한 비율은 단 12.1%에 불과했다. 또한 지난 1년 동안 정신건강 서비스를 이용한 적이 있는 비율은 12.1%에 불과했으며, 이는 캐나다(46.5%), 미국(43.1%), 호주(34.9%)와 비교했을 때 현저히 낮은 수준으로, 정신건강 문제가 있는 많은 사람이 적절한 치료를 받지 못하고 있다는 현실을 보여 준다.[15]

자살을 하나의 선택지로 받아들이는 사회 인식이 높아지고 있는 점도 자살 증가의 원인 중 하나로 꼽힌다. 2023년 자살 실태조사 결과에 따르면, 자살에 수용적인 태도를 묻는 문항인 "자살은 때때로 관련된 사람들에게 구제책이 될 수 있다."와 "자살만이 유일한 합리적 해결책인 상황이 있다."에 동의하는 비율이 2018년 조사와 비교해 각각 6.2%p(25.0%→31.2%), 2.9%p(24.5%→27.4%) 높아졌다.[16] 이러한 결과는 자살을 삶의 문제를 해결하는 하나의 방법으로 인식하는 경향이 커지고 있음을 의미하며, 이는 자살 예방 정책이 더욱 강화되어야 하는 이유이기도 하다.

자살 예방과 해결 방안

자살 문제를 해결하는 가장 효과적인 방법은 '예방'이다. 많은 연구자는 자살 예방 전략을 여러 방식으로 나누어 설명하지만, 녹스(Knox et al., 2004) 등은 예방의 대상을 기준으로 보편적 예방(Universal prevention), 선택적 예방(Selective prevention), 집중적 예방(Indicated prevention)의 세 가지로 구분했다.

보편적 예방은 특정한 위험 요인과 관계없이 모든 사람을 대상으로 하는 예방 전략이다. 예를 들어, 정신건강 관리 시스템 강화나 알코올 남용 줄이기, 자살 수단 접근 제한이 이에 해당한다. 우리나라에서도 번개탄과 제초제의 판매 방식을 개선하면서 자살률이 낮아진 사례가 있다. 또 다른 보편적 예방 방법으로는 학교와 직장에서의 자살 예방 교육이 있다. 학생과 직장인이 정신적으로 어려움을 겪을 때 도움을 받을 수 있는 제도를 마련하고, 자살과 우울증을 둘러싼 편견을 줄일 수 있는 정기 교육이 필요하다. 언론 또한 자살을 자극적으로 보도하지 않고, 자살 예방 메시지를 적극적으로 전달하는 방향으로 보도를 개선해야 한다.

그러나 단순히 보편적 예방만으로는 모든 문제를 해결할 수 없다. 어떤 사람들은 특정한 환경이나 상황 때문에 자살 위험이 높아질 수 있기 때문이다. 이때 필요한 방법이 선택적 예방이다. 선택적 예방은 당장은 자살 위험이 크지 않지만, 앞으로 위험이 커질 가능성이 있는 집단을 대상으로 한다. 가족력, 경제 상황, 심리적 외상(트라우마) 등을 원인으로 자살 가능성이 높아질 수 있는 사람들이 주요 대상이 된다. 예를 들어, 외상(트라우마)이나 학대 경험이 있는 사람, 재난이나 분쟁을 겪은 사람, 난민과 이민자, 자살로 가족을 잃은 사람(자살 유족) 등은 자살 위험이 상대적으로 높은 집단으로 분류된다. 이들을 위해서는 전화 상담 서비스, 정신건강 지원 프로그램, '게이트키퍼' 역할을 할 수 있는 사람들을 양성하는 교육이 필요하다.

● 게이트키퍼(gatekeeper) | 해당 지역에 거주하는 경찰관, 소방관, 약사, 은행원, 성직자, 아파트 관리인, 신문·우유 배달원 등, 직업상 자살 취약 계층과 자주 만나게 되는 사람들이며, 이들을 관찰하는 역할을 담당한다.

하지만 이보다 더 중요한 예방은 이미 자살을 시도한 경험이 있거나 정신 질환을 앓고 있는 사람들을 보호하는 것이다. 이런 사람들을 대상으로 하는 예방 방법이 집중적 예방이다. 자살 위험이 높은 사람들은 강한 인간관계와 신뢰할 수 있는 지원 시스템이 필요하며, 스스로 부정적인 감정을 극복할 수 있도록 도와주는 심리 치료와 상담이 요청된다. 예를 들어, 우울증을 앓고 있는 노인들에게 항우울제 치료나 정신 상담을 적극적으로 제공하는 것이 집중적 예방의 대표적인 사례이다.[17]

자살 예방을 위해서는 경제 지원과 사회 안전망도 강화해야 한다. 특히 노인의 경우 기초연금 확대와 취약 계층을 대상으로 한 생계 지원 강화가 자살률을 낮추는 데 큰 영향을 미칠 수 있다. 또한, 실업자들에게는 직업 재교육과 재취업 지원 프로그램을 확대하여 경제 불안을 해소할 수 있는 기회를 제공해야 한다.[18]

자살이 발생한 후에는 그 주변 사람들도 큰 영향을 받는다. 친구나 가족이 자살하면 남겨진 사람들은 심리적 충격을 받게 되며, 그 결과 또 다른 자살 위험이 발생할 수도 있다. 이를 예방하기 위해서는 사후 관리 시스템이 필요하다. 자살 사건을 목격한 사람들에게 심리적 외상후스트레스(PTSD)의 이해를 돕고, 이를 극복하는 방법을 알려주는 프로그램이 운영되어야 한다. 또한, 개별 상담을 진행해 정신건강 상태를 평가하고, 필요하면 전문 기관과 연결하여 지속적인 도움을 받을 수 있도록 해야 한다.[19]

자살 예방을 위한 또 다른 중요한 과제는 국가 차원의 자살 동향 시스템 구축이다. 우리나라는 연간 자살자 공식 통계를 이듬해 9월에야 취합해 발표한다. 다만, 자살의 증감을 분석하고 필요한 정책을 추진하기 위해 경찰의 사망 자료를 활용한 자살 잠정치를 2개월 간격으로 발표한다. 반면, 일본에서는 경찰청이 자살 관련 자료를 후생노동성(보건복지와 고용노동 정책을 담당하는 기관)에 제공하고, 이를 자살 예방 종합 대책 본부에서 분석한 후, 지방자치단체에 구체적인 정보를 전달한다. 이러한 방식으로 자살자의 직업, 경제 상황, 가족 구성, 주거 환경 등을 분석하여 자살 예방 정책에 반영할 수 있다. 한국에서도 이와 같은 실시간 자살 동향 분석 시스템을 구축하여 보다 효과적인 예방 전략 마련이 필요하다.[20]

죽음에 이르기까지를 재구성하다
-심리 부검(Psychological Autopsy)

01 ### 심리 부검의 의미
심리 부검은 자살한 사람이 남긴 유서나 일기 등의 개인 기록, 병원 진료 기록, 그리고 유가족이나 주변인과의 면담 내용을 과학적으로 분석하여 자살 사망자의 심리를 규명하는 과정이다.

02 ### 심리 부검의 필요성
심리 부검은 '사망자가 왜 죽었는가?'란 문제에 답하면서, 자살자의 심리를 이해하고, 유가족이 겪는 죄책감과 심리적 고통을 치유한다. 심리 부검으로 축적된 자살 관련 정보는 자살 위험 징후를 판별하는 데에도 활용할 수 있다. 자살하려는 사람의 말이나 행동에서 나타나는 징후를 판별하여 자살 위험성이 높은 사람을 대상으로 사전에 개입하고, 치료하는 데 도움을 줄 수 있다. 또한 이런 정보와 지식은 의사, 정신건강 전문가, 상담가들의 현장 상담에도 도움이 되며, 정부의 자살예방 정책 수립에도 활용될 수 있다.

03 ### 심리 부검 사례

지영이의 비극적 선택
추운 겨울 아침, 고등학교 1학년 정지영은 친구를 만나러 간다며 집을 나선 뒤 돌아오지 않았다. 걱정된 부모는 경찰에 미귀가 신고를 했고, 다음날 아침 한 낚시꾼이 해안가에서 시신을 발견했다.

사망 당일
지영은 유일한 친구였던 상희와 심하게 다투었다. 학교에서는 지영이 상희의 남자친구를 뺏으려 했다는 거짓 소문이 돌았고, 이를 믿은 상희는 지영을 때리며 절교를 선언했다.

| 사망 전 1년간 | 고등학교 진학 후 지영은 학교에 적응하지 못했다. 아토피성 피부염 때문에 외모와 관련한 말에 예민했고, 이 부분에서 친구들과 충돌이 잦았다. 반 친구들 중 일부는 지영을 지속적으로 괴롭히며 악의 있는 소문을 퍼뜨렸고, 온라인 커뮤니티에 험담을 올렸다. 가족과도 거리감이 커졌다. 조각 공부를 이어가길 바랐던 부모님의 기대와 달리, 성적이 떨어지고 건강 문제로 조각도 그만두면서 죄책감을 느꼈다. 대부분의 시간을 방에서 혼자 보냈다. |

| 심리적 고통과 자살 충동 | 지영은 어릴 때부터 아토피 때문에 만성적 스트레스를 받았으며, 가려움증이 심할 때면 집중력을 잃고 우울 증상을 보였다. 정신과 치료를 받으며 약을 복용한 적도 있었다. 그녀의 일기에는 "죽어도 싸다.", "(가해자를) 절대 용서하지 않겠다. -" 등의 표현이 반복해 등장했다. 과거에도 자살을 시도하려 했으며, 부모가 유서와 관련된 메모를 발견한 적이 있었다. |

| 결론 | 지영은 신체적·정신적 고통에 무감각해진 상태에서 학교 폭력과 우울증이 겹쳐 극단적인 선택을 했다. 그녀의 기록과 조사 내용을 종합했을 때, 이 죽음은 학교 폭력과 심리적 고통이 원인이 된 자살로 결론지어졌다.[21] |

자살 문제, 삶을 돌아봐야 할 때

　우리는 자살을 '극단적 선택'이라고 부르며, 마치 개인의 선택으로 결정하는 문제라고 생각하곤 한다. 하지만 자살은 단순히 개인의 문제가 아니다. 연구에 따르면, 자살에 이르는 과정은 이미 어린 시절부터 시작되는 경우가 많다. 빈곤한 환경에서 자란 아이들은 방임과 학대, 폭력, 차별, 배제 등을 경험하면서 점점 더 취약한 삶의 조건에 놓이게 된다. 이런 어려움 속에서도 노력하며 살아가지만, 사회적 지원이 부족할 경우 결국 큰 좌절을 겪고 삶을 포기하는 선택을 하게 될 수도 있다.[22]

　따라서 자살 문제는 사회 전체가 함께 해결해야 하는 과제이며, 국가 차원의 노력이 반드시 필요하다. 자살 예방 교육을 확대하고, 심리적 지원 서비스를 강화하며, 경제적 안전망을 마련하는 것은 자살률을 낮추는 데 중요한 역할을 한다. 또한, 자살 유족을 위한 지원과 사후 대응 시스템을 마련하고, 국가 차원의 자살 동향 시스템을 구축하여 보다 효과적인 예방 전략을 세워야 한다. 이로써 더 많은 생명을 구하고, 누구나 안전하고 건강하게 살아갈 수 있는 사회를 만들어야 한다.

　그러나 자살률이 줄어들지 않는 현실은 단순히 '죽음'을 막는다고 해결되지 않는다. 그들의 삶이 어떠한지, 그들이 어떤 어려움을 겪고 있는지를 제대로 바라보는 일이 더욱 중요하다. 자살 예방도 필요하지만, 더 근본적으로는 사회구조와 삶의 환경에 변화가 필요하다. 사람들은 왜 자신의 삶을 불행하다고 느낄까? 왜 끊임없이 버텨야만 살아남을 수 있는 사회가 되었을까? 우리는 단순히 자살을 막는 데에만 집중할 게 아니라, 더 나은 삶을 살아갈 수 있도록 사회 전반을 변화시키는 노력을 해야 한다. '죽음'이 아니라, '삶'에 주목해야 한다.[23]

생각해 볼 문제

01 정신건강 문제를 둘러싼 사회의 편견

2021년 정신건강실태조사에 따르면, 성인의 27.8%가 평생 한 번 이상 정신건강 문제를 경험한 적이 있다. 하지만 정신 장애 진단을 받은 사람 가운데 정신 건강 서비스를 실제로 이용한 비율은 단 12.1%에 불과했다. 이는 한국 사회에서 정신과 치료를 부정적으로 인식하고, 그러한 편견이 여전히 강하게 작용하고 있음을 시사한다. 이러한 사회의 편견을 극복하고 정신건강 문제에 따르는 인식을 개선하기 위해 우리가 할 수 있는 일은 무엇인지 토의해 보자.

02 베르테르 효과

유명인의 자살 보도 이후 일반인의 자살률이 증가하는 현상이 관찰되고 있다. 이를 '베르테르 효과(Werther effect)'라고 부르며 언론의 자살 보도를 적극적으로 규제해야 한다는 주장이 힘을 얻고 있다. 반대로 언론 보도를 계기로 사회가 자살 예방에 많은 관심을 보일 수 있다는 의견도 존재한다. 유명인의 자살 보도가 자살 모방을 유발한다는 주장에 대해 생각해 보고, 자살 문제 해결을 위한 언론의 역할이 무엇인지 토의해 보자.

자살예방상담전화: 109
보건복지상담센터: 129
청소년상담1388(청소년사이버상담센터): 전화와 문자는 (지역번호)1388, 홈페이지에서 온라인상담과 SNS에서 '청소년상담1388'을 검색 후 상담이 가능하다.
정신건강상담전화: 1577-0199
한국생명의전화: 1588-9191
다들어줄개(청소년모바일상담센터): 카카오톡 플러스친구에서 '다들어줄개'를 친구 추가하거나, 페이스북의 '다들어줄개' 페이지로 메시지 전송이 가능하다. '다들어줄개' 애플리케이션으로도 이용 가능하다.

미주

01 로리 오코너 저(정지호 역)(2023). 마지막 끈을 놓기 전에. 푸른숲. p. 32.
02 보건복지부 보도자료(2024.10.4.). 2023년 자살률(10만 명당) 27.3명, 전년 대비 2.2명(8.5%) 증가.
03 강우량(2024.10.5.). 비통한 OECD 1위…자살률 8.5% 치솟아 9년만에 최대. 조선일보.
04 한국생명존중희망재단(2024). 2024 자살예방백서. pp. 144, 161, 164.
05 이은진(2023). 청소년 자살문제와 사회적 과제. 월간복지동향, 302.
06 서진석·진태희(2024. 11. 6.) [단독] 스스로 떠난 아이들 그 이후…'학생 자살 보고서' 전수 분석 [청소년 마음건강 심층 기획]. EBS 뉴스.
07 통계청(2024). 한국의 사회동향 2023. p. 104.
08 보건복지부 보도자료(2024.3.29.). 자살생각 유경험률 14.7%…5년 새 3.8%p 감소-2023 자살 실태조사 결과 발표-.
09 강지원 외(2023). 같지만 다른 그들, 청년: 성별 자살생각과 자살시도 영향요인의 탐색 연구. 보건사회연구, 43(1), p. 69.
10 한국생명존중희망재단(2023). 2023 자살예방백서. pp. 103-104.
11 임해원(2024.10.7.). [팩트체크] 한국 노인의 자살률·빈곤율은 세계에서 가장 높다?. 이코리아.
12 이민숙(2005). 노인의 우울과 자살에 대한 사회적 지지의 영향. 임상사회사업연구, 2(3), pp. 191-212.
13 한국자살예방협회(2023). 자살예방의 모든 것. 학지사. pp. 239-242.
14 배현정(2024.1.20.). 노인 1000만 시대, 빈곤율은 OECD 1위…공적연금 강화해 복지 사각 해소를. 중앙일보.
15 보건복지부 보도자료(2021.12.27.). 2021년 정신건강실태조사 결과 발표.
16 한국생명존중희망재단(2023). 2023 자살실태조사. pp. 274-275, 278-279.
17 한국자살예방협회(2023). 앞의 글. pp. 243-244, 443.
18 김형용(2023). 노인 자살률의 감소와 사회적 과제. 월간복지동향, 302.
19 한국자살예방협회(2023). 앞의 글. pp. 538-540.
20 한국자살예방협회(2023). 앞의 글. p. 579.
21 서종한(2018). 심리부검: 사람은 왜 자살하는가?. 시간여행. 수정 인용
22 최명민(2020). 도시 빈곤층 자살경로 탐색: 박탈경험을 중심으로. 한국사회복지조사연구, 66, pp. 65-99.
23 난다 청소년인권운동연대 지음 활동가(2023.9.8.). '죽을 시간'조차 없는 청소년? 자살만 예방할 게 아니다. 프레시안.

7장

기후 위기와 환경문제

기후 위기에 대한 소녀의 외침

다음은 스웨덴 청소년 환경 운동가 그레타 툰베리(Greta Thunberg)가 무동력 보트를 타고 영국 플리머스에서 미국 뉴욕까지 약 4,800km를 횡단하여 국제연합(UN) 기후행동 정상회의에서 연설한 내용 중 일부이다.
"지난 30년이 넘는 세월 동안, 과학은 분명하게 (경고) 해 왔습니다. 그런데 어떻게 그렇게 계속해서 외면할 수 있나요? 그리고는 이 자리에 와서 충분히 하고 있다고 말할 수 있나요? 필요한 정치와 해결책이 여전히 아무 곳에서도 보이지 않는데요. 여러분은 우리가 하는 말을 '듣고 있다.'고, 긴급함을 이해한다고 합니다. 그러나 아무리 슬프고 화가 난다 해도, 저는 그 말을 믿고 싶지 않습니다. 만약 정말로 지금 상황을 이해하는데도 행동하지 않았다면, 여러분은 악마나 다름없기 때문입니다. 그래서 저는 그렇게는 믿고 싶지 않습니다. … 여러분은 우리를 실망시키고 있습니다. 그러나 우리 세대는 여러분이 배신하고 있음을 이해하기 시작했습니다. 모든 미래 세대의 눈이 여러분을 향해 있습니다. 여러분이 우리를 실망시킨다면, 우리는 결코 용서하지 않겠습니다. 여러분이 이 책임을 피해서 빠져나가도록 내버려 두지 않겠습니다. 바로 여기, 바로 지금까지가 한계입니다. 세계가 깨어나고 있습니다. 여러분이 좋아하든 싫어하든 변화는 다가오고 있습니다."[01]

기후변화:
더 이상 미룰 수 없는 위기

지구의 평균기온은 산업화 이전과 비교해 1℃ 이상 상승했으며, 그 영향으로 세계 곳곳에서 폭염과 가뭄, 폭설, 한파, 태풍 등 이상기후 현상이 더욱 강하고 빈번하게 나타나고 있다. 특히, 2024년 4월 9일 유럽연합의 기후변화 감시 기구인 코페르니쿠스 기후변화 연구소(Copernicus Climate Change Service)에서 발표한 연구 결과는 충격적이었다. 2024년 1월부터 2024년 11월까지 측정한 데이터를 보면, 지구의 평균기온이 산업화 이전 대비 1.62℃ 상승한 것으로 나타났다. 세계 각국이 2015년 파리에서 열린 UN 기후변화협약 당사국 총회에서 기후 재앙을 막기 위해 설정한 한계선인 1.5℃가 처음으로 무너졌다.[02] 이는 단순한 수치 상승이 아니라, 기후변화가 초래할 위기가 현실로 다가오고 있음을 의미한다. 기후변화로 인명 피해와 경제적 손실이 점점 커지고 있으며, 더 이상 기후 문제를 미룰 수 없는 상황이 되었다.

기후변화는 단순히 날씨가 변하는 현상이 아니다. 생태계 붕괴와 경제적 피해, 인간의 생존 기반까지 위협하는 심각한 문제로 이어진다. 특히, 한국은 사계절이 뚜렷한 나라로, 기후변화의 영향을 더욱 체감하기 쉬운 환경에 놓여 있다. 매년 여름이면 기록적인 폭염이 지속되고, 강한 태풍과 집중호우 탓에 많은 피해가 발생하며, 가뭄으로 농업이 위기를 맞고 있다. 이러한 극단적인 기상이변은 국민의 일상생활에 직접적인 영향을 미칠 뿐만 아니라, 사회와 경제 전반에도 큰 부담을 주고 있다. 따라서 기후변화에 맞설 사회적 대응이 시급한 과제가 되었다.

이러한 문제를 해결하기 위해서는 우리나라의 기후변화 현황을 정확히 파악하고,

● **기후변화(Climate Change)** | 화산 폭발, 태양 활동 변화, 지구궤도 변화 등의 자연적 요인이나 화석연료 연소, 토지 이용, 산업 활동 등 인간의 활동으로 전체 기후 시스템이 장기적으로 변동하거나 변화하는 것을 말한다. 그러나 '변화'가 단지 상황을 설명할 뿐, 그 정도나 심각성을 제대로 전달하지 못한다는 문제의식에서 기후변화 대신 '기후 위기(Climate Crisis)'라는 용어를 사용해야 한다는 주장이 제기되고 있다.

그 원인을 분석하며, 실질적인 해결책을 마련하는 것이 중요하다. 앞으로 우리는 한국에서 나타나는 기후변화의 현황과 그에 따른 영향을 분석해 보자. 그다음 기후변화의 주요 원인을 탐구하며, 이를 해결하는 대응 방안을 모색하고자 한다.

사진 없는 패션 잡지의 사정

| 그림 7-1 | 보그 이탈리아 2020년 1월호 표지

보그 이탈리아 2020년 1월호에는 사진이 없다. 화보는 일러스트로 대체됐고 가장 중요한 표지 역시 사진이 아닌 삽화로 꾸몄다. 잡지 한 권에 필요한 사진을 촬영할 때 발생하는 환경적 비용을 줄여 지속 가능성을 추구하겠다는 것이다.

◀ 정수환(2020.1.10.).

보그 이탈리아 편집장

"2019년 9월호를 작업하기 위해 모인 인원은 1500여 명. 20회의 비행과 12회의 기차 이동, 40대의 자동차가 대기했고 60건의 국제 배송이 있었다. 조명은 쉬지 않고 10시간 정도 켜져 있었으며, 가솔린 연료의 장비를 사용했다. 이뿐만 아니라 출장 식사 서비스로 음식물 쓰레기를 배출하고 각종 장비를 포장할 때 플라스틱을 사용했다. 전화, 카메라 충전에 전기도 사용했다."

에마누엘레 파르네티(Emanuele Farneti) 보그 이탈리아 편집장이 보그 온라인 홈페이지에서 한 말이다. 그들이 패션 잡지 한 권을 만들 때 얼마나 많은 탄소 발자국이 배출되는지 알 수 있는 대목이다. 여기에 책임을 통감하며 내놓은 실험물이 바로 2020년 1월호다. 파르네티 편집장은 자신의 인스타그램에 "1월호의 모든 작업은 여행, 운송, 오염 없이 진행됐다. 사진을 찍지 않고도 옷에 대해 이야기할 수 있다는 걸 증명하고 싶었다."고 말했다.[03]

지구의 경고와 변화하는 삶

우리나라 기후변화의 현황

세계기상기구(World Meteorological Organization, WMO)에서 매년 발표하는 지구 기후 현황 보고서(State of the Global Climate)에 따르면, 기후변화의 네 가지 핵심 지표는 온실가스 농도, 해수 온도, 해수면 상승, 그리고 해양 산성화이다. 이 지표들로 우리나라의 기후변화 현황을 살펴보자.

우리나라의 온실가스 농도는 지속적으로 증가하고 있다. 기후변화의 요인으로 잘 알려진 온실가스가 나쁘기만 한 물질은 아니다. 온실가스는 지구의 평균 온도를 유지하는 역할을 한다. 하지만 농도가 과도하게 높아지면 표면 온도가 상승하게 된다. 국립기상과학원이 발간한 '2023 지구대기감시 보고서'에 따르면, 대표적인 온실가스인 이산화탄소(CO_2) 농도가 사상 최고치를 기록했다. 한반도의 이산화탄소 농도는 2013년부터 2022년까지 10년 동안 2.5ppm씩 증가하며 지속적인 증가세를 보였다.[04]

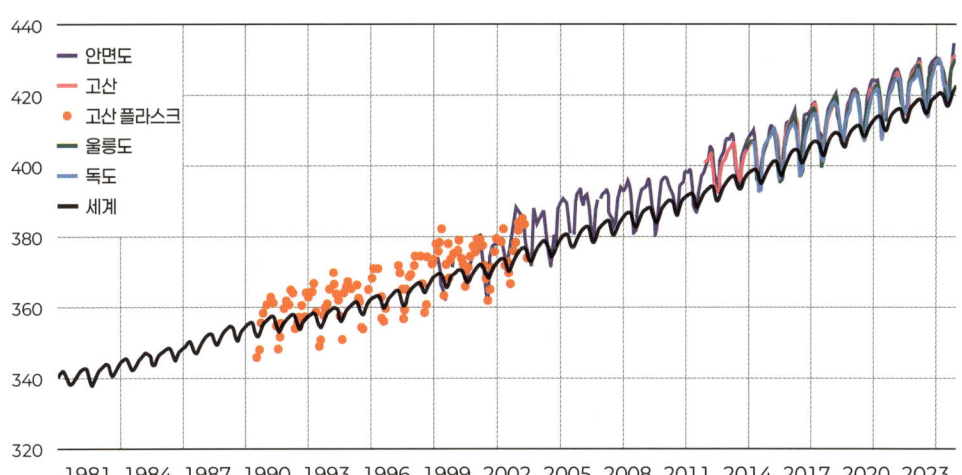

| 그림 7-2 | 안면도, 고산, 울릉도, 독도와 세계의 CO_2 배경 농도 (단위: CO_2(ppm))

기상청은 안면도(1999년~), 고산(1990년~), 울릉도(2014년~), 독도(2014년~)의 온실가스 관측 자료를 보유하고 있으며, 한반도의 이산화탄소 농도는 2013~2022년, 10년 동안 2.5ppm씩 증가하며 지속적인 증가세를 보였다.

국립기상과학원(2024).

바다는 해양 생물을 품는 역할뿐 아니라 대기 중 온실가스를 흡수해 기후 조절을 수행한다. 그런데 온실가스 농도가 높아지면 어떻게 될까? 많은 양의 온실가스를 흡수한 바다에는 여러 변화가 생긴다. 우리나라 주변 바다의 수온이 점점 높아지고 있다. 해양 표층 1m 이내의 수온을 의미하는 해면 수온을 분석한 결과, 2024년 12월 기준 전 세계 평균 해면 수온은 평년(18.1℃)보다 0.4℃ 높았다. 같은 기간 동해와 황해의 해면 수온도 평년(9.8℃, 11.1℃)보다 각각 1.2℃, 1.0℃ 높았다. 동해의 수온 상승 속도는 10년마다 0.5℃씩 증가하고 있어 전 세계 평균보다 빠르게 상승하는 추세를 보였다.[05]

이렇게 진행되는 지구온난화로 해수면도 점점 상승하고 있다. 해수면 상승의 원인은 크게 두 가지이다. 바닷물이 따뜻해지면서 부피가 팽창해서, 그리고 극지방의 빙하가 녹아 바닷물로 흘러 들어오기 때문이다. 2024년 12월 기준, 전 세계 평균 해수면은 평년(58.8cm)보다 6.3cm 상승했다. 우리나라 주변 해역도 비슷한 상승을 보였으며, 동해의 해수면은 평년(53.1cm)보다 6.8cm 증가했다.[06]

중성보다 살짝 높은 약한 염기성을 띠어야 하는 해양이 산성화되고 있다. 해양 산성화는 대기 중 이산화탄소가 바다로 흡수되면서 해수의 pH가 낮아지는 현상을 의미한다. 산성화가 진행되면 조개, 산호 등 탄산칼슘을 이용해 골격을 형성하는 해양 생물의 생존이 어려워지고, 먹이사슬을 통해 해양 생태계 전체에 악영향을 미친다. 국립수산과학원의 조사에 따르면, 2015년부터 2022년까지 8년간 우리나라 해역에서도 해양 산성화가 전 세계 대양과 비슷한 속도로 진행됐다. 특히 우리나라 해역의 표층수 pH는 10년마다 약 0.019 감소하는 경향을 보인다.[07]

기후변화에 따른 영향

우리나라의 기후는 빠르게 변화하고 있다. 지난 100여 년(1912~2017년) 동안 우리나라의 연평균 기온은 약 1.8℃ 상승했으며, 이는 전 세계 평균 상승 속도(0.85℃)보다 두 배 이상 빠른 수준이다. 특히, 겨울철과 봄철의 기온 상승이 두드러져 겨울은 짧아지고 여름은 점점 길어지는 변화가 나타났다. 과거 30년과 최근 30년을 비교하면 겨울은 18일 짧아졌고, 여름은 19일 길어졌다.[08]

이러한 기후변화로 우리나라에서는 극한기후 현상이 점점 더 자주, 강하게 발생하고 있다. 2018년 여름, 우리나라의 전국 평균기온은 1973년 이후 가장 높은 수준을 기록했고, 폭염과 열대야가 장기간 지속되었다. 폭염 일수는 평년(10.1일)의 세 배 이상인 31.5일로 증가했고, 열대야도 평년(5.1일)보다 세 배 이상 긴 17.7일 발생했다. 반면, 2020년 겨울에는 기온이 평년보다 3℃ 이상 높아지면서 매미나방과 대벌레 같은 해충이 대량 발생했고, 이 때문에 농작물 피해가 속출했다. 또한, 2020년 여름에는 중부 지방을 중심으로 최장 52일간의 장마가 이어지면서 기록적인 폭우가 발생했다. 강수량은 무려 851.7mm에 달했고, 그 결과 하천이 범람하고 산사태가 일어나는 등 전국적인 피해가 발생했다.[09]

기후변화는 가뭄과 산불 발생 빈도를 증가시켰다. 2022~2023년에는 광주와 전남을 포함한 남부 지역에서 50년 만에 최악의 가뭄이 발생했다. 일부 섬 지역에서는 1년 가까이 일주일에 하루만 물이 공급되는 단수 사태가 이어졌고, 저수지의 수위가 급격히 낮아지면서 수력발전을 위한 댐 운영이 중단되기도 했다.[10]

산불 발생도 점차 심각해지고 있으며, 특히 대형 산불의 빈도가 빠르게 증가하는 추세를 보였다. 2014년부터 2023년까지 최근 10년간 발생한 산불 5,668건을 분석한 결과, 피해 면적이 100ha 이상인 대형 산불이 해마다 증가하고 있다. 2014년부터 2016년까지는 단 한 건의 대형 산불도 발생하지 않았으나, 2017년 3월 9일 강원도 강릉에서 발생한 산불(160ha)을 시작으로 2021년까지 매년 2~3건의 대형 산불이 보고되었다. 특히, 2022년에는 11건, 2023년에는 8건의 대형 산불이 발생하며 급격한 증가세를 보였다. 전체 산불 중 대형 산불이 차지하는 비율도 2017년 0.4%에서 2022년 1.5%, 2023년 1.3%로 확대되었다.[11]

기후변화는 농업과 식량 생산에도 부정적인 영향을 미쳤다. 농업은 기후변화에 가장 취약한 산업 중 하나로, 가뭄·홍수·병해충 발생 등의 환경 변화에 따라 수확량이 크게 좌우된다. 세계적으로도 곡물 생산량과 가격은 기후변화에 큰 영향을 받아 왔으며, 이러한 현상은 더욱 심화되고 있다. 특히, 우리나라는 곡물 수입 의존도가 높아 기후변화로 발생하는 식량 위기에 더욱 취약한 상황이다. 2020년 기준 우리나라의 식량 자급률은 45%, 곡물 자급률은 20%로, OECD 회원국 중 최저 수준이다. 주식인 쌀의 자급률도 2015년 101%에서 2020년 92.8%로 감소하는 추세를 보였고, 앞으로 기후변화가

심화될 경우 식량 공급에 심각한 문제가 발생할 가능성이 크다.[12]

이처럼 기후변화는 단순한 기온 상승을 넘어 극한 기후 현상, 자연재해, 농업과 식량 위기까지 다양한 형태로 우리의 삶에 영향을 미치고 있다. 앞으로 기후변화가 더욱 심화될 경우, 이에 따른 피해는 더욱 커질 것이다. 이러한 상황에 대비하고 대응하는 일은 우리에게 매우 시급한 과제가 되고 있다.

지구 온도 1.5℃ 상승까지 남은 시간을 알려드립니다 -기후 위기 시계

01 기후변화의 시각적 지표

| 그림 7-3 | 국회의사당 앞 기후 위기 시계

국회의사당 중앙 본청 건물 앞에 설치돼 있는 '기후 위기 시계'이다. 2024년 9월 27일 오후 1시 기준 4년 298일 11시간이 남았다고 표시하고 있다.

김혜진(2024.9.28.).

기후 위기 시계는 전 세계 과학자, 예술가, 기후 활동가가 고안하였고, 세계 이산화탄소 배출량을 기반으로 지구 평균기온이 산업화 이전(1850~1900년)보다 1.5℃ 상승할 때까지 남은 시간을 보여 주는 시각적 지표이다.

02 기후 위기의 일상화

UN 산하의 기후변화에 관한 정부간 협의체(IPCC)에서 2021년 8월에 발표한 제6차 평가보고서에 따르면, 지구 평균기온의 1.5℃ 상승은 단순한 숫자의 변화가 아니라 심각한 기후 위기를 의미한다. 온도가 1.5℃ 상승할 경우, 폭염 발생 빈도는 현재보다 8.6배 증가하고, 가뭄 발생 빈도는 2.4배 늘어나며, 강수량은 1.5배 증가한다고 예상된다. 또한 태풍의 강도 역시 10% 이상 증가할 것으로 전망되어, 기상이변이 더욱 빈번해지고 극단적인 기후 현상이 일상화될 가능성이 크다.[13]

기후변화의 원인

지구의 기후변화는 크게 자연적인 요인과 인간 활동에 의한 인위적 요인으로 나뉜다. 자연적 요인에는 태양복사 에너지의 변화, 지구 공전궤도의 변화, 화산 활동, 그리고 산맥이 형성되는 조산 활동 등이 있다. 이러한 요인들은 오랜 시간에 걸쳐 기후에 영향을 미치지만, 현재 우리가 겪고 있는 기후변화의 가장 큰 원인은 인간의 활동에서 비롯된 인위적 요인이다.

산업이 발전하면서 온실가스 농도가 급격히 증가했고, 이 때문에 지구온난화가 빠르게 진행되고 있다. 온실가스를 증가시키는 주된 원인은 이산화탄소 배출, 대기 중 미세입자(에어로졸) 농도의 변화, 산림 훼손, 토지 이용 방식의 변화 등이다. IPCC●에서 발표한 제5차 평가보고서는 1950년 이후 지구온난화가 가속화된 이유를 분석한 결과, 온난화의 원인이 인간 활동, 특히 화석연료 사용 때문일 가능성이 95% 이상이라는 연구 결과가 나왔다. 산업혁명 이후 석탄, 석유, 천연가스를 대량으로 사용하면서 배출된 온실가스가 기후변화의 가장 큰 원인임을 알 수 있다. 또한, 농경지 개발을 위해 대규모로 숲을 없애면서 자연이 온실가스를 흡수하는 능력도 크게 줄어들었다.[14]

온실가스는 대기 중에 오랫동안 머물며 태양 에너지를 통과시키지만, 지구에서 방출하는 열(복사 에너지)을 흡수하거나 다시 반사시켜 온실효과를 일으킨다. 이 과정이 반복되면서 지구의 온도가 상승하게 된다. 현재 국제적으로 규제되고 있는 온실가스는 7가지로, 1997년 교토의정서에서 처음 지정된 6가지 온실가스인 이산화탄소(CO_2)와 메탄(CH_4), 아산화질소(N_2O), 과불화탄소(PFCs), 수소불화탄소(HFCs), 육불화황(SF_6)에 2012년 삼불화질소(NF_3)가 추가되었다. 이 중에서도 이산화탄소가 온실가스 배출량에서 가장 큰 비중을 차지한다.[15]

● **IPCC** | 기후변화와 관련된 전 지구적 위험을 평가하고 국제적 대책을 마련하기 위해 세계기상기구(WMO)와 유엔 환경계획(UNEP)이 1988년 11월에 공동으로 설립한 UN 산하 정부 간 협의체를 말한다. 우리나라는 제6대 IPCC 의장국으로 인천 송도에서 제48차 총회를 개최하였다. 이 총회에 참석한 135개국은 산업화 이후 지구의 평균기온 상승 폭을 1.5℃ 이내로 억제해야 한다는 '지구온난화 1.5℃ 특별보고서'를 만장일치로 채택하였다. IPCC는 환경 파괴에 관한 경각심을 일깨우는 데 앞장섰다는 이유로 2007년 노벨평화상을 수상하였다.

| 표 7-1 | 분야별 온실가스 배출량과 흡수량 (단위: 백만 톤 CO₂eq, %) |

분야	1990	1995	2000	2005	2010	2015	2018	2019	2020	2021	증감률 1990년대비	증감률 전년 대비
에너지	240.3	352.0	411.6	469.3	564.7	599.0	630.7	609.6	568.1	587.7	144.6	3.5
산업공정	20.4	43.1	50.9	54.6	53.0	54.5	55.8	52.2	48.5	51.4	151.4	5.9
농업	21.0	22.8	21.4	20.7	22.1	21.0	21.1	21.0	21.2	21.4	2.1	1.1
LULUCF[16]	-37.9	-32.2	-60.1	-56.3	-56.1	-46.6	-40.3	-37.7	-37.9	-37.8	-0.5	-0.3
폐기물	10.4	15.8	18.9	16.8	15.4	16.9	17.4	16.5	16.7	16.1	54.9	-3.5
총배출량 (LULUCF 제외)	292.1	433.8	502.7	561.5	655.1	691.3	725.0	699.2	654.4	676.6	131.6	3.4
순배출량 (LULUCF 포함)	254.2	401.6	442.6	505.2	599.0	644.8	684.7	661.5	616.6	638.9	151.4	3.6

2021년 우리나라 온실가스 순배출량(LULUCF 포함)은 638.9백만 톤 CO₂eq로, 1990년(254.2백만 톤 CO₂eq)보다 151.4% 증가하였으며, 2020년(616.6백만 톤 CO₂eq)보다 3.6% 증가했다. 온실가스를 가장 많이 배출한 부문은 에너지로, 2021년 587.7백만 톤 CO₂eq(전체의 86.9%)를 차지했다. 그 외 산업 공정 분야가 51.4백만 톤 CO₂eq(7.6%), 농업 분야가 21.4백만 톤 CO₂eq(3.2%), 폐기물 분야가 16.1백만 톤CO₂eq(2.4%)를 배출했다.

온실가스종합정보센터(2024).

온실가스 배출의 가장 큰 원인은 화석연료 사용이다. 석탄과 석유, 천연가스 같은 화석연료는 발전소와 공장에서 대량으로 소비되며, 이 과정에서 많은 양의 온실가스가 배출된다. 우리나라는 석탄 화력발전 의존도가 높은 국가 중 하나로, 2022년 기준 전체 발전량 중 석탄 화력발전이 차지하는 비율이 39.7%로 가장 높았다. 석탄 화력발전소는 전기를 생산하는 과정에서 이산화탄소뿐만 아니라 초미세먼지와 질소산화물(NO_2), 황산화물(SO_2) 등 다양한 대기 오염 물질을 배출한다. 이러한 오염 물질은 기후변화뿐만 아니라 국민 건강에도 심각한 영향을 미칠 수 있다.[17]

소득 수준에 따라 이산화탄소 배출량이 다르다?!

| 그림 7-4 | 대한민국 소득 수준별 이산화탄소 배출량 (단위: tCO₂e/cap)

세계불평등데이터베이스. Income inequality, Korea, 1996-2012.

01 이산화탄소 배출량 비교하기

[그림 7-4]는 1980년부터 2019년까지 한국의 소득 수준별 1인당 이산화탄소 배출량을 나타낸 그래프이다. 이산화탄소 배출량을 살펴보면, 하위 50%와 중간 40%의 이산화탄소 배출량은 매우 적다. 그에 비해 상위 10%와 상위 1%의 이산화탄소 배출량은 매우 많다. 이는 소득 수준에 따라 배출하는 이산화탄소 양의 차이를 보여 준다.

02 이산화탄소 배출량의 변화 비교하기

소득 수준별 이산화탄소 배출량의 증가 폭도 차이가 난다. 소득 수준별 1인당 이산화탄소 배출량 하위 50%와 중간 40%의 이산화탄소 배출량은 해당 기간(1980~2019년) 동안 큰 변화가 없는 데 비해 상위 10%와 상위 1%는 크게 증가한 것으로 나타났다.

기후변화 대응 전략: 감축에서 전환까지

온실가스 감축을 위한 노력

현재 세계 대부분의 에너지는 석탄과 석유, 천연가스 같은 화석연료에 의존하고 있다. 그러나 이러한 에너지원은 많은 온실가스를 배출하며, 이는 기후변화를 가속화하는 주요 원인이 된다. 따라서 화석연료 중심의 에너지 생산 방식을 지속 가능한 방식으로 전환해야 한다. 우리나라에서는 2030년까지 신재생에너지 발전 비중을 30.2%로 확대하는 국가 온실가스 감축목표(NDC)를 세우고 있으며, 이를 실현하기 위해 태양광, 풍력, 수력 등 재생 가능 에너지의 개발과 보급을 확대하고 있다. 이를 위해 정부와 기업이 협력하여 신재생에너지 관련 기술을 개발하고, 대규모 발전소뿐만 아니라 개인과 기업이 태양광 패널 등을 활용할 수 있도록 지원해야 한다.

산업 부문에서도 온실가스를 줄이기 위한 노력이 필요하다. 제조업, 철강, 시멘트 생산 등에서는 많은 온실가스가 배출되므로, 생산 공정의 에너지 효율을 높이고 저탄소 기술을 도입하는 방안이 중요하다. 그 방안으로 스마트 공장 시스템과 디지털 기술을 활용하여 에너지 소비를 줄이고, 탄소 배출을 최소화하는 방식이 주목받고 있다.

교통 부문에서도 온실가스를 줄이는 정책이 필요하다. 전기차와 수소차의 보급을 확대하고 충전 인프라를 구축하면 자동차에서 배출되는 온실가스를 줄일 수 있다. 또한, 대중교통 시스템을 강화하고 친환경 교통수단을 확대하면 개인 차량 사용을 줄이는 데 도움이 된다. 자전거 도로 확충과 전기버스 도입도 온실가스 감축에 기여할 수 있는 방법이다.

농업과 산림 관리도 기후변화 대응에서 중요한 역할을 한다. 축산업에서 발생하는 메탄 배출량을 줄이기 위해 저 메탄 사료를 개발하고, 가축 분뇨의 자원 순환 기술을 발전시켜야 한다. 또한, 산림을 복원하면 대기 중의 이산화탄소를 흡수하는 효과를 얻을 수 있다. 우리나라에서는 정부와 기업이 협력하여 '숲 프로젝트'를 진행하며, 탄소 중립 실현을 기대하는 산림 복원 사업을 추진하고 있다.

폐기물 관리 또한 중요한 기후 변화 대응 전략 중 하나이다. 폐기물 매립과 소각 과정에서 발생하는 온실가스를 줄이기 위해 자원 순환 체계를 강화하고, 매립지에서 발생하는 메탄을 포집하여 에너지원으로 활용하는 기술을 도입하면 환경에 미치는 영향을 줄일 수 있다.

기후 위기 해결을 위해 에너지 전환과 산업 혁신, 교통 시스템 개선, 농업과 산림 관리, 폐기물처리 개선 등 다양한 분야에서 온실가스 감축을 중심으로 한 적극적인 노력을 살펴보았다. 그렇다면 피할 수 없는 기후변화는 어떻게 대비할 수 있을까?

기후 변화 적응 전략

온실가스를 줄이는 노력과 함께, 기후변화의 영향을 최소화하기 위한 적응 전략도 필수적이다. 이미 기후변화로 발생한 극심한 가뭄과 홍수, 이상 기후 현상이 증가하고 있기 때문에, 이에 대비한 대책이 필요하다.

농업 부문에서는 기후변화에 강한 품종을 개발하고, 스마트 농업 기술을 도입하여 농업 생산성을 유지하는 것이 중요하다. 또한, 빗물을 저장하고 지하수를 효율적으로 관리하는 등 농업용수를 안정적으로 공급하는 방안이 필요하다.

수자원 관리 역시 중요한 기후 변화 적응 전략이다. 강수량이 불규칙해지면서 일부 지역에서는 홍수가 발생하고, 다른 지역에서는 가뭄이 심해지는 문제가 발생하고 있다. 이러한 문제를 해결하기 위해 홍수 방어 시스템을 구축하고, 저수지를 확장하며, 해수 담수화* 기술을 개발하는 등의 노력이 필요하다.

도시 환경도 기후변화에 맞춰 변화해야 한다. 녹색 지붕을 도입하고 도시 숲을 조성하여 여름철 폭염을 완화하고 해안 지역에서는 방조제를 강화하고 해안 방어벽을 세워 해수면 상승에 대비해야 한다. 대중교통을 확대하고 자전거 도로를 확충하는 등 친환경적인 교통 인프라 구축도 기후 변화 적응에 중요한 역할을 한다.

기후변화는 경제구조에도 큰 영향을 미친다. 기업과 금융 기관이 기후변화로 발생한 위험을 분석하고 대비할 수 있도록 지원하는 정책이 필요하다. 또한 기후변화 때문에 피해를 입은 기업과 개인을 보호하는 기후 보험 제도를 확대해야 한다.

● **해수 담수화(海水 淡水化, Seawater Desalination)** | 바닷물에서 염분(소금)과 기타 불순물을 제거하여 사람이 마시거나 농업, 산업용으로 사용할 수 있는 깨끗한 물(담수)로 만드는 기술이다. 주로 물 부족 문제를 해결하기 위해 활용된다.

온실가스 배출량을 조절하는 정책 수단

01 배출권 거래제

배출권 거래제(Emission Trading System, ETS)는 정부가 탄소 배출 감축 의무가 있는 기업에 탄소 배출 총량을 할당하고 이를 필요에 따라 배출권 거래 시장에서 사고팔 수 있도록 한 제도이다. 탄소 배출량이 할당량보다 많으면 탄소 배출권을 다른 기업으로부터 구입해야 하고, 할당량보다 탄소 배출량이 적으면 남은 배출권을 판매할 수 있다. 이는 기업들로 하여금 탄소 배출량을 줄이도록 만드는 경제적 유인이 된다.

배출권 거래제는 1997년 일본 교토에서 열린 제3차 UN 기후변화협약 당사국 총회에서 채택된 교토의정서에 근거하고 있다. 유럽연합은 2005년, 우리나라는 2015년부터 탄소 배출권 거래제를 시행하고 있다. 우리나라에서는 「온실가스 배출권의 할당 및 거래에 관한 법률」에 따라 기업의 탄소 배출량을 할당한다. 기업은 할당받은 배출권을 시장에서 거래할 수 있고 시장에서의 수요와 공급에 따라 가격이 변동한다.

02 탄소세

탄소세(Carbon Tax)는 정부가 기업이나 소비자에게 탄소 배출량에 따라 정해진 세율로 부과하는 세금이다. 이 제도는 1990년 핀란드를 시작으로 스웨덴, 덴마크, 영국 등 세계 여러 국가에서 시행되고 있다. 예를 들어 탄소세가 도입된 국가의 자동차 기업은 자동차를 생산하는 과정에서 배출한 탄소의 양만큼 세금을 부담해야 하므로 생산 비용이 증가한다. 그만큼 제품 가격이 인상되면서 소비자의 부담도 커진다. 또한 소비자는 자동차를 사용하며 배출한 탄소에도 세금을 내야 한다. 결국 탄소세로 인해 기업과 소비자는 지불해야 하는 비용이 늘어나게 된다. 이 비용이 부담스럽다면, 이를 줄이기 위해 탄소 배출량을 감축하고자 노력해야 한다. 즉 탄소세는 기업과 소비자의 탄소 배출량을 줄이도록 유도하는 데 목적을 둔다. 그러나 탄소세는 생산이나 소비 과정에서 배출되는 탄소에 세금을 매기기에 탄소세 자체에 구체적인 탄소 감축 목표가 제시되어 있지는 않다. 따라서 기업과 소비자가 탄소세 부담에 민감하지 않다면 탄소 감축 효과가 크지 않을 수 있다. 우리나라에서는 현재 탄소세 도입에 관한 논의가 이루어지고 있다.

03 탄소 국경 조정 제도

탄소 국경 조정 제도(Carbon Border Adjustment Mechanism, CBAM)는 제품을 생산하는 과정에서 탄소가 기준치보다 많이 배출되는 수입품에 관세를 부과하는 제도이다. 탄소 배출 규제가 약한 국가에서 생산된 제품일지라도 탄소 국경 조정 제도를 시행 중인 국가에 수출할 때는 탄소 배출에 부과되는 관세를 추가로 지불해야 한다. 유럽연합은 2023년 10월부터 유럽연합에 철강, 시멘트, 알루미늄, 수소, 전기, 비료 등 6개 제품을 수출하려는 기업이 탄소 배출량을 신고하도록 하는 전환 기간을 거치고 있다. 이후 탄소 국경 조정 제도를 본격적으로 시행하는 2026년부터 유럽연합에 해당 제품을 수출하는 기업은 분기별로 탄소 배출량을 의무적으로 신고하고 탄소 배출량에 따라 관세를 부담해야 한다.[18]

탄소 중립과 정의로운 전환

　기후변화 대응 과정에서 일부 산업이 사라지거나 축소되면서 경제적 손실을 보는 집단이 발생할 가능성도 있다. 예를 들어, 탄광, 화력발전 등 탄소 배출이 많은 산업에서는 일자리가 감소하는 반면, 신재생에너지와 폐기물 재활용 같은 친환경 산업에서는 새로운 일자리가 창출될 수 있다. 이 과정이 공정하고 정의롭게 진행되도록 하는 원칙을 '정의로운 전환(Just Transition)'이라고 한다. 정의로운 전환은 탄소 중립 과정에서 특정 지역이나 직업, 계층이 불평등한 피해를 입지 않도록 하는 정책적 지원을 의미한다. 이를 위해 정부와 기업, 노동계, 지역사회가 협력하여 탄소 중립 사회로 전환하는 과정에서 발생하는 경제적·사회적 불평등을 최소화하는 방안을 마련해야 한다.

　이미 영국과 독일, 캐나다 등은 탄소 중립 정책 추진 과정에서 노동시장의 변화를 고려한 정책을 시행하고 있다. 캐나다는 2018년 '석탄 화력 노동자와 지역사회를 위한 정의로운 전환 태스크 포스'를 운영하여 노동자들이 새로운 직업으로 전환할 수 있도록 지원하는 정책을 시행하고 있다. 독일은 2018년 '성장, 구조변화 및 고용위원회'를 설립하여, 탈석탄 정책에서 영향을 받는 노동자들에게 보상금을 지급하고 지속 가능한 경제 성장 전략을 마련하고 있다. 특히 독일 정부는 2038년까지 진행될 탈석탄 과정에서 영향을 받을 노동자들에게 최장 5년간 실업과 조기 퇴직으로 발생할 소득과 연금의 감소를 우려해 그들의 삶을 보전하는 정책을 시행하고 있다.[19]

　우리나라에서도 '정의로운 전환'에 관한 논의가 이루어지고 있지만, 아직 구체적인 정책과 법적 기반이 부족한 상황이다. 따라서 탄소 중립 이행 과정에서 발생하는 사회적 영향을 최소화하고, 노동자와 지역사회가 변화에 적응할 수 있도록 체계적인 정책 마련이 필요하다. 따라서 정부와 기업, 노동계, 지역사회가 협력하여 탄소 중립 정책이 경제적·사회적 불평등을 심화시키지 않도록 충분한 논의와 조정 과정이 이루어져야 한다.

● **탄소 중립** | 인간이 배출하는 온실가스의 양과 자연이나 기술로 흡수하거나 제거하는 온실가스의 양을 같게 만들어, 결과적으로 온실가스의 순배출량을 '0'으로 만드는 것이다. '넷제로(Net-Zero)'라고도 부른다. 탄소 중립이 중요한 이유는 온실가스가 기후변화를 일으키는 가장 큰 원인이기 때문이다. 온실가스가 계속 늘어나면 지구의 평균 온도가 상승해 폭염, 홍수, 가뭄, 해수면 상승 같은 심각한 환경문제가 발생한다. 이런 문제를 막기 위해 세계 여러 나라들은 탄소 중립을 목표로 삼고 있으며, 특히 2050년까지 탄소 중립을 이루겠다는 '2050 탄소 중립' 목표를 세우고 있다.

한국은 기후 악당국?

01 오늘의 화석상, 한국

2024년 11월에 열린 제29차 UN 기후변화협약 당사국 총회에서 우리나라가 '오늘의 화석상' 1위에 선정되는 불명예를 떠안았다. 오늘의 화석상은 세계 150개국 2,000개가 넘는 기후환경 운동단체의 연대체인 기후행동네트워크가 당사국 총회 기간 중 기후 협상을 방해한 국가를 선정해 수여하는 상이다. 이 상을 받는 나라는 세계의 기후 대응 노력에 찬물을 끼얹는 '기후 악당'으로 여겨진다.

02 그 이유는 무엇일까?

유엔 기후변화협약 당사국 총회에서 우리나라가 화석상 1위를 수상한 주된 이유는 해외 화석연료 사업에 제공한 막대한 공적 금융 지원이었다. 우리나라는 이 지원 규모가 세계 2위에 이르기도 하지만, 2024년 6월에 진행된 OECD 수출 신용 협약의 '공적 금융 화석연료 투자 제한' 개정안에 튀르키예와 함께 반대해 협상을 결렬시킨 점이 결정적인 이유로 꼽혔다.[20]

기후변화 대응을 위한 교육

기후변화는 더 이상 먼 미래의 일이 아니라, 지금 당장 해결해야 할 현실적인 문제이다. 온실가스를 줄이고 기후변화에 적응하기 위한 다양한 정책이 추진되고 있지만, 사회 구성원들의 인식과 행동 변화가 없다면 실질적인 변화를 이루기는 어렵다. 이러한 변화를 이루는 데 가장 중요한 방법 중 하나가 교육이다. 교육으로 개인과 사회가 기후변화의 원인과 영향을 올바르게 이해하고, 지속 가능한 행동을 실천할 수 있도록 유도해야 한다. 그러나 현재 학교에서 이루어지는 기후변화 교육은 일부 과목에서 제한적으로 다루고 있어, 학생들이 기후변화 문제를 충분히 이해하고 실천하는 데 한계가 있다. 따라서 정규 교육 과정에서 기후변화 교육을 보다 체계적으로 실시할 필요가 있다. 또한, 학생들이 단순히 이론만을 배우는 것은 충분하지 않으며, 실제 생활 속에서 직접 체험하면서 기후변화 대응 방법을 익힐 수 있도록 하는 프로그램을 마련해야 한다. 예를 들어, 학교 텃밭을 가꾸며 탄소 흡수의 중요성을 체험하고, 에너지 절약 프로젝트를 수행하며 온실가스를 줄이는 방법을 실천하는 방식이 효과적이다. 이러한 체험형 교육으로 학생들이 기후변화 대응을 특별한 일이 아닌 일상에서 실천할 수 있는 문제로 인식하게 하고 지속 가능한 미래를 위해 적극적으로 행동할 수 있는 역량을 길러야 한다.

　학교뿐만 아니라 사회 전반에서도 기후 변화 대응을 위한 교육이 이루어져야 한다. 공공기관과 환경 단체는 강연, 다큐멘터리, 온라인 콘텐츠 등을 활용하여 기후변화의 심각성을 알리고, 개인이 실천할 수 있는 구체적인 방법을 제시해야 한다. 지역사회에서는 에너지 절약 캠페인과 주민 참여형 친환경 활동을 기획하여, 시민들이 기후변화 대응의 주체가 될 수 있도록 유도해야 한다. 특히, 기후변화 대응을 위한 직업 교육도 중요하다. 기후변화가 경제와 산업에 미치는 영향이 점점 커지면서, 다양한 직업에서도 기후변화를 이해하고 대응하는 능력이 요구되고 있다. 기업들은 친환경 경영을 실천하기 위해 직원들에게 기후변화 관련 교육을 제공해야 한다. 정부와 공공기관에서도 정책 입안자들이 기후변화 대응 방안을 효과적으로 적용할 수 있도록 교육을 강화해야 한다. 이처럼 교육으로 사회 구성원 모두가 기후변화 대응의 주체가 될 수 있도록 하는 것이 가장 중요한 과제이다.

생각해 볼 문제

01 공정한 기후변화 대응 정책

소득 수준별 이산화탄소 배출량을 살펴보면, 상위 10%와 상위 1%의 이산화탄소 배출량이 다른 소득 계층보다 현저히 높으며, 증가 폭도 크게 나타난다. 이는 고소득층이 기후 위기에 더 큰 책임이 있음을 시사한다. 소득 불평등을 고려한 공정한 기후변화 대응 정책의 필요성을 토론해 보자.

02 경제적 부담 정책

온실가스 배출량을 조절하는 대표적인 정책 수단인 배출권 거래제와 탄소세는 기업들에게 추가 비용 부담을 가져오며, 이는 최종 소비자에게 물가 상승을 초래할 수 있다. 환경 보호를 위해 이런 정책을 강하게 추진해야 할지, 아니면 경제적 부담을 줄이는 다른 방법을 찾아야 할지 토론해 보자.

03 기후 난민

최근 호주와 태평양 지역에서는 기후변화로 해안 침식과 해수면 상승이 발생하였고, 이 때문에 이주가 급증하고 있다. 기후 난민 문제가 심각해지고 있는 상황에서 국제사회가 기후 난민 문제에 어떻게 대응해야 할지 토의해 보자.

미주

01	천권필(2019.9.26.). '대안 노벨상' 받은 그레타 툰베리, 유엔 연설 풀버전 보니. 중앙일보.
02	김서영(2024.12.9.). 2024년, 사상 가장 더운 해 확실…'1.5도 방어선'도 첫 붕괴. 경향신문.
03	정수환(2020.1.10.). 사진 없는 패션지와 공연 안하는 락밴드의 사정. 더피알.
04	국립기상과학원(2024). 2023 지구대기감시 보고서. p. 8.
05	한국해양과학기술원 해양기후예측센터(2024). 2024년 12월 월간 해양기후 분석정보. p. 5.
06	한국해양과학기술원 해양기후예측센터(2024). 앞의 글. p. 3.
07	안현선(2022.11.21.). 국내 해양 산성화, 전 세계 대양과 비슷한 수준으로 진행. 한국수산경제.
08	2050 탄소중립위원회(2021). 탄소중립학습자료집. p. 114.
09	2050 탄소중립위원회(2021). 앞의 글. pp. 114-115.
10	강현석·김창효(2023.3.28.). 남부 50년 만의 '최악 가뭄'…일주일에 '6일 단수' 1년째, 완도 섬 주민들은 속이 탑니다. 경향신문.
11	김다연 외(2024.7.2.). 더 위험하고 치명적인 산불이 온다. 단비뉴스.
12	이동원(2024.6.13.). 기자칼럼-식량위기 가져오는 '기후변화'. 농축유통신문.
13	환경교육 통합플랫폼(2023.9.13.). 기후변화의 현실, 우리에게 남은 시간이 5년 10개월이라고?. blog.naver.com/keepblog/223210152959
14	2050 탄소중립위원회(2021). 앞의 글. p. 18, 34.
15	2050 탄소중립위원회(2021). 앞의 글. p. 41.
16	LULUCF는 Land Use, Land-Use Change and Forestry의 약자로, 인간의 토지 이용 방식이나 산림 변화가 온실가스 배출 또는 흡수에 미치는 영향을 측정하고 보고하는 부문이다.
17	지표누리 국가발전지표. 석탄화력발전비율. www.index.go.kr/unity/potal/indicator/IndexInfo.do?idxCd=4292
18	KDI 경제교육·정보센터. 탄소에도 가격이 있다? 탄소 가격 제도. 경제로 세상 읽기, 2024년 11호.
19	오애리·김보미(2023). 기후위기, 무엇이 문제일까. 북카라반. pp. 97-98.
20	배슬기(2025.1.9.). 기후악당 대한민국. 오마이뉴스.

8장

저출산과 고령화의 도전과 미래

어느 워킹맘의 일과

오전 9시부터 오후 6시까지 직장에 있어야 하는 엄마와 불규칙한 패턴으로 일하는 아빠를 둔 세 살 아이의 일과는 다음과 같다.

오전 7시 50분: 집을 나섬
오전 8시 10분: 어린이집 도착
오후 7시: 하원
오후 8시: 저녁 식사 완료
오후 8시~10시: 놀이
오후 11시: 수면

무려 11시간을 어린이집에서 보내는 셈이다. 아무리 어린이집을 좋아하는 아이라 해도 팍팍한 일정이다. 단축 근무가 끝난 지 한 달이 되어가는 지금, 가장 크게 느껴지는 변화는 아이가 늦게까지 잠에 들지 않으려 한다는 점이다. 잠잘 시간이라고 하면 "더 놀고!"를 외친다. 그래도 자야 한다고 하면 눈물이 그렁그렁해지기도 한다. 엄마, 아빠와 함께하는 시간이 줄어들어서 그렇지 않을까 추측해 본다. 아이의 늦어진 수면은(당연하게도) 아이에게만 영향을 끼치지 않는다. 아이를 재우고 유튜브를 봐야지, 책을 마저 읽어야지, 글을 써야지 했던 바람이 무색해지게 그대로 침대에 누워 기절하듯 잠에 빠져들기 일쑤다. 하루 종일 기다리는 나만의 시간이 없어진 셈이다. 그건 마치 내가 없는 나의 삶을 사는 듯하다. 그나마 '칼퇴'가 가능한 직장에 다니는 나의 상황도 이러한데 9~18시의 노동시간마저 지켜지지 않는 노동환경에서 일하는 양육자들의 어려움이야 안 봐도 훤하다.[01]

저출산·고령화, 위기와 대응의 시작

UN 경제사회국(Department of Economic and Social Affairs, DESA)의 '2024년 세계 인구 전망 보고서'에 따르면, 세계 총인구는 2022년 80억 명을 돌파하였으며 저출산·고령화 현상의 영향으로 2080년대에 이르러 감소하기 시작할 것이라고 한다. 저출산·고령화 현상과 이에 따른 인구 감소는 노동력 부족, 경제 성장 둔화, 사회복지 비용 증가 등 다양한 문제를 야기할 수 있다. 저출산·고령화는 특정 국가만의 문제가 아니라 세계적으로 나타나는 인구구조의 변화이며, 많은 국가가 저출산·고령화가 촉발한 다양한 사회·경제적 문제에 직면하고 있다.

한편, 우리나라 인구는 2020년에 5,186만 명으로 정점을 기록한 뒤 하락 중이며, 2023년부터 2100년까지 연평균 1.1%씩 감소해 2,185만 명에 이를 것으로 전망된다. 이러한 전망은 한국의 합계출산율이 2023년 0.72명에서 2100년 1.30명까지 증가한다는 전제를 기반으로 하는데 2023년의 합계출산율 0.72명 수준을 유지한다면 한국 인구는 1,703만 명까지 감소할 수 있다고 예측된다.[02] 이는 우리나라가 세계 다른 나라들보다 저출산·고령화 문제가 더욱 심각하다는 사실을 보여 주며, 우리나라의 장기적인 사회·경제적 안정성에 매우 중요한 문제임을 드러낸다. 따라서 저출산·고령화에 따른 사회 문제를 해결하기 위한 사회적 대응이 필요하다.

본격적으로 대응 방안을 탐색하기 전에, 우리는 저출산·고령화의 원인을 다양한 측면에서 분석할 수 있어야 한다. 이때 다양한 측면은 우리나라의 저출산·고령화 현황과 여기서 발생할 수 있는 사회문제를 살펴볼 때 드러난다.

● **저출산** | '저출산'은 출산율이 인구를 대체하기에 부족한 수준으로 낮아진 상태를 의미한다. '저출생'은 한 사회에서 태어나는 출생아 수 자체가 줄어드는 현상을 의미한다. 저출생이라는 용어는 인구 감소의 원인이 단순히 낮은 출산율뿐만 아니라 출산 가능 인구의 감소, 고령화, 사회·경제적 여건 등 복합적인 문제와 연결되어 있음을 강조하기 때문에 학계에서는 저출생이라는 용어가 인구 문제를 더 정확하게 반영한다는 주장이 제기되고 있다. 그러나 법률 용어나 정부 공식 용어는 여전히 저출산이라는 용어가 더 빈번히 사용되고 있어 본 장에서는 '저출산'을 사용하기로 한다.

저출산·고령화의 현황

2022년 우리나라의 합계출산율은 0.78명으로, OECD 회원국 평균 합계출산율 1.51명에 크게 못 미치며, 회원국 중 가장 낮은 합계출산율을 기록했다. 낮은 출산율뿐만 아니라 저출산의 진행 속도 역시 매우 빠르다. [그림 8-1]과 같이 OECD 평균 합계출산율은 1960년부터 2002년까지 꾸준히 감소했다. 2000년대 초반에 소폭의 출산율 반등이 있었으나, 2008년 이후 다시 감소하기 시작하여 2022년에는 사상 최저치인 1.5명에 도달했다. 그런데 우리나라의 경우, 1960년에 6명이었던 합계출산율이 1980년대 후반과 1990년대 전반에는 2명으로 줄었으며, 2022년에는 0.78명으로 세계에서 가장 큰 폭의 하락률을 보였다.

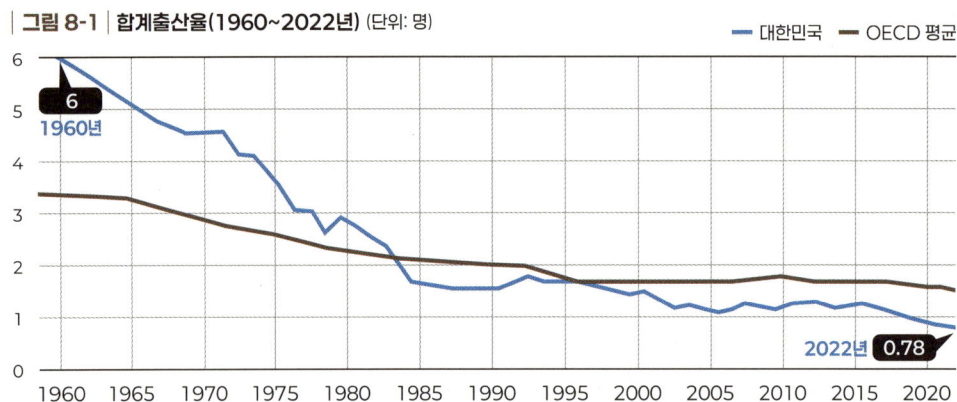

| 그림 8-1 | 합계출산율(1960~2022년) (단위: 명)

*합계출산율: 여성 1명당 가임기간(15~49세)에 낳을 것으로 기대되는 평균 출생아 수
OECD 평균 합계출산율은 1960년부터 감소해 왔으며, 우리나라는 1960년 6명에서 2022년 0.78명으로 급감해 세계에서 가장 큰 하락률을 기록하고 있다.

OECD(2024).

'건국 이래 처음 등장한 절반 세대'
1970년 이 땅엔 100만 6,645명의 새 생명이 태어났다. 통계 집계 이래 1년 출생아가 100만 명을 넘은 첫해였다. 이듬해도 100만 명이 넘었다. 그 결과 1970년대 말과 80년대 국민학교는 콩나물시루였다. 한 반 학생이 70명 넘는 곳이 허다했고, 학교 교실이 부족해 오전, 오후반으로 나뉘어 학교에 다녔다. 당시 1970년생이 고3 때 치른 1989학년도 학력고사에는 무려 110만 명(재수생 포함)이 응시했다.
그랬던 출생아가 절반으로 꺾인 해가 바로 2002년이다. 이 해 태어난 아이들은 49

만 6,911명. 그 2002년생이 고3이었던 2021학년도 수학능력시험 응시자는 49만 3,434명으로, 수능 사상 최초로 50만 명 아래를 기록했다. 그래서 2002년생은 건국 이래 처음 등장한 '절반 세대'다. 2023년 지금, 만으로 스무 살이나 스물한 살이 되었을 이 절반 세대가 주로 활동하는 대학가에선 이미 학생 부족 현상이 시작됐고, 남학생들이 휴학하고 가야 할 군대에선 부대 통폐합 작업이 이어지는 중이다.

왜 하필 2002년이었을까. 인구 전문가들은 1980~90년대 등락을 반복하던 출생아 수가 2000년대 초 급감한 건 국제통화기금(IMF) 구제금융 영향이 있었을 것이라고 분석한다. 1997년 외환위기로 대량 실직 사태가 발생하며, 결혼과 출산을 미루는 현상이 보편화됐다는 것이다. 절반 세대의 충격파는 이들의 생애주기를 따라 쭉 이어질 것이 분명하다. 이들이 취업하고, 결혼을 고려하고, 가족계획을 하고, 부동산을 구입하고, 자녀 교육에 돈을 투자하며, 부모를 봉양하고, 은퇴를 결정하게 되는 모든 생애주기에서, 대한민국은 100만이 떠받치던 인프라를 50만에게 부담하도록 해야 하는 '절반 쇼크' 현상을 경험하게 될 것이다.[03]

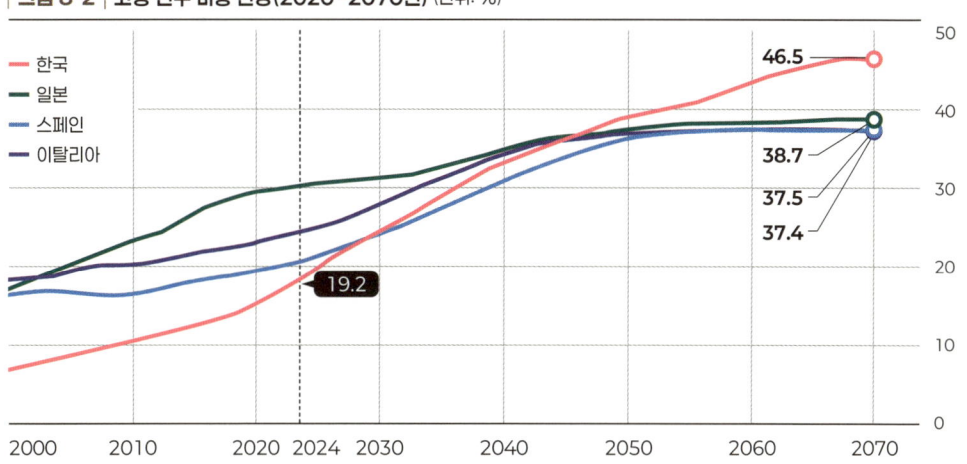

| 그림 8-2 | 고령 인구 비중 전망(2020~2070년) (단위: %)

2020~2070년 중 고령 인구 비중 증가 폭이 가장 큰 나라는 우리나라로, 2020년 15.8%에서 2070년 46.5%로 30.7%p 증가할 것으로 예측되었다.

황인도 외(2023).

2024년 우리나라의 65세 이상 고령 인구는 전체 인구의 19.2%로, 계속 증가하여 2025년에 20%를 넘어서 초고령사회로의 진입이 예상된다. 2000년에 고령화 사회, 2018년에

● **고령화** | 고령화는 총인구에서 노인 인구가 차지하는 비중이 상대적으로 높아지는 현상을 말한다. UN에 따르면, 총인구 중 65세 이상 인구가 차지하는 비율이 7% 이상 14% 미만인 사회는 고령화사회, 14% 이상 20% 미만인 사회는 고령사회, 20% 이상인 사회는 초고령사회로 분류된다.

고령사회에 진입한 지 약 7년만이다. 고령사회에서 초고령사회로 진입하는 데 영국은 50년, 미국은 15년, 일본은 10년이 걸렸으니, 우리나라의 진입 속도는 매우 빠르다. UN의 세계 인구 전망(World Population Prospects 2022)에 따르면, 우리나라의 고령 인구 비중은 2046년부터 일본을 넘어서 OECD 회원국 중 가장 높은 수준이 될 전망이다.

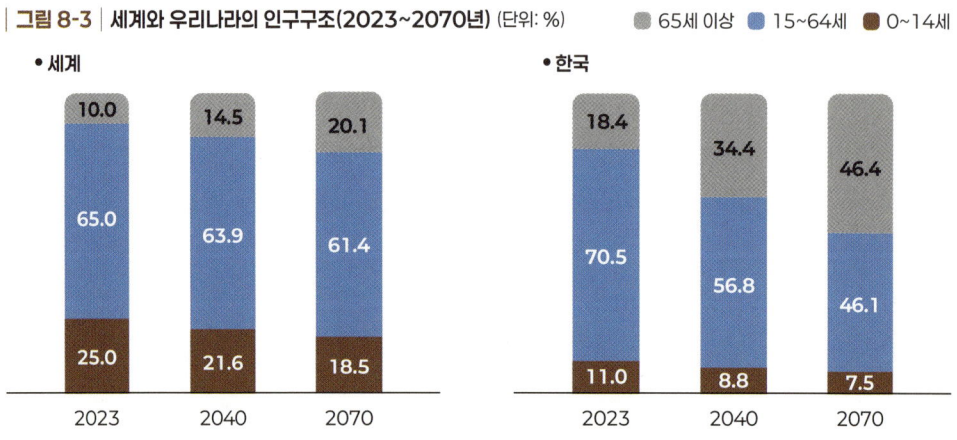

그림 8-3 | 세계와 우리나라의 인구구조(2023~2070년) (단위: %)

통계청 보도자료(2023.7.11.).

저출산·고령화는 우리나라의 인구구조를 근본적으로 변화시키고 있다. 2023~2070년 기간 중 세계와 우리나라의 인구구조의 변화를 예측한 [그림 8-3]에서 유소년인구(0~14세)는 세계에서는 25.0%에서 18.5%, 우리나라에서는 11.0%에서 7.5%로 각각 6.5%p, 3.5%p 감소한다. 생산연령인구(15~64세)는 세계 65.0%에서 61.4%, 우리나라 70.5%에서 46.1%로 각각 3.6%p, 24.4%p 감소한다. 한편 고령 인구(65세 이상)는 세계 10.0%에서 20.1%, 우리나라 18.4%에서 46.4%로 각각 10.1%p, 28.0%p 증가한다. 이처럼 세계의 인구는 유소년과 생산연령인구는 감소하고, 고령 인구는 증가할 전망이며, 우리나라의 변화는 세계보다 급격한 변화가 나타난다고 전망된다.

저출산·고령화의 문제점

저출산·고령화는 사회·경제 전반에 걸쳐 심각한 영향을 미친다. 첫째, 저출산·고령화는 생산연령인구의 감소를 초래한다. 이는 경제 활동을 위축시켜 저축과 투자가 감소하며, 결국 한국의 잠재성장률에도 부정적인 영향을 미친다. 한국경제연구원(2024)에 따르면, 우리나라의 잠재성장률은 2021~2025년 연평균 2.3%를 기록할 예정이다. 문제는 2031~2040년에 1.6%, 2041~2050년에 0.7%, 2051~2060년에는 0.2%까지 하락하고, 2061년 이후에는 -0.1%를 기록하여 마이너스 성장 시대로 진입할 수 있다는 부분이다. 잠재성장률 하락의 가장 큰 요인은 저출산·고령화로 발생한 노동 공급의 감소로 분석되었다.[04]

둘째, 고령화 속도가 빨라질수록 건강보험과 국민연금 같은 사회보험 운영에 필요한 재정적 부담은 더욱 커진다. '2023년 건강보험통계연보'에 따르면, 65세 이상 노인 인구는 전체 건강보험 적용 인구의 17.9%에 해당하지만, 이들의 진료비는 전체 진료비의 44.1%를 차지했다. 저출산·고령화는 인구 부양비 역시 급속도로 증가시키고 있다. 2023년 우리나라의 총부양비는 약 41.4%로, 생산연령인구 100명이 약 41명을 부양했다. 그러나 저출산·고령화가 가속화되면서 2058년에는 총부양비가 101.2%에 도달할 것으로 전망되며, 이는 생산연령인구 1명이 부양 인구 1명 이상을 책임져야 하는 상황을 의미한다.[05]

셋째, 고령화는 고령층의 빈곤율 증가와도 밀접하게 연관되

- **잠재성장률(potential growth rate)** | 한 나라의 경제 구조 하에서 노동이나 자본 등 자원을 최대로 활용하였을 때 달성 가능한 성장률을 의미한다. 즉 한 나라 경제의 최대 성장 능력을 말한다. 물가 상승의 부담을 주지 않는 범위에서 최대한 달성 가능한 성장 능력으로, 한 나라의 경제 성장이 얼마나 가능하느냐를 가늠하는 지표로 활용된다. 대체로 잠재성장률은 실제 성장률과 비슷한 흐름을 나타낸다.
- **인구 부양비** | 인구 부양비는 생산연령인구(15~64세)가 부양해야 하는 유소년 인구(0~14세)와 고령 인구(65세 이상)의 비율을 의미하며, 이는 생산연령인구가 부양해야 하는 사회·경제적 부담 정도를 나타낸다.

어 있다. [그림 8-4]와 같이, 2021년 기준 우리나라 은퇴 연령층(66세 이상)의 상대적 빈곤율은 39.3%로, OECD 회원국 중 가장 높았다. 한국개발연구원(KDI)에서 발간한 보고서에 따르면, 노인 빈곤율은 고령층 내에서도 출생 세대별로 큰 차이가 나타난다. 2021년 기준 1940년대생과 그 이전 세대의 '저소득·저자산' 비율은 30% 이상인 반면 1950년대생은 20% 이하였다. 나이가 많을수록 노인 빈곤율이 더 높고, 저소득·저자산 비율도 뚜렷이 증가한다.[06]

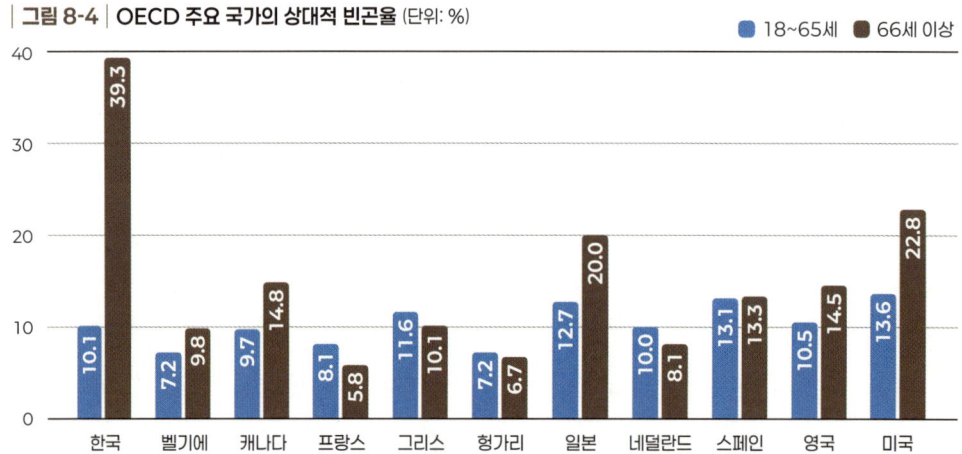

| 그림 8-4 | OECD 주요 국가의 상대적 빈곤율 (단위: %)

*상대적 빈곤율: 중위소득 50%(빈곤선) 이하인 인구가 차지하는 비중
우리나라 은퇴 연령층(66세 이상)의 상대적 빈곤율이 OECD 회원국 중 가장 높게 나타났다.

통계청(2024).

넷째, 저출산·고령화는 세대 간 갈등을 심화시키는 요인으로 작용하기도 한다. 의료, 복지, 연금 부문에서 노인 인구 부양을 위한 사회적 비용이 증가하여 국가 재정에 부담을 줄 수 있다. 또한 고용 연장, 경로 우대의 조정 등 사회복지 정책을 둘러싸고 청년층과 노년층 간의 갈등이 발생하게 된다. 이는 단순한 갈등을 넘어 노인 혐오로 이어지기도 한다. 노인 혐오의 확산은 우리 사회 구성원인 노인이 인간의 존엄성과 품위를 유지하며 건강하고 만족스러운 삶을 영위하는 것을 어렵게 한다. 또한 세대 간 화합이나 사회통합을 저해하는 주요 원인으로 작용하며, 고령층이 혐오와 차별 때문에 노동시장, 지역사회, 문화 활동 등에서 배제될 때 사회 전반의 생산성과 경제적 잠재력이 감소할 위험이 있다.

연령차별주의

01 연령차별주의의 의미

연령차별주의(ageism)는 특정 연령대를 향한 고정관념과 편견, 차별을 의미한다. 어느 연령층이나 해당될 수 있으나 주로 노년층을 대하는 부정적인 인식과 차별을 지칭하는 경우가 많다. 1969년 미국 국립 노화 연구소(National Institute on Aging)의 초대 소장이던 로버트 버틀러(Robert Butler)는 피부색이나 생물학적 성의 차이에서 발생하는 인종차별주의(racism)나 성차별주의(sexism)처럼 연령에 따른 차별을 지칭하는 말로 이 용어를 처음 사용하였다.

02 노인 차별 사례

나 씨(62세)는 올해 초 한 건설 현장에 일자리를 구하러 갔다가 나이가 많다는 이유로 퇴짜를 맞았다. 지인 소개로 갔는데 현장 담당자는 "60세 이하만 가능하다."며 채용하기를 거절했다. 그는 "대부분의 구인 공고에서 나이 제한을 두기 때문에 60세 이상이 얻을 수 있는 괜찮은 일자리가 거의 없다."고 아쉬워했다. 이어 "자격증이 필요하다고 하면 따면 되지만 나이가 많아서 안 된다고 하면 어쩔 도리가 없다."며 "충분히 일할 수 있고 일하고 싶지만, 기회가 주어지지 않는다."고 했다.[07]

B 씨(68세)는 헬스장과 골프 연습장, 수영장 등 운동 시설이 갖춰진 A 스포츠 클럽에 1년간 이용할 수 있는 단기 회원으로 가입하려고 했으나 65세가 넘었다는 이유로 거절당했다. 이미 5년 여간 해당 시설에서 일일 이용권을 구매해 이용해 왔다고 항변했지만 소용이 없었다. A 스포츠 클럽 측은 "회원들의 고령화로 빈번히 발생하는 미끄러짐이나 부딪힘 등의 사고로 운영상 어려움이 있다."며 "사고 발생 시에도 즉각적인 대응이 어려운 상황들이 있어 심각한 안전사고 발생의 가능성이 있다."고 주장했다.[08]

저출산·고령화의 원인

우리나라의 저출산 원인은 가치관의 변화와 경제적 요인에서 찾을 수 있다. 가치관의 변화와 관련하여, 젊은 세대 사이에서는 개인주의가 확산되면서 결혼과 출산을 필수가 아닌 선택으로 인식하는 경향이 강해지고 있다. 통계청에서 실시한 2024년 사회조사에 따르면, "결혼을 해야 한다." 문항에 미혼 남성의 41.6%, 미혼 여성의 46.8%가 동의한 반면, "결혼은 해도 좋고 하지 않아도 좋다." 문항에는 미혼 남성의 47.8%와 미혼 여성의 61.9%가 동의하였다.[09]

자녀에 대한 인식에서도 변화가 나타나고 있다. 2020 여성가족패널조사에 따르면, <표 8-1>에서 볼 수 있듯이, "자녀는 반드시 있어야 한다."는 문항에서 연령대가 낮고, 최근으로 올수록 긍정적으로 응답한 비율이 감소했다. 이는 자녀에 대한 사회 인식이 빠르게 변화하고 있음을 보여 준다.

표 8-1 연령별 자녀 가치관 동의 정도 (단위: %)

- 자녀는 반드시 있어야 한다.

구분	2011	2013	2015	2017	2019
20대	67.4	74.5	65.9	51.0	36.6
30대	79.3	76.4	79.9	68.0	52.3
40대	78.7	76.6	77.5	71.1	63.1
50대	85.9	84.0	82.4	77.6	71.8
60대 이상	90.6	88.9	89.0	87.0	82.5
전체	79.6	79.7	78.8	71.4	63.5

주재선 외(2020).

경제적 요인은 저출산 문제를 심화시키는 중요한 요인으로 작용한다. 고용이나 소득 불안정성 등은 청년들이 결혼과 출산을 기피하는 주요 요인이다. 2022년에 한국은

행이 실시한 설문조사에 따르면, 취업자(49.4%)의 결혼 의향이 비취업자(38.4%)보다 높았으나, 비정규직 취업자의 경우 결혼 의향이 36.6%로 낮아졌다. 한편 공공기관 근무자와 공무원의 결혼 의향은 58.5%로 상대적으로 높게 나타났다. 이는 고용 안정성이 결혼 의향에 중요한 영향을 미친다는 점을 보여 준다. 또한, 미혼자들이 결혼하지 않는 주된 이유로는 "결혼을 하고 싶지만 상황이 여의치 않아서(취업, 생활 안정, 집 마련 문제 등)"(35.7%)가 가장 많은 응답을 차지하였다. 이러한 조사 결과는 결혼 의향이 개인의 경제적 안정과 밀접하게 연관되어 있음을 시사한다.[10] 출산은 자녀를 양육할 수 있는 경제 상황과 상관성이 크기 때문에 고용이 불안정하고, 소득이 감소하면 자녀 출산에 영향을 줄 가능성이 있다. 또한 교육비와 같이 자녀 양육에 따른 경제적 부담이 증가하면서 출산 기피 현상으로 이어진다.

출산 비용, 자녀 교육 비용 등 출산과 육아의 직접적인 경제적 부담뿐만 아니라 여성의 경력 단절과 소득 감소와 같은 출산에 따르는 기회비용도 저출산의 원인으로 지적된다. 2022년 기준, 경력 단절 여성의 비율은 30~39세에서 42.9%, 40~49세에서 42.1%로 나타났으며, 그 주된 이유로는 육아(42.7%)가 가장 많았으며, 결혼(26.3%), 임신·출산(22.8%), 가족 돌봄(4.6%), 자녀 교육(3.6%) 등이 그 뒤를 이었다.[11] 이는 경력 단절과 출산·육아의 부담이 여성의 경제활동 참여를 제한하며, 출산율 감소로 이어지는 주요 원인임을 보여 준다.

한편, 고령화는 기대 수명의 증가에 저출산 현상이 결합하여 나타난 결과이다. 의학 기술의 발달, 경제 성장에 따른 생활 수준 향상, 보건 환경의 개선으로 평균 수명이 증가하며, 이는 고령 인구 비중의 증가로 이어진다. 인구구조 고령화의 원인을 저출산과 기대 수명 연장으로 분해해 보면, 저출산이 약 70%, 기대 수명 연장이 약 30% 기여한 것으로 나타났다. 우해봉의 연구(2023)에 따르면, 출산율을 1970년 수준으로 고정하고 기대 수명만 연장되었을 경우 고령 인구(65세 이상 인구) 비중은 1970년 대비 2020년에는 3.8%p, 2070년에는 13.1%p 증가에 그쳤다. 한편 기대 수명(사망률)을 1970년 수준으로 고정하고 출산율 하락 효과를 추정할 경우, 1970년 대비 고령 인구 비중이 2020년 8.48%p, 2070년 30.68%p 증가한다고 추정되어 저출산이 고령화에 매우 큰 영향을 미친다고 분석되었다.[12]

인구밀도, 주택가격과 출산율의 관계

|그림 8-5|

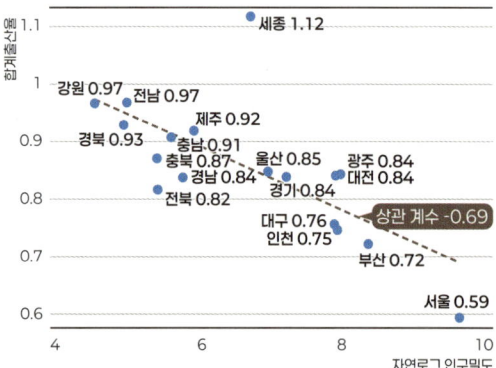

시도별 인구밀도와 합계출산율 간 관계

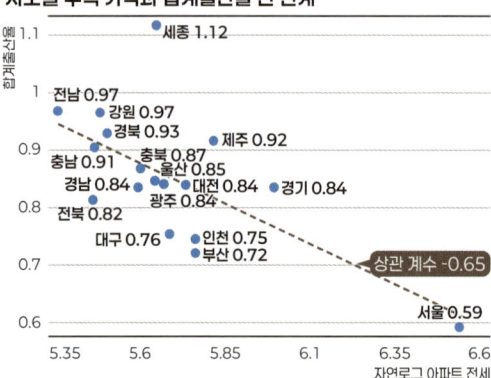

시도별 주택 가격과 합계출산율 간 관계

(상) X축은 로그 취한 인구밀도(명/km²), Y축은 합계출산율(22년). 상관계수=-0.69
(하) X축은 로그 취한 아파트 전세 실거래 중위가격(22.12), Y축은 합계출산율(22년). 상관계수=-0.65

(상) 통계청(2022). 인구동향조사; 한국토지주택공사(2022). 도시계획현황
(하) 통계청(2022). 인구동향조사; 한국부동산원 부동산통계정보시스템

01 합계출산율에 영향을 미치는 요인

인구밀도와 주택 가격(전세 가격)이 높을수록 출산율이 낮아지는 모습이 뚜렷하게 나타났다. 시도별 합계출산율에 영향을 미치는 요인들을 분석한 결과에서도 인구밀도와 실질 전세가격지수 그리고 실업률이 높을수록 합계출산율이 낮아지는 관계가 유의하게 나타났다.[13]

02 생애사 전략가

진화심리학자 올리버 승(Oliver Sng)에 따르면, 인구밀도가 높을 경우 사람들은 느린 생애사 전략가가 된다. 인구밀도가 높은 국가의 국민일수록 성적인 엄격성이 높다. 다시 말해 아기를 낳을 수 있는 짝짓기에 매우 신중한 태도를 보인다는 뜻이다. 또한 그런 사람일수록 기대 수명이 높다. 그 이유는 그런 사람이 출산에 투자해 자녀를 빨리 많이 낳고 자신의 성장에 자원을 더 많이 사용하여 오래 살기 때문이라고 설명한다. 이뿐만이 아니다. 인구밀도가 높은 국가일수록 유치원 등록률도 높다. 여러 번의 번식보다는 이미 출산한 자녀의 성장에 투자한다는 또 다른 증거이다. 결과적으로 인구 고밀도 국가의 출산율은 상대적으로 더 낮다.[14]

'차일드 페널티(Child Penalty)'와 출산율

01 출산은 왜 벌칙이 되었을까?

출산으로 여성에게 발생하는 경력 단절과 고용 불이익을 경제학에서는 '차일드 페널티'라고 한다. 자녀가 기쁨과 축복이 아니라 오히려 벌칙(Penalty)이라는 뜻이다. 남성은 아내가 출산해도 직장 생활을 계속해 경력 단절이나 호봉상의 피해가 없는데 여성은 일정 기간 쉬어야 하기에 경력이 단절될 수밖에 없고, 이 때문에 호봉, 승진 등에서 차별을 당하고 경제적 손해도 감수해야 한다.[15]

02 자녀의 유무와 여성의 경력 단절 확률

한국개발연구원(KDI)에 따르면 차일드 페널티 증가는 지난 2013년부터 2019년까지 출산율 하락에 약 40% 정도 영향을 미쳤다고 분석했다. 또한 30대 여성의 평균 경력 단절 확률은 꾸준히 감소해 왔는데, 이는 자녀가 없는 경우에 집중되어 나타났다. 무자녀 여성의 경력 단절 확률은 2014년 33%에서 지난해 9%로 급감한 반면, 자녀가 있는 여성은 경력 단절 확률이 같은 기간 28%에서 24%로 4%p 줄어드는 데 그쳤다.[16]

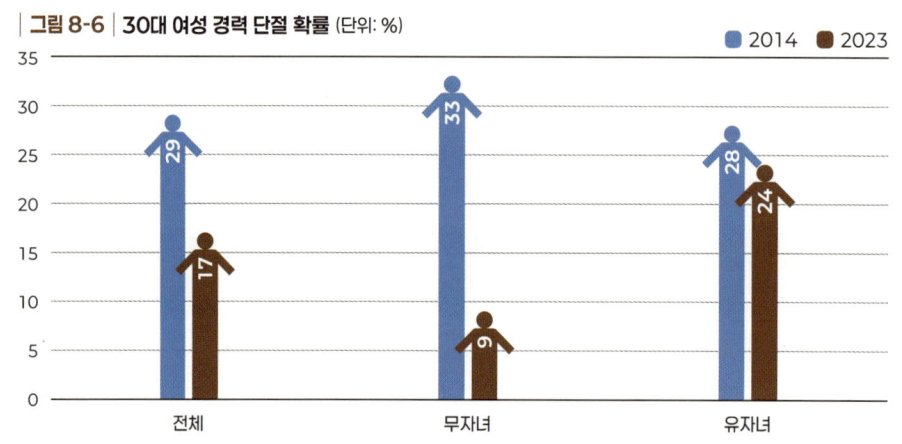

| 그림 8-6 | 30대 여성 경력 단절 확률 (단위: %)

통계청의 '지역별 고용조사'와 '장래가구추계'로 추산하였다.

조덕상·한정민(2024)

저출산·고령화의 대응 방안

저출산·고령화 현상은 사회 전반에 다양한 사회문제를 야기할 수 있어 능동적인 대응이 필요하다.

저출산 현상의 심화를 막으려면 성평등 의식을 강화하고 우리 사회의 성평등 수준을 개선해야 한다. 젠더 혁명 이론(Esping-Andersen·Billari, 2015)에 따르면, 성평등은 출산율에 큰 영향을 미친다. 초기 단계에서는 성평등 수준의 향상이 여성의 교육 수준과 경제활동 참여를 증가시키지만, 이는 여성의 역할에 사회 갈등과 긴장을 유발하며, 일과 가정의 양립 어려움, 출산율 하락, 가족의 불안정성 등을 초래한다. 그러나 지속적인 성평등 수준의 향상은 법과 제도의 변화뿐만 아니라 사회의 인식 전환을 이끌어, 궁극적으로는 가족 안정성과 출산율 반등으로 이어질 가능성이 크다. 북유럽 국가들의 사례는 이러한 기대를 뒷받침한다.[17]

다음으로 청년층이 결혼과 출산을 보다 쉽게 선택하도록 안정적인 일자리를 공급하고, 주거 지원을 강화해야 한다. 통계청에서 실시한 2024년 사회조사에 따르면, 출생 문제 해결을 위한 가장 효과적인 대책으로 미혼남녀 모두 주거 지원을 가장 중요하게 꼽았으며(미혼 남성 36.2%, 미혼 여성 30.8%), 그다음으로 미혼 남성의 27.1%는 청년 일자리 창출과 취업 지원, 미혼 여성의 20.2%는 일·가정 양립이 가능한 직장 문화 조성을 선택했다.[18] 따라서 청년층을 대상으로 주거 지원 정책을 강화하고, 안정적인 일자리 창출과 취업 지원 정책을 적극적으로 추진해야 한다.

이어서 출산과 육아의 경제적 부담을 완화하기 위해 출산 비용과 보육비 지원을 확대해야 한다. 육아 시설의 양적 확대와 질적 개선은 물론, 유연 근무제와 육아 휴직 제도를 개선함으로써 사회가 출산과 육아를 지원할 수 있는 환경 조성이 중요하다.

100만 원 주면 출산율 0.03명 올랐다

01 인구소멸 고위험 지역

전남 강진군은 65세 이상 고령자가 전체 인구의 약 37%를 차지하는 인구소멸 고위험 지역이다. 강진군이 2022년 10월 한 출산지원책을 내걸자 지역사회가 들썩였다. 자녀가 7세가 될 때까지 매달 60만 원씩 총 5,040만 원을 지원한다는 방안이다. 지원 규모와 기간 모두 전국 최고 수준인 정책이었다. 이 소식을 들은 A 씨는 출산을 앞두고 전남 강진군으로 이사하려고 마음먹었지만, 출산장려금 혜택이 좋음에도 불구하고 매매할 집을 구하기가 힘들어 결국 전입 생각을 내려놓았다. "주말에 문 여는 소아청소년과가 없어 차로 1시간 거리인 목포까지 가야 한다는 이야기를 듣고 고민했죠." 부족한 육아 시설과 주택 수도 발목을 잡았다. 이사를 주저한 A 씨 사례처럼 강진군의 파격 실험이 씁쓸하게 끝날 거라는 우려도 적지 않다.

02 출산장려금

육아 인프라를 비롯한 기반 시설 구축이 없는 한 '꽃(장려금)'이 화려해도 '열매(인구 증가)'를 맺지 못할 가능성이 높다. 이것은 이미 인근 '해남의 기적'에서 확인된 사실이다. 2008년 전국에서 처음으로 출산장려팀을 만든 해남군은 2012년부터 당시 최고 수준인 출산장려금을 내걸었다. 첫째 아이를 낳으면 300만 원, 둘째 350만 원, 셋째 600만 원, 넷째 이상은 720만 원을 지급한 효과는 즉각 나타났다. 2011년 1.524명이던 합계출산율은 이듬해 2.47명으로 뛰었다. 이후 2018년까지 7년간 전국 지방자치단체 중 출산율 1위를 기록했다. 하지만 현재 성적표는 초라하다. 2022년 합계출산율 1.04명으로 1명대마저 무너질까 걱정하는 처지가 되었다. 이유는 혜택을 받은 사람들이 출산장려금만 받고 정착하지 않은 경우가 많아서다. 감사원 조사 결과 2012년부터 3년간 출산장려금을 받은 가구 중 26%가 해남을 떠났다.[19]

03 서비스·인프라 정책

출산지원금 지급과 저출생 관련 서비스·인프라 정책을 병행해야 출산율을 효과적으로 끌어올릴 수 있다는 연구 결과가 나왔다. 한국지방세연구원이 발표한 보고서에 따르면 출산지원금 100만 원 지급 시 합계출산율이 0.03명 늘고, 육아 부문 인프라 예산액이 100만 원 늘 경우는 0.096명 증가하는 효과가 나타났다. 이러한 결과는 단순히 출산지원금 정책보다는 돌봄센터, 어린이 회관, 장난감과 도서 대여 등 서비스·인프라 정책의 필요성을 보여준다.[20]

사회적·제도적 측면에서는 전통적인 가족 형태 외에도 다양한 가족을 포용하는 변화가 필요하다. 정부는 「제3차 저출산·고령사회 기본계획(2016-2020년)」으로 한부모가정, 비혼 동거 가족, 다문화가정 등에게 가해지는 차별을 줄일 목적으로 서비스와 지원을 확대해 왔다. 이는 「제4차 저출산·고령사회 기본계획(2021-2025년)」에서도 추진되어 마련되고 있다. 이러한 노력으로 모든 형태의 가족이 사회적 안전망 안에서 보호받을 수 있는 환경을 만들어야 한다.

남자친구와 동거한 지 약 3년 된 《갈월동 반달집 동거기》의 저자 정송이(31세)는 "장례식장, 결혼식장 등에서 친지들에게 서로를 소개할 때 적절한 자격이나 대우를 받지 못하는 경우가 많았다."고 털어놓았다. 하지만 결혼처럼 공인되지 않았을 뿐, 경제적으로든 신체적으로든 위험한 상태가 되면 서로를 책임지겠다는 약속을 한 관계니까 우리는 가족이라고 말했다. 이혼 후 혼자 아들을 키우며 육아 만화《일상날개짓》을 2008~2013년 한 포털에 연재했던 나유진(44세) 작가도 비슷한 생각이다. 이혼 당시에는 네 살인 아들이 상처받거나 결핍이 생길까 걱정도 했다. 하지만 이제 스무 살이 된 아들과 끈끈한 관계를 생각하면, 정서적 안정감을 주는 것이 가정을 이루는 데 중요하다는 걸 확신한다. 이들은 진짜 가족의 조건을 생각할 때 가족의 물리적 형태보다는 상호 돌봄, 정서적 지지가 포함돼야 한다고 입을 모은다.[21]

고령화 현상으로 발생하는 다양한 사회문제에는 어떻게 대응해야 할까? 우선 퇴직 이후에도 경제활동을 지속할 수 있도록 재고용, 정년 연장과 같은 제도 도입을 논의해야 한다. 또한, 노인 일자리 지원 사업을 강화하되, 신노년층의 특성에 맞는 새로운 직업군을 개발하여 고령층의 사회·경제적 참여를 확대해야 한다.[22]

여기에 더해 사회 구성원들이 노화와 노인을 대하는 인식을 개선하고, 세대 간 소통을 활성화하기 위해 노력해야 한다. 노화를 자연스러운 생애 과정으로 받아들이고, 노인의 다양한 경험과 경력을 존중하는 사회 분위기를 조성해야 한다. 이를 위해 정부와 시민단체가 세대 간 교류 프로그램을 운영해 젊은 세대가 노년 세대를 이해하고 존중할 수 있도록 지원해야 한다.

노인의 삶의 질 개선과 자립을 위해서는 무엇이 필요할까? 국민연금과 기초연금, 노인 장기 요양 보험˙등으로 사회 안전망을 구축할 수 있다. 또한 노인 돌봄 시설과 간병인 등을 지원하고, 노후 설계 교육으로 개인이 인생의 장기 계획을 세울 수 있도록 도와야 한다. 그리고 고령자의 수요에 대응하기 위해 고령자복지주택, 고령친화마을 등 맞춤형 주거지를 공급하고, 이들 주거에 돌봄서비스를 연계하는 것이 필요하다.

마지막으로 저출산·고령화로 발생하는 생산연령인구의 감소를 보완해 보자. 감소한 노동력을 대체할 수 있는 인공지능이나 로봇 공학과 같은 첨단 기술에 투자하는 방법이 있다. 또한 헬스케어나 생명공학 기술 부문에도 투자하여 고령층의 삶의 질을 향상시킬 수 있는 방안을 모색해야 한다.[23]

저출산·고령화의 시대, 지속 가능한 미래를 위한 도전

우리나라의 낮은 출산율과 급격한 고령화는 노동력 부족, 경제 성장 둔화, 사회복지 비용 증가와 같은 문제를 초래하며, 세대 간 갈등을 심화시키고, 사회통합을 저해하고 있다. 저출산에 따른 사회문제를 해결하려면 우리 사회의 성평등 수준을 높이고, 일과 가정이 양립할 수 있는 사회환경을 만들어야 한다. 여성의 경력 단절을 방지하고, 육아와 가사를 분담할 수 있는 문화적·제도적 기반 마련이 이러한 사회환경을 만드는 데 필요하다.

고령화로 발생하는 사회문제에 대응하려면 고령층의 경제적 역할을 확대하고, 이들의 사회 참여를 촉진해야 한다. 정년 연장, 노년층 특화 일자리 개발은 고령층의 삶의 질을 높이는 동시에 경제 성장에 기여할 수 있다. 또한, 세대 간 소통을 강화하고, 노년층에 대한 인식 개선을 통해 사회통합을 이루어야 한다. 기술 혁신도 중요한 해결책이 될

- **노후 소득 보장 및 복지제도** | 국민연금은 근로자와 사업주가 납부한 보험료를 기반으로, 근로자가 노후에 일정한 금액의 연금을 받을 수 있는 사회보험 제도이다. 기초연금은 노령 또는 장애 등으로 생활이 어려운 사람들에게 최저 생활 수준을 유지할 수 있도록 주는 연금이다. 노인 장기 요양 보험은 노인이 장기간 요양이 필요할 때 그 비용을 부분적으로 보장하는 보험이다.

수 있다. 인공지능 자동화, 로봇공학은 감소하는 노동력을 대체하고, 생산성을 유지하는 데 기여할 것이다. 동시에 헬스케어와 생명공학 기술 투자는 고령층의 삶의 질을 높이고, 사회적 부담을 완화할 수 있다.

저출산·고령화 현상에 대한 대응은 구조적 불평등 해소와 사회 인식 변화, 기술 혁신을 아우르는 포괄적 접근이 되어야 한다. 이러한 노력으로 저출산·고령화가 초래한 다양한 사회문제를 극복하고, 지속 가능한 미래로 나아가는 발판을 마련할 수 있을 것이다.

생각해 볼 문제

01 저출산·고령사회 기본계획

2005년에 제정된 「저출산·고령사회기본법」은 「저출산·고령사회 기본계획」을 실시하도록 규정하고 있다. 이에 따라 2006년 1차를 시작으로 5년마다 추진되며 제4차 기본계획(2021~2025년)이 시행 중이다. 1~3차 기본계획은 노동력과 생산력의 관점에서 개인을 '국가 발전 전략'으로 추진한 반면, 4차 기본계획은 개인의 '삶의 질 제고 전략'으로 관점이 전환되며 사회구조적 원인 해소에 중점을 두고 있다. 앞으로 시행될 5차 기본계획의 방향이나 관점은 어떠해야 할지 토의해 보자.

02 출산 장려 정책

한국의 합계출산율은 2023년 0.72명으로 역대 최저치를 기록하며, 인구 감소가 현실화되고 있다. 이에 따라 정부는 결혼과 출산을 장려하는 정책을 강화하고 있다. 하지만 결혼과 출산은 개인의 선택이기에 국가의 장려 정책은 불필요한 개입이라는 의견도 있다. 출산 장려 정책의 강화가 필요할지, 아니면 개인의 선택을 존중하는 방향으로 사회 인식을 바꿔야 할지 토론해 보자.

03 정년 연장

평균 수명의 증가와 저출산·고령화, 노인 빈곤 문제 등으로 정년 연장의 필요성을 주장하는 목소리가 커지고 있다. 한편, 정년 연장이 청년층의 일자리 기회를 줄이고 노동시장의 세대 간 갈등을 초래할 수 있다는 우려도 있다. 정년 연장에 대한 자신의 입장을 정하여 토의해 보자.

미주

01 최지현(2023.10.7.). 저출생의 원인? 돈보다 '이게' 더 문제입니다. 오마이뉴스.
02 현대경제연구원(2024.7.30.). 세계인구구조분석-UN의 2024년 세계인구전망 보고서를 중심으로. pp. 1, 11.
03 한국일보 창간기획팀(2023). 절반 세대가 온다. 현암사. pp. 36-39.
04 조경엽·유진성(2024). 저출산·고령화 시대 노동공급 확대의 경제적 효과 분석. 한국경제연구원. p. 8.
05 조경엽·유진성(2024). 앞의 글. pp. 3-4.
06 이희경(2023.9.26.). 1940년대생·이전 세대 빈곤율 40%… 선별지원 강화해야. 세계일보.
07 주애진(2023.2.28.). 초고령사회 코앞인데… 일자리 시장서 '연령차별' 당하는 노인들. 동아일보.
08 우승민(2024.10.29.). "노인 차별?" 헬스장서 65세 이상 가입 제한…차별 판단. 이코노미스트.
09 통계청 보도자료(2024.11.12.). 2024년 사회조사 결과.
10 황인도 외(2023). 초저출산 및 초고령사회: 극단적 인구구조의 원인, 영향, 대책. 한국은행 경제전망보고서, 2023(11), pp. 81, 83.
11 통계청 보도자료(2023.7.11.). 저출산과 우리 사회의 변화.
12 우해봉(2023). 인구 고령화의 인구학적 요인 분석. 보건사회연구, 43(1), pp. 50-68.
13 황인도 외(2023). 앞의 글. p. 85.
14 조영태 외(2019). 아이가 사라지는 세상. 김영사. p. 22.
15 정우택(2024. 5. 7.) [시사용어] '차일드 페널티'와 출산율. 아시아투데이.
16 송정은(2024. 4.16.) 여성의 경력단절 '차일드 페널티'가 출산율 하락에 40% 차지. 연합뉴스.
17 장인수·임지영·유삼현·계봉오(2024). 사회경제적 불평등이 저출산에 미치는 영향 분석과 함의-출생코호트 특성 고찰을 중심으로. 한국보건사회연구원. pp. 37-39.
18 통계청 보도자료(2024.11.12.). 앞의 글.
19 한국일보 창간기획팀(2023). 앞의 글. pp. 21-24.
20 한상현(2024.7.3.). 100만원 주면 출산율 0.03명 올랐다…"출산지원금·저출생 정책 병행 처방을". 매일경제.
21 한국일보 창간기획팀(2023). 앞의 글. pp. 149-150.
22 황남희·임준경(2023). 저출산고령사회정책 모니터링-고령사회 분야. 한국보건사회연구원. pp. 15-17.
23 현대경제연구원(2024.7.30.). 앞의 글. p. 14.

9장

이방인 혐오와 다문화 사회의 위기

앵무새 죽이기

You never really understand a person until you consider things from his point of view… until you climb into his skin and walk around in it.
누군가를 정말로 이해하려고 한다면 그 사람의 입장에서 생각해야 하는 거야. … 말하자면 그 사람 살갗 안으로 들어가 그 사람이 되어서 걸어다니는 거지.[01]

위의 문장은 하퍼 리(Harper Lee)의 소설 《앵무새 죽이기》의 한 구절이다. 《앵무새 죽이기》는 1930년대 대공황 시기 미국의 한 마을을 배경으로 백인 여성을 성폭행했다는 누명을 쓴 흑인 청년을 백인 변호사가 변호하는 사건을 6살 소녀 스카웃의 시점으로 다룬다. 당시 미국 사회는 인종차별과 사회 계층 간 대립의 문제가 극단적으로 치달았다. 《앵무새 죽이기》는 미국 사회의 이러한 문제를 다루며 인간의 뿌리 깊은 편견을 드러내고, 타자 이해와 다문화 사회 갈등 속에서 필요한 윤리적 통찰을 제공한다. "그 사람의 몸에 들어가 걸어 다닐 때까지"라는 표현은 타인 이해의 실천적 태도를 제언한다. 일련의 비극적인 사건을 겪으면서 스카웃은 혐오와 편견에 맞선 용기와 정의가 무엇인지 배우며 성장한다. 《앵무새 죽이기》는 미국의 역사와 인권 의식의 성장에 도움을 주는 작품으로[02], 다문화 사회에서 인권의 평등과 타인을 이해하는 포용적 태도를 배우는 데 효과적인 길잡이가 될 수 있다.

단일사회 프레임에 갇힌 한국

우리나라에 거주하는 외국인 중 17.4%는 한국에서 출신 국가나 부족한 한국어 실력 등의 이유로 차별을 경험했다고 주장했다. 통계청이 2025년 3월 18일 발표한 '2024년 이민자 체류실태 및 고용조사 결과'에 따르면, 지난해 5월 기준으로 15세 이상의 국내 거주 외국인은 156만 명이며, 남성이 57.8%로 여성(42.2%)보다 15.6%p 더 많았다. 체류자격을 살펴보면, 남성은 비전문취업(90.9%), 전문인력(71.8%), 방문취업(57.3%) 등 취업 때문에 한국에 온 경우가 많았고, 여성은 결혼이민(79.6%)과 유학생(53.3%)에서 비율이 높았다. 한국에서 차별을 경험한 외국인의 비율은 17.4%로, 체류자격별로는 유학생(27.7%)이 가장 높았다. 차별의 주된 이유로는 비전문취업의 경우 서툰 한국어 능력(44.1%)이 가장 많았고, 비전문취업을 제외한 모든 체류자격에서는 '출신 국가'가 주된 차별 이유로 나타났다.[03]

한국 사회는 오랜 기간 단일민족주의와 문화적 동질성을 강조해 온 사회이다. 그러나 21세기에 들어 국제 이주가 증가하면서 사회 구성원의 모습이 빠르게 변화하고 있다. 외국인 주민 수가 꾸준히 증가하고 있으며, 다문화가정 자녀들도 해마다 늘고 있다. 한국 사회가 다문화 사회로 이행하고 있음은 통계로 확인할 수 있다. 2023년 말 기준 국내 체류 외국인 주민은 약 246만 명으로 총인구의 4.8%에 이르러 역대 최고치를 기록했다. 과거 2011년에는 그 비율이 2.8%에 불과했으므로 10여 년 만에 두 배 가까이 늘어난 셈이다. [그림 9-1]은 2006년부터 2023년까지 외국인 주민 수 추이를 보여 준다.[04]

| 그림 9-1 | 외국인 주민 증가 추이(2006~2023년)

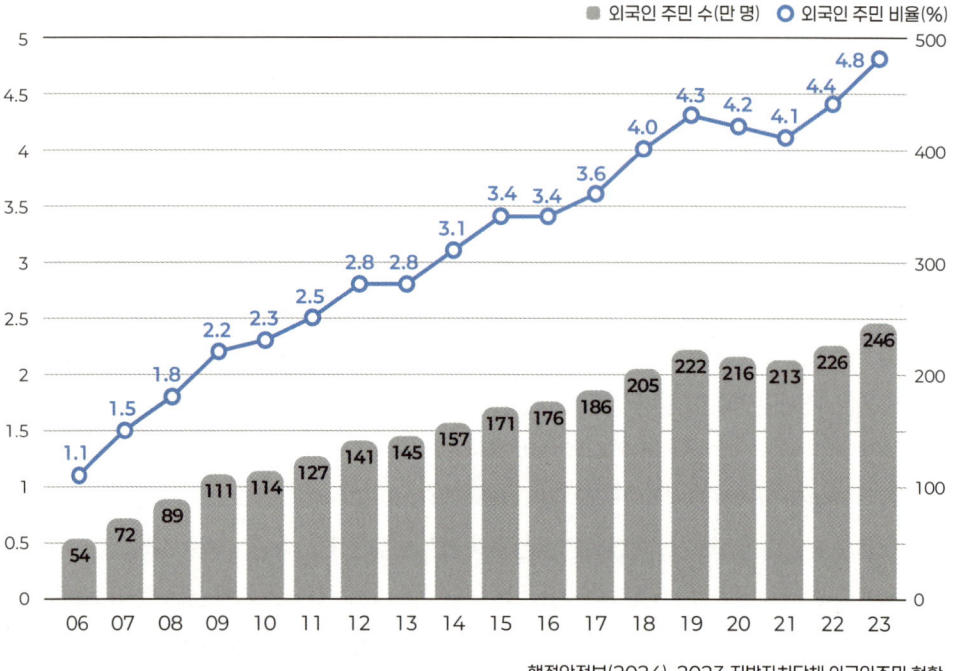

행정안전부(2024). 2023 지방자치단체 외국인주민 현황.

이러한 다문화 사회로의 전환은 우리 사회에 긍정적인 영향을 미칠 수 있지만, 동시에 새로운 갈등의 원인을 초래할 수 있다. 특히, 사회 내에서 나타나는 외국인 혐오(제노포비아)˙ 현상은 사회통합을 저해하는 심각한 문제로 부각되고 있다.

외국인 혐오는 단순한 편견을 넘어서 외국인을 겨냥한 부정적인 감정과 차별적인 태도를 의미한다. 즉, 언어, 피부색, 국적 등 다양한 배경을 가진 사람들을 대하는 혐오와 배척을 나타내며, 이는 사회적 갈등과 불평등을 초래할 수 있는 사회문제이다. 실제로 국가인권위원회(2024b)의 조사에 따르면, 한국 사회에서 이주민의 인권이 존중된다

● **외국인 혐오(xenophobia, 제노포비아)** | 제노포비아는 외국인이나 이질적인 집단에 대해 느끼는 비합리적인 두려움과 혐오를 의미한다. 문화 차이나 출신 배경이 다른 사람들에게 근거 없는 부정적인 고정관념과 편견을 형성하며, 이는 차별과 혐오 발언, 폭력 등 여러 방식으로 나타난다. 경제 불황과 사회 불안이 심화되면 외부인을 희생양 삼아 반감이 증폭되기 쉽고, 집단 결속을 강화하려는 심리 역시 제노포비아를 조장한다. 개인의 일상적인 무시부터 온라인 혐오 댓글, 차별적인 정책, 심지어 물리적 폭력에 이르기까지 다양한 형태로 나타나며, 제노포비아는 사회통합과 포용성을 크게 위협하는 사회문제이다.

고 응답한 비율은 38.3%에 불과하며, 이는 여성, 아동·청소년, 노인, 장애인 등 다른 취약 집단 중에서 가장 낮은 수치이다.[05] 이 격차는 많은 국민이 한국 사회의 외국인 혐오 문제를 인식하거나 우려하고 있음을 보여 준다. 외국인 혐오는 더 이상 무시할 수 없는 현실로 다가오고 있으며, 다문화 사회로의 전환기에 있는 한국에 새로운 위기 요소로 부각되고 있다.

2018년 UN 인종차별철폐위원회(CERD)는 한국 내 인종차별과 외국인 혐오의 확산을 깊이 우려하며, "인종차별 확산을 금지하기 위해 모든 노력을 기울일 것"을 한국 정부에 권고했다.[06] 이처럼 국제사회도 한국 사회 내 혐오 문제의 심각성을 분명히 지적하고 있다. 이러한 상황에서 우리는 한국 사회의 외국인 혐오 현황을 검토하고 구체적인 해결 방안을 모색하고자 한다. 이 문제를 극복하여 건강한 다문화 사회로 나아가는 길을 찾아야 한다.

한국 다문화 사회의 모습

다문화 사회로의 이행과 외국인 증가

최근 한국은 빠르게 다문화 사회로 변화하고 있다. 2000년대 이후 외국인 노동자, 결혼 이주민, 외국인 유학생 등 국내에 거주하는 외국인 인구가 지속적으로 증가하고 있다. 행정안전부(2024)의 발표에 따르면, 2023년 말 기준으로 3개월 이상 장기 거주한 외국인 주민 수는 약 245만 9,542명으로, 2006년 통계 집계 이후 최고치를 기록했다. 이는 대한민국 총인구의 약 4.8%에 해당하며, 인구 규모로 보면 경북과 대구 사이에 해당한다. 코로나19의 영향으로 2020~2021년 동안 일시적으로 감소했던 외국인 수는 2022년 약 226만 명으로 다시 증가하여 이전 최고치를 넘어섰고, 2023년에는 전년 대비 20만 명 가까이 늘어나 2년 연속 최고 기록을 경신했다.[07]

이주 배경 인구의 구성도 다양해지고 있다. 현재 국내 거주 외국인 중 약 193만 5천

명은 한국 국적을 취득하지 않은 외국인이며, 약 23만 명은 귀화한 이민자 출신 국민이다. 한국 국적을 취득한 사람의 출신 국가를 살펴보면 중국(한국계, 43.5%)이 가장 큰 비중을 차지하고, 그다음으로 베트남(23.3%), 중국(비한국계, 18.1%), 필리핀(4.5%), 캄보디아(2.3%) 등의 순으로 구성되어 있다. 특히 베트남 출신 국적자는 중국인(비한국계)을 앞질렀으며, 한국계 중국인을 제외하면 베트남계가 최대 외국인 집단으로 부상했다. 그 외에도 미국, 우즈베키스탄, 일본, 캄보디아, 네팔 등 다양한 국가 출신 사람들이 한국에 정착해 생활하고 있다. 이런 다양한 출신 배경은 한국 사회를 다문화·다인종 사회로 변화시키는 주요 요인이다.

한편 이주 배경 인구의 지역사회 분포도 광범위하다. 과거에는 주로 산업단지나 수도권에 집중됐던 외국인 거주가 이제는 전국적으로 확산되고 있다. 외국인 주민이 1만 명 이상이거나 인구 대비 5% 이상 거주하는 시군구인 '외국인 주민 집중 거주 지역'은 2022년 97곳에서 2023년 127곳으로 30곳 늘었으며 이 중 28곳이 비수도권이다. 수도권뿐 아니라 지방 도시와 농어촌 지역에도 외국인 노동자와 결혼 이민자, 유학생 등이 증가하여 이제 일상생활 속 이주민과의 공존은 전국적인 현상이 되었다. 예컨대, 2023년 말 경기도 안산시의 외국인 주민 수는 10만 8천여 명으로 전국 기초지자체 중 가장 많고, 화성시와 시흥시 등 산업도시에서는 7만 명이 넘는다. 충남과 경남 등 지방에서도 외국인 주민이 15만 명을 넘어가는 등 다문화 인구가 전국으로 확산되는 추세이다.

이상과 같은 인구학적 변화는 한국 사회가 더 이상 단일한 민족과 문화로 이루어진 공동체가 아님을 보여 준다. [그림 9-2]에 나타난 바와 같이 다문화가정의 자녀도 빠르게 늘어, 이주배경주민의 자녀가 19만 명을 넘어섰으며 초중고에서 다문화가정 학생이 차지하는 비율도 지속적으로 확대되고 있다. 2024년 기준 다문화 학생 수는 193,814명에 이르며 전체 학생의 3.8%를 차지한다. 이는 2012년의 46,954명에 비해 네 배 이상 증가한 수치다. 전체 학생 수가 감소하는 추세를 고려하면 학교 현장에서 다문화 학생 비율은 더욱 높아질 것으로 전망된다. 이러한 변화는 한국 사회에 문화 다양성을 확대했으나, 사회통합이라는 새로운 과제와 도전을 동시에 제시한다.

| 그림 9-2 | 다문화 학생 증가 추이 (단위: 명)

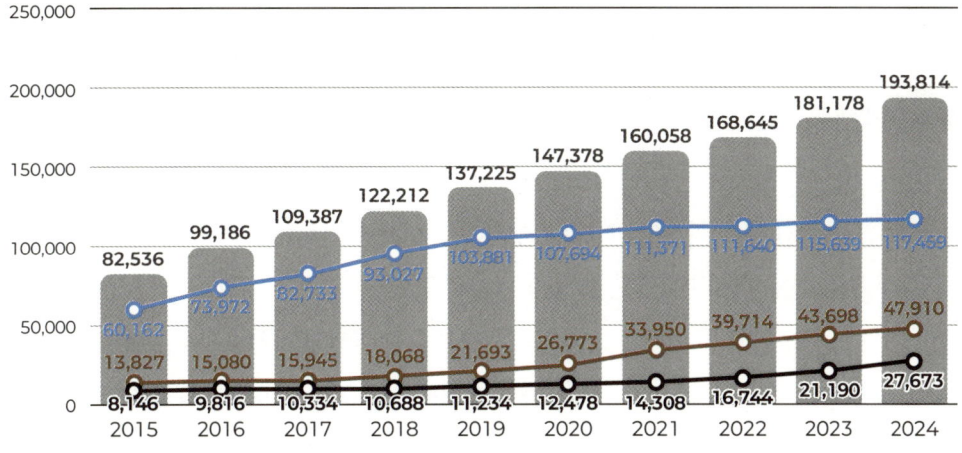

교육부 보도자료(2024.8.30.).

차별 의식과 외국인 혐오 현상

이러한 다문화 사회로의 이행 과정에서 이방인에 대한 편견과 혐오가 수면 위로 떠오르고 있다. 국가인권위원회(2024a)의 '인권의식 실태조사'에 따르면, 결혼 이주자와 이주 노동자 등 이주민 인권이 "매우 존중된다." 또는 "존중되는 편이다."라는 긍정 응답은 응답자의 39.5%를 차지해 절반에도 미치지 못한다.[08] 한편, 난민 수용 찬성 응답은 44.1%로 과반을 밑돌았다. 또한 "내 거주 지역에서 이주민이 선출직 공무원이 되는 것이 불편하다."는 응답 비율은 북한이탈주민 58.9%, 이주 노동자 58.1%, 성소수자 57.7%, 결혼 이주민 45.8% 순으로 높았다.[09] 이러한 결과는 이주민을 향한 높은 사회적 배제감을 보여 준다. 즉, 한국 국민은 이주민 인권 존중의 필요성을 부분적으로 인식하면서도 난민 수용과 정치 참여에는 상당한 거부감을 드러낸다.

이러한 지배적 반감은 일상적 언어폭력, 고용·주거·교육 현장에서의 제도적 차별, 온라인상의 증오 메시지 확산, 혐오 범죄 발생 등 다양한 형태로 사회 전반에 표출된다. 예를 들어, 코로나19 팬데믹이 한창이던 2021년 초에 일부 지방자치단체가 모든 외국인 노동자에게 코로나19 진단검사를 의무화하는 행정명령을 시행했다.[10] 이 명령은 사무직을 포함하여 국내에서 일하는 모든 외국인 노동자를 대상으로 하였으며, 미등록 외국인 노동자도 검사 대상에 포함되었다. 그러나 이 조치는 외국인 노동자만을 대상으로 삼았기 때문에 국내외에서 차별 논란과 인권 침해 우려를 불러일으켰고, 인권 단체, 정치권, 주한 외국 대사관, 상공회의소 등이 반발하며 결국 철회되었다. 이러한 사건은 공공정책에도 차별이 나타날 수 있음을 보여 주는 사례다.

미국의 일간지《뉴욕 타임스》(NYT)는 2024년 3월 베트남, 캄보디아, 네팔 등 개발도상국 출신 수십만 명의 외국인 노동자가 한국의 소규모 공장, 외딴 농장, 어선 등에서 근무한다고 보도했다.[11] 이 보도는 이들 근로자가 고용주를 선택하거나 변경할 권한이 거의 없으며, 착취적 고용 관행과 비인간적 주거 환경, 차별, 학대를 견디고 있다고 지적했다. 이 신문과의 인터뷰에서 방글라데시 출신 아시스 쿠마르 다스는 직물 공장에서 3년 동안 주 6일, 12시간 교대 근무를 하면서도 고용주가 월급을 제때 또는 전액 지급한 적이 없다고 증언했다. 그는 또한 "붐비는 버스에서 그들은 내 옆 빈자리에 앉기보다는 서서 가기를 선택했다."고 말하며 외국인 노동자가 일상적인 인종차별과 혐오에 노출되어 있다고 털어놓았다.

2024년 9월 미국의 시사주간지《유에스 뉴스 앤 월드 리포트》(U.S. News & World Report)가 공개한 '세계 인종차별 국가 순위' 조사에서 한국은 조사 대상 89개국 가운데 5위를 차지했다.[12] 이는 2023년의 9위에서 네 계단 상승한 결과로, 이란, 벨라루스, 바레인, 미얀마에 이어 다섯 번째로 인종차별 경향이 심한 국가로 평가된 것이다. 보고서는 한국이 이민자 자녀를 위한 보육 지원이 부족하고, 취업 허가 제도에 따른 이민자의 영주권 취득이 제한되는 등 제도적 차별 요소를 지적했다. 또한 대구광역시에서 이슬람 사원 건립 예정지 반대 시위에 참가한 일부 주민이 돼지머리를 걸어 놓고 바비큐 파티를 연 사건을 구체적인 혐오 사례로 제시했다.

국내 거주 외국인 수의 증가는 외국인을 대상으로 한 범죄 발생 건수 증가로 이어지고 있다. 이들 범죄는 폭행, 상해에서부터 성폭력, 살인에 이르는 강력범죄까지 다양하다. 특히 혐오와 차별의 극단적 양상인 '혐오 범죄(hate crime)'*는 사회통합을 심각하게 위협한다. 한 연구(조제성·김다은, 2021)에 따르면, 2006년부터 2021년까지 집계된 총 68건의 혐오 범죄 중 절반 이상인 56%가 2020~2021년에 발생했다.[13] 이는 코로나19 발원지인 중국 우한과 맞물려 팬데믹 이후 국제사회에서 아시아인 대상 혐오 범죄가 급증한 경향과 일치한다. 2006년부터 2021년까지의 혐오 범죄 중 피해자의 신원이 확인된 59건을 분석한 결과, 피해자의 42.4%인 25건이 다문화가정의 부모와 청소년으로 나타났다. 연구진은 국내에서의 외국인 대상 범죄에 영향을 미친 요인을 코로나19의 확산과 함께 외국인 노동자의 증가, 예멘 난민 유입 등으로 추정했다. 이 연구는 피해자가 외국인인 경우 혐오 범죄의 폭력 수준을 높이는 데 유의미한 영향을 미쳤다고 분석했다.

2018년 제주 예멘 난민 사태는 외국인 편견과 차별의 상징적 사례이다. 예멘 내전이 격화되면서 무사증(무비자) 제도를 통해 제주에 입국한 예멘인은 총 561명이며, 이 중 549명이 난민을 신청했다. 난민 신청 급증에 반응해 '청와대 국민청원'에 등록된 난민법 폐지 청원이 70만 명 이상의 동의를 얻었다. 언론과 온라인에서는 예멘인을 잠재적 테러리스트로 묘사하는 보도가 확산되었고, 서울 광화문 등지에서는 난민 인정을 반대하는 집회가 열렸다. 정부는 예멘 난민 신청자 중 2명만을 난민으로 인정하고 412명에게 인도적 체류 자격을 부여했다.[14] 이 사건은 한국 사회에 깊이 뿌리내린 외국인 혐오 정서를 여실히 드러낸 사례이다.

● **혐오 범죄(hate crime)** | 인종, 피부색, 국적은 물론 종교, 성별, 성적 지향, 신체적 장애, 연령, 사회·경제적 계층 등에 따른 다양한 집단에 대한 편견이 주요 동기가 되어 발생하는 범죄다. 혐오 범죄는 편견이 주요 동기이기 때문에 편견 범죄(bias crime)라고도 불린다.[15] 일반적으로는 주류 집단이 비주류 집단을 대상으로 가해를 저지르는 형태로 나타나지만, 그 반대의 경우도 발생할 수 있다. 한국이 다문화 사회로 전환되기 이전부터 성적 지향이나 계층에 따른 편견과 혐오로 범죄가 존재해 왔으므로, 혐오 범죄는 한국 사회에 자리 잡은 주요 범죄 유형 중 하나이다.

한국 사회의 외국인 혐오 사례

01 일본 극우와 한국 외국인 혐오증의 유사성

일본 극우 단체의 외국인 차별 조장 방식과 한국 사회의 외국인 혐오 현상 간 공통점과 차이점은 무엇인지 생각해 보자.

> 일본의 극우 단체 '재일특권을 용납하지 않는 시민 모임'은 소셜미디어에서 "재일 한국인은 연간 600만 엔(약 5,400만 원)을 받는다.", "세금을 내지 않는다." 등의 허위 정보를 유포하며 재일교포에 대한 혐오를 조장한다. 이들은 재일교포가 겪어온 역사적 차별을 의도적으로 간과한 채, 타인종·타국민에 대한 배타적 정서를 부추긴다.
> 한국 사회에서도 이와 유사한 양상이 관찰된다. 중국의 대외 영향력 확대를 근거로 중국인·한국계 중국인(조선족)을 대하는 불신과 차별이 심화되고, 경제적 취약성을 이유로 동남아시아·남아시아 출신 이주민을 노골적으로 배제하는 일이 빈번하다. 외국인 혐오를 일삼아 자국의 국익을 훼손한 일본 극우 세력의 실상은 우리에게 중요한 경각심을 불러일으킨다.[16]

02 난민에 대한 이중적 시선

난민은 인종, 종교, 국적, 정치적 견해 등의 이유로 박해를 피해 다른 나라로 피신한 사람을 의미한다. 2023년 한국의 난민 심사 건수는 5,950건이었지만, 인정된 인원은 101명(1.53%)에 불과해, 같은 해 유럽연합 평균 43%에 한참 못 미친다.[17] 2018년 제주 예멘 난민 사태 당시 '가짜 난민 반대' 여론이 급속히 확산되며 강한 배척 정서가 드러났으나, 2021년 아프가니스탄 특별기여자 391명은 '국가 협력자'로 분류되어 인도적 차원에서 환영받았다. 이처럼 계획적이고 협력적인 이주 집단에는 포용적인 시각을 보이면서, 예고 없이 유입되는 난민에 대해서는 불안과 배척을 강화하는 현상은 한국 사회의 이중적인 난민 관점을 잘 보여 준다.

외국인 혐오의 문제점

외국인에 대한 혐오와 차별이 빚어내는 부정적 효과는 한국 사회의 지속 가능한 발전과 사회통합을 위협한다. 구체적으로 어떤 문제가 발생하는지 살펴보면 다음과 같다.

사회통합 저해

외국인 혐오는 우리 사회의 새로운 구성원을 배제하여 사회통합을 저해한다. 다문화 구성원 혐오는 곧 우리 사회의 분열을 의미한다. 한 사회 안에서 특정 집단이 배척당하고 소외된다면 사회 구성원 간 신뢰와 연대감이 훼손된다. 여기에서 촉발한 사회적 갈등은 궁극적으로 사회적 비용의 증가를 초래한다. 예를 들어 학교나 지역사회에서 이주배경 아이들이 집단따돌림이나 차별을 겪으면 학업 부진이나 청소년 비행으로 이어질 가능성이 높아지고, 이는 또 다른 사회문제를 낳을 수 있다. 앞으로 한국 경제는 이주민 노동력과 해외 인구 유입에 크게 의존할 것이다. 그러나 혐오 때문에 사회통합이 실패하면 인구 절벽 극복에 중대한 장애물이 된다. 결과적으로 이주민이 우리 사회의 일원으로 참여하지 못하고 주변화될 경우 발생하는 사회적 비용은 우리 모두의 부담으로 귀결된다.

인권 침해와 소수자 피해

혐오와 차별은 본질적으로 인권 침해 문제다. 외국인도 누구나 인간의 존엄성과 기본권을 동등하게 보장받아야 하나, 혐오 정서는 제도적·구조적 차별을 유발하여 그들의 권리를 침해한다. 예를 들어 고용 현장에서 외국인이라는 이유만으로 임금이나 승진에서 차별을 받는다면 이는 명백한 평등권 침해이다. 한국에는 아직 인종차별을 명시적으로 금지하는 법령이 없어 이러한 차별을 당해도 구제받기 어려운 경우가 있다. 앞서 언급한 대로 혐오 범죄 상당수가 외국인을 겨냥하고 있는데, 이는 곧 우리 사회 일부 구성원이 신체적 안전을 보장받지 못하는 상황으로, 민주사회에서 용인될 수 없는 문제이다. 나아가 혐오 표현에 지속적으로 노출될 경우 당사자의 정신적 고통과 좌절감을 유발하여 사회 부적응이나 정신건강 문제로 이어질 수 있다. 결국 혐오는 소수자에게 불평등한 삶의 조건을 강요하고 기본적 인권을 심각하게 침해한다.

국가 이미지와 국제 관계 악화

외국인 혐오 문제는 국내에만 국한되지 않고, 국가의 대외 이미지와 외교 관계에도 부정적인 영향을 미친다. 한국은 1964년 유엔무역개발회의(UNCTAD) 창설 이래 최초로 개발도상국에서 선진국으로 지위가 변경되었으며, K-Pop과 K-콘텐츠의 세계적 성공을 통해 문화 강국으로서의 면모를 보여 주는 등 국제사회에서 선진국으로서의 위상을 공고히 하고 있다. 하지만, 글로벌 기업이나 외국인 투자자들이 한국을 기피하거나 해외 인재가 한국으로 오는 것을 주저하게 만들 수 있는 요인이 될 수 있다. 또한, 국내에 거주하는 외국인의 대다수는 중국, 동남아, 중동 등 다양한 국가 출신인데, 이들이 한국에서 차별받는 모습이 본국 언론에 보도될 경우 해당 국가들과의 외교 마찰이나 감정 악화로 이어질 우려가 있다. 요컨대, 한 국가의 소수자에 대한 대우는 문명적 수준의 척도로 여겨지므로, 외국인 혐오 문제를 방치하면 국제사회에서 신뢰 저하와 관계 악화를 초래할 위험이 있다.

✦ 외국인 혐오의 원인 ✦

한국 사회의 외국인 혐오는 독특한 역사적 배경과 복합적인 사회·심리적 원인에서 비롯된다. 주요 원인은 다음과 같다.

역사적·문화적 배경

한국은 오랫동안 민족적 동질성을 국가 정체성의 기초로 삼아온 사회이다. '단일민족' 신화와 혈통 중심의 국민 개념이 강하기 때문에 외부 집단에 대한 경계심이 다른 다민족 국가에 비해 더 높게 나타날 수 있다. 낯선 외국인에 대한 거부감은 심리학에서 말하는 내집단(in-group)과 외집단(out-group) 편향과 관련이 있으며, 이는 우리와 다른 사람을 향한 배척 심리로 이어질 수 있다. 특히 급속한 다문화적 변화 이전 세대에서 이러한 경향이 두드러지며, 문화 차이를 이해하지 못해 외국인을 잠재적 위협이나 이질적인 존재로 인식하는 경향이 있다. 즉, 개인의 강한 내집단 동일시는 외집단에 대한 배타적 태도를 유발하는데, 우리나라 성인 8,000명을 대상으로 한 연구에서는 국가 공동체 의식이 강할수록 외국인이나 탈북자와 같은 외집단에 대한 포용성에 부정적인 영향을 미친다는 결과가 나타났다.[18]

경제적 불안과 경쟁 심리

일부 국민은 이주민 증가가 일자리 경쟁을 심화시키거나 세금 부담을 가중한다고 우려한다. 먼저 '외국인 노동자가 내국인의 일자리를 빼앗는다.'는 인식이 일반적이지만, 2022년 기준 외국인 노동자는 전체 취업자의 약 3%에 불과하다. 이들의 주요 취업 업종은 제조업(43.9%), 도·소매·음식·숙박업(18.7%), 건설업(12.2%), 농림어업(5.4%) 등 내국인이 기피하는 '3D 직종'이므로, 내·외국인 모두 인력이 부족한 분야다.[19] 또한 외국인 납세자 수와 세액이 꾸준히 증가하고 있다. 국세청에 따르면, 2021년 현재 근로·종합 소득세를 납부한 외국인은 46만 9,250명이며, 이들이 납부한 세금(결정세액 기준)은 1조 6,680억 원에 이른다. 납부 인원도 2007년 13만 1,683명에서 2011년 30만 명, 2016년 40만 명을 넘어선 뒤 계속 증가하고 있다.[20]

언론과 미디어의 영향

현대 사회에서 언론과 디지털 미디어는 여론 형성에 큰 영향을 미친다. 한국 언론의 외국인 범죄 보도에서는 외국인 범죄자의 실제 발생 비율에 비해 보도량이 지나치게 높은 '과잉재현(over-representation)' 현상이 나타난다.[21] 특히 강력범죄 보도에서 외국인 가해자의 비율은 실제보다 과장되며, 중국인이나 중동 출신 등 특정 국적 집단을 바라보는 부정적인 고정관념이 강화된다. 이러한 편향된 보도는 이주 외국인을 잠재적 범죄자이자 위험한 존재로 낙인찍어 대중의 외국인 우범자 인식을 강화한다. 익명성을 이용한 일부 온라인 커뮤니티에서는 외국인 노동자나 이슬람교도, 유색인종 등을 향한 원색적인 비난과 가짜 뉴스가 공유되어 혐오를 증폭시킨다. 이와 같이 언론과 소셜 미디어의 부정적인 프레이밍과 콘텐츠 순환 구조는 고정관념을 심화시키고 사회통합을 저해한다.

이러한 요인들이 복합적으로 작용하여 한국 사회에서 독특한 외국인 혐오 현상이 나타난다. 문화적 배타성, 경제적 불안, 언론과 미디어의 편향이 결합되어 일부 시민들 사이에서 외국인에 대한 고정관념과 부정적인 인식이 심화되었다. 특히 코로나19 팬데믹과 글로벌 난민 위기와 같은 외부 충격은 이러한 경향을 더욱 부각시키는 역할을 했다.

외국인 혐오 문제를 해소하고 다문화 사회의 위기를 극복하기 위해서는 종합적인 대응책이 요구된다. 특히 교육을 통한 인식 개선과 제도적 장치 마련이 핵심 축이다. 다음으로 교육적 측면과 제도적 측면으로 나누어 구체적인 방안을 살펴보자.

외국인이 내국인보다 범죄를 더 많이 저지를까?

2022년 4월 서울 구로구 가리봉동에서 중국 동포(조선족) 9명이 조직범죄 혐의로 검거되자, 일부 언론은 이를 '현실판 범죄도시'라고 보도했다. 이 표현은 2017년 개봉 영화 〈범죄도시〉의 배경이 가리봉동이라는 점을 차용하였다. 해당 기사에는 조선족 등 체류 외국인에 대해 느끼는 불안감과 (체류 외국인) '추방' 요구, '외국인 범죄율이 높다.'는 차별적 댓글이 다수 표출되었다.

그러나 경찰청과 대검찰청 자료를 보면 전체 범죄자 중 외국인이 차지하는 비율은 약 2%에 불과하며, 인구 10만 명당 검거율은 내국인 2,815명 대 외국인 1,502명으로 내국인의 절반 수준이다. 이는 외국인이 내국인보다 범죄를 더 많이 저지른다는 일반적 인식과 상반된다.

한국형사정책연구원 최○○ 연구원은 "외국인이 한국에서 범죄를 저지르면 영주·취업 자격을 상실해 추방될 위험이 크기 때문에, 오히려 범죄 경각심이 높다."고 설명했다. 이처럼 객관적 통계와 전문가 견해는 외국인 범죄에 과도한 우려가 사실과 다름을 보여 준다.[22]

교육적 측면의 해결 방안

다문화 이해 교육 강화

편견은 종종 무지에서 비롯된다. 따라서 유치원과 초등학교 교육부터 대학 교육에 이르기까지 체계적인 다문화 이해 교육의 강화가 필요하다. 학교 교육과정에 다양한 문화와 인종, 이주민의 삶을 조명하는 내용을 포함하고, 편견의 위험성과 상호 존중의 가치를 강조해야 한다. 첫째, 다양한 문화에 대한 긍정적인 인식을 함양하는 것이 중요하다. 학생들이 자신의 문화를 이해하고 자긍심을 가지는 동시에, 다른 문화의 가치와 아름다움을 인식하고 존중하는 태도를 기르게 해야 한다. 이를 통해 특정 문화에 대한 편견이나 고정관념이 해소되고 개방적인 시각이 촉진된다. 둘째, 생활방식, 언어, 가치관 등의 차이를 이해하고 효과적으로 소통하는 방법을 배우도록 지도해야 한다. 또한, 다른 문화권 사람들의 입장에서 생각하고 그들을 이해하는 공감 능력을 키우면 갈등 예방과 해결에 도움이 된다. 이러한 교육으로 학생들은 문화 다양성의 가치를 배우고, 다양한 배경을 가진 구성원들을 존중하는 태도와 포용 의식을 갖춘 민주시민으로 성장할 수 있다.

일반 국민 대상 인식 개선 캠페인

학교 밖 사회에서도 성인의 다문화 감수성 향상 프로그램이 필요하다. 정부·지자체·시민단체는 공익광고, 커뮤니티 대화 모임 등 다양한 교육 기회를 협력해 마련해야 한다. 첫째, 객관적 정보 제공을 통해 막연한 두려움과 적대감을 해소한다. 타문화권의 역사·가치관·생활방식을 정확한 자료로 학습함으로써 상호 이해의 폭을 넓힐 수 있다. 둘째, 일상 속 소통과 공존 방안을 강조한다. 외국인 이웃과의 협력 관계 형성을 위해 쉬운 의사소통 기법과 문화 차이로 인한 오해를 줄이는 방법을 교육하여 실제적 교류를 지원한다. 셋째, 다문화 사회의 긍정적 가치와 공동체 의식을 함양한다. 문화 다양성이 사회 발전에 기여하는 바와 공동체 구성원으로서의 책임감을 강조하여, 외국인을 '우리'의 일원으로 받아들이는 포용심을 키워야 한다.

미디어를 통한 긍정적 담론 확산

전통 언론과 디지털 플랫폼은 외국인 혐오를 증대시키는 매개체가 될 수도 있지만, 올바른 보도 관행과 콘텐츠 기획으로 대중의 인식을 변화시키는 강력한 수단이 될 수도 있다. 그러기 위해서는 첫째, 외국인 관련 보도를 할 때 국적이나 인종을 불필요하게 강조하지 않도록 보도 윤리 기준을 강화하고, 혐오 표현을 지속적으로 모니터링 하며 자율 규제를 체계화해야 한다. 둘째, 이주민의 사회적 기여 사례와 성공 이야기를 지속적으로 발굴하고 보도하여 '함께 살아가는 이웃'으로서의 공감대를 확산해야 한다. 예를 들어, 이주민의 지역사회 봉사 활동, 다문화가정 2세대의 학업과 예술 성취, 외국인 노동자의 산업 현장 기여 등을 다큐멘터리, 심층 기사, 영상 콘텐츠로 제작할 수 있다. 셋째, 정부, 언론사, 시민단체가 함께 다문화 미디어 콘텐츠 공모전과 우수 작품 홍보 프로젝트를 추진하여, 매체 환경을 혐오의 증폭기가 아닌 이해와 상호 존중의 플랫폼으로 전환해야 한다.

제도적 측면의 해결 방안

혐오 범죄 처벌 및 법제도 정비

현재 한국에는 장애인차별금지법 등 일부 영역별 차별금지법만 존재하며, 인종과 국적을 이유로 한 차별을 금지하는 법은 부재하다. 이러한 법이 제정되면 채용, 서비스 제공, 교육 등 사회 전 분야에서 인종·국적 차별을 금지하고 피해 구제를 가능하게 하여, '차별은 용납되지 않는다.'는 분명한 사회적 기준을 확립할 수 있다. 아울러 혐오 범죄에 대응하는 현행 형사법 체계를 강화해야 한다. 수사·사법기관은 범죄 동기에 인종·국적 편견이 작용했는지 철저히 조사하여 혐오 범죄로 분류하고, 양형 과정에서 가중처벌할 수 있도록 법 개정 검토가 필요하다. 예컨대 영국의 '범죄 및 질서위반행위법(Crime and Disorder Act)'은 인종·종교 차별 동기가 인정된 범죄를 가중처벌하도록 규정하고 있다.[23] 우리도 이를 참고하여 혐오 범죄 처벌과 감시 체계를 구축해야 한다.

다문화 정책의 개선

결혼 이민자와 그 가족에 초점을 맞춰온 다문화 정책은 이제 이주 노동자, 난민, 유학생 등 외국인 주민 전체를 아우르는 방향으로 재정비되어야 한다. 이를 위해 주민자치회에 이주민 대표의 참여를 제도화하고, 외국인 노동자의 공정한 임금과 안전한 근무 환경, 차별 금지와 권리 구제를 보장하는 제도적 장치를 마련해야 한다. 또한 경제적 취약층이나 질병, 가정 폭력 등에 노출된 외국인 주민을 대상으로 긴급 지원과 복지 프로그램을 강화하고, 내국인 주민에게는 다문화 갈등 예방 교육과 상담을 제공하여 이주민과의 상호 존중과 협력을 촉진해야 한다. 이러한 통합적이고 포용적인 접근은 외국인 주민이 책임 있는 사회 구성원으로 자리 잡도록 돕고, 한국 사회를 성숙한 다문화 공동체로 발전시키는 기반이 된다.

언론 윤리와 자율규제 강화

제도적 개선 노력에서 언론의 역할은 필수적이다. 언론사는 인종차별적이거나 혐오를 조장하는 보도를 하지 않도록 엄격한 윤리 기준을 준수해야 한다. 한국기자협회 「인권보도준칙」 제5장 '이주민과 외국인 인권'에서는 "언론은 이주민에 대해 희박한 근거나 부정확한 추측으로 부정적인 이미지를 조장하거나 차별하지 않는다."고 구체적 지침을 제시한다.[24] 그러나 이러한 기준을 위반해도 실질적 제재가 뒤따르지 않으면 유명무실해질 우려가 있다. 주요 선진국과 달리 우리나라에는 혐오 표현을 정의·규제할 기본법은 물론, 인터넷상의 혐오 표현을 규제하는 별도 법률도 부재하다.[25] 따라서 언론중재위원회와 방송통신심의위원회는 외국인 혐오 표현에 대한 심의를 강화하고, 문제 보도에 대해서는 공개적 시정 요구와 징계를 신속히 시행해야 한다. 아울러 포털과 소셜 미디어 플랫폼 사업자도 인종차별적 게시물 삭제와 차단 등 자율규제 가이드라인을 명확히 수립하고 적용해 혐오 확산을 차단해야 한다.

종합하면 외국인 혐오 문제는 교육과 제도라는 두 축을 동시에 강화해야만 효과적으로 대응할 수 있다. 개인의 인식 변화와 사회 제도 개편 노력이 함께 이루어질 때에 비로소 혐오를 넘어 포용과 공존의 다문화 사회로 나아갈 수 있다. 한국 사회가 이러한 변화를 실현한다면, 현재의 다문화 사회 위기는 오히려 새로운 도약의 기회로 전환될 수 있다.

포용적 다문화 공동체 건설을 위한 도전

　한국은 오랫동안 민족적 단일성을 국가 정체성의 근간으로 삼아온 사회이다. 그러나 21세기에 들어 다양한 문화적 배경을 가진 사람들이 공존하는 다문화 사회로 빠르게 변화하는 흐름은 거스를 수 없다. 급속한 저출산·고령화로 인한 노동력 부족을 해소하기 위해 외국인 노동자의 유입이 불가피해졌으며, 국제결혼 증가로 다문화가정이 늘어나면서 문화 다양성이 더욱 확대되고 있다. 이러한 다문화적 변화는 단지 인력 수급을 넘어 노동력 확보, 문화 다양성 증진, 국제적 위상 강화라는 국가 경쟁력 제고의 기회를 제공한다. 따라서 한국 사회가 포용의 원칙 위에서 다문화 공동체를 실현한다면 더 풍부한 사회적 자산을 창출할 수 있다.

　그러나 한국 사회에서 외국인 혐오는 여전히 사라지지 않았으며, 이주배경주민과 그 자녀들은 일상과 교육 현장에서 편견과 차별의 대상이 된다. 한국 사회의 외국인 혐오는 단일민족주의에 기반한 내집단 중심 사고와 경제적 불안에 따른 일자리 경쟁 심리, 미디어의 선정적 범죄 보도, 온라인 혐오 발언의 확산이 서로 얽혀 복합적으로 나타난다. 이러한 혐오는 개인의 삶과 공동체의 결속을 동시에 약화시키며, 다문화 사회로의 전환 과정에서 심각한 사회적 비용을 초래한다.
　건강한 다문화 사회로 나아가기 위해서는 먼저 교육을 통해 어린 시절부터 문화 다양성과 상호 존중의 가치를 배우게 해야 한다. 또한 일반 시민을 대상으로 하는 인식 개선 캠페인으로 일상 속 편견을 줄여야 한다. 언론과 미디어는 외국인을 둘러싼 고정관념을 강화하는 보도를 지양하고, 모범 사례와 성공 사례를 꾸준히 소개해야 한다. 그리고 혐오 범죄 처벌 규정을 도입하여 명확한 사회적 기준을 제시해야 한다. 정부, 미디어, 교육기관이 협력할 때 다양성을 두려움이 아니라 사회적 자산으로 인식하는 사회로 전환될 수 있으며, 한국은 더욱 창의적이고 역동적인 사회로 발전할 수 있다.

생각해 볼 문제

01 외국인 혐오 발생 원인 탐색하기

한국 사회에서 외국인 혐오가 발생하는 주요 원인은 무엇인가? 개인 경험이나 주변 사례를 바탕으로 설명하고, 이를 해소하는 효과적인 방안은 무엇인지 토론해 보자.

02 개선이 필요한 제도와 문화 요소 탐색하기

다문화 사회로의 이행은 불가피하다. 다양한 구성원을 진정으로 포용하기 위해 한국 사회가 시급히 개선해야 할 제도와 문화 요소는 무엇일까? 예컨대 차별금지법 제정, 교육 현장의 다문화 이해 교육 강화 방안 등에 대해 자유롭게 의견을 나누어 보자.

03 한국형 다문화 공존 모델 구상하기

외국인 혐오 극복에 성공한 해외 사례를 조사해 보자. 캐나다나 호주 등 이민자 통합 모범 국가와 비교하여 한국 사회가 해결해야 할 과제는 무엇이며, 배울 점은 무엇인지 논의하고, 한국형 다문화 공존 모델을 위한 구체적 아이디어를 제안해 보자.

미주

01   Harper lee(1988). *To Kill a Mockingbird*. Pearson Education Limited.; 하퍼 리(김욱동 역)(2015). 앵무새 죽이기. 열린책들. p. 65.
02   교보문고(2015). 앵무새 죽이기. 하퍼 리. [책 소개문에서 인용]. product.kyobobook.co.kr/detail/S000000581821 (검색일: 2025.4.29.)
03   김민재(2025.3.18.). 국내 상주 외국인 17.4% "한국인들이 차별하더라". 노컷뉴스.
04   행정안전부 보도자료(2024.10.24.). 국내 거주 외국인주민 수 246만 명, 총인구 대비 4.8%, '역대 최다'.
05   국가인권위원회(2024b). 한국의 인권통계 2024. 국가인권위원회. pp. 30-31.
06   국가인권위원회 보도자료(2020.3.19.). "한국인과 이주민 간의 차별적 지위 부여를 당연한 것처럼 인식하는 것이 인종차별".
07   행정안전부 보도자료(2024.10.24.). 앞의 글.
08   국가인권위원회(2024a). 2024 인권의식 실태조사. 국가인권위원회.
09   반면 여성(7.4%)과 청년(9.9%)은 상대적으로 낮았다.
10   BBC 뉴스 코리아(2021.3.18.). 서울시도 '외국인 노동자' 코로나19 의무 검사… 차별 논란.
11   신재우(2024.3.3.). NYT "인구감소 한국, 외국인노동자 필수지만 보호제도 부실". 연합뉴스.
12   이현우·김진선(2024.9.30.). 韓, 인종차별 세계 5위 오명…반이민정서 어쩌나. 아시아경제.
13   조제성·김다은(2021). 코로나19 이전-이후 혐오범죄 변화와 혐오범죄 폭력수준에 영향을 미치는 요인에 대한 연구. 한국공안행정학회보, 86.
14   박진영(2023.6.20.). '제주 예멘 난민' 사태 5년…그 많던 예멘인 어디 갔나. 세계일보.
15   홍성수(2024). 혐오범죄의 법정책. 형사정책, 35(4).
16   이상훈(2025.2.16.). 日 극우 닮아가는 한국의 외국인 혐오증. 동아일보.
17   채예빈(2024.6.20.). 전 세계 난민 3,760만 명, 한국 인정률은 1%대에 불과. 더나은미래.
18   유란희·이태형(2020). 국가와 지역공동체 의식은 사회적 포용성을 확대시키는가?: 정부 신뢰의 조절효과를 중심으로. 한국행정학보, 54(2), pp. 309-338.
19   임주현·박나리(2023.6.3.). 외국인 노동자가 내국인 일자리를 빼앗고 있나 [팩트체크K]. KBS뉴스.
20   안태호(2024.12.18.). 외국인취업자 100만 시대…세금 1.7조 내지만 '여전한 차별'. 한겨레신문.
21   최창식(2023). 외국인 범죄 보도에 대한 감성분석 과잉재현, 추세 분석, 매체별 양상을 중심으로. 커뮤니케이션 이론, 19(3), pp. 90-137.
22   임주현·박나리(2023.6.18.). 외국인이 내국인보다 범죄를 많이 저지를까? [팩트체크K]. KBS뉴스.
23   조윤영(2024.3.18.). "내 신발에 입 맞춰라"…흑인 괴롭힌 영국 백인 체포. 한겨레신문.
24   한국기자협회(2011.9.23. 제정/2014.12.16. 개정). 한국기자협회 인권보도준칙. www.journalist.or.kr/news/section4.html?p_num=7 (검색일: 2025.3.1.).
25   최종선(2018). 국내외 혐오표현 규제 법제 및 그 시사점에 관한 연구. 법학논총, 35(3), pp. 33-57.

10장

디지털 사회의 명과 암

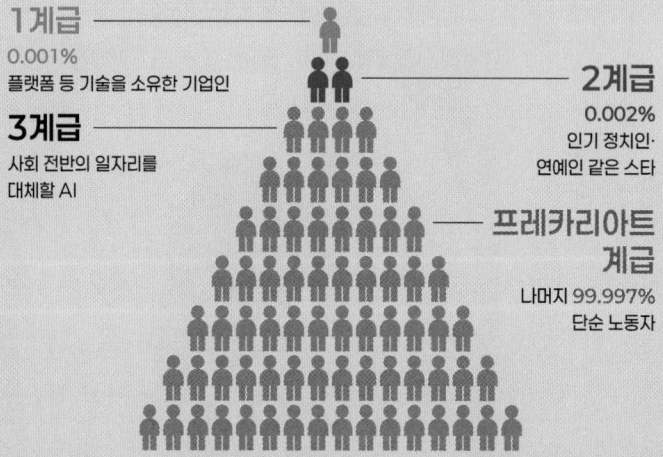

국내 한 대학 연구팀이 발표한 '2090 미래 보고서'에 따르면 2090년의 사회는 네 가지 계층으로 나뉜다. 가장 높은 곳에는 최첨단 기술을 주도하는 기업들이 차지하며, 그들은 전체의 0.001%에 해당한다. 그다음으로는 새로운 기술을 이용해 대중들에게 큰 인기를 끄는 사람들(예술가, 스포츠 스타, 정치인 등)이 있다. 그들은 두 번째 계층을 이룬다. 세 번째 계층에는 인공지능(AI)이 중요한 직업들을 맡으며 자리를 차지한다. 마지막 네 번째 계층에는 나머지 99.997%의 사람들이 포함된다. 결국 많은 사람이 일자리를 인공지능에게 빼앗기게 되어 단순하고 반복적인 일을 하거나 심지어 실업자가 될 수도 있다는 이야기이다. 영국의 경제학자 가이 스탠딩(Guy Standing)은 이들을 이탈리아어로 불안정하다를 의미하는 '프레카리오(precario)'와 노동자를 의미하는 '프롤레타리아트(proletariat)'의 합성어인 '프레카리아트(precariat)'라고 부른다.[01]

디지털 사회로의 전환

인공지능(AI), 빅데이터, 블록체인과 같은 첨단 기술이 보편화되면서 우리의 일상도 빠르게 변화하고 있다. 이러한 디지털 기술의 발전은 생활을 더욱 편리하게 만들고, 다양한 분야에서 혁신을 이끌고 있다. 대한민국도 예외는 아니다.

'2023년 인터넷이용실태조사'에 따르면, 우리나라 국민 2명 중 1명(50.8%)이 인공지능 서비스를 경험하고 있다. 사람들이 인공지능을 가장 많이 활용하는 분야는 주거 편의(20.8%), 교통(16.6%), 교육·학습(14.6%), 커뮤니케이션 및 친교(12.9%) 등으로 조사되었다. 특히, 인공지능 기능이 탑재된 가전제품을 활용하는 비율이 가장 높았으며, 교육과 학습 분야에서 인공지능 사용이 빠른 속도로 증가하고 있다.[02]

이처럼 디지털 기술이 우리 삶을 더욱 편리하게 만들어 주고 있지만, 그 이면에는 해결해야 할 여러 가지 문제도 존재한다. 개인정보 보호, 정보 격차, 사이버 범죄, 노동시장의 변화 등은 디지털 사회가 가져온 부정적인 측면으로 꼽힌다. 기술이 발전할수록 이러한 문제도 함께 커지고 있으며, 이를 해결할 사회적 논의와 해결책 마련이 필요한 상황이다.

디지털 사회로의 전환이 우리나라에 미친 영향은 긍정적 측면과 부정적 측면, 모두 존재한다. 이 장에서는 부정적 측면에서 인공지능 시대가 초래할 사회문제와 그 대응방안을 모색하고자 한다. 동시에 디지털 기술이 제공하는 혜택을 극대화하면서도 부작용을 최소화하는 방안도 함께 고민해 보자.

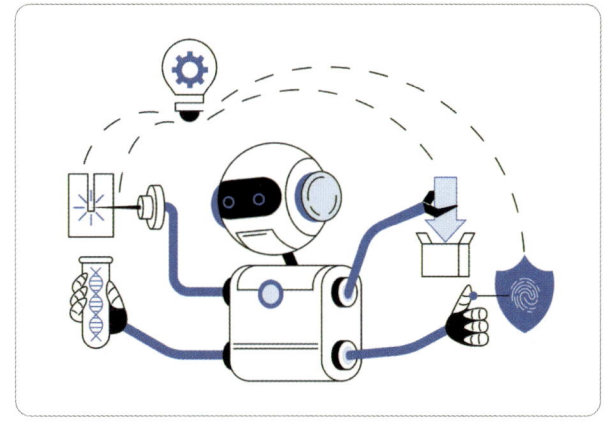

디지털 사회의 기회

　디지털 기술이 발달하면서 정보 접근성이 획기적으로 향상되었다. 인터넷과 스마트 기기의 보급으로 누구나 방대한 양의 정보를 쉽게 접할 수 있으며, 온라인 교육 플랫폼과 전자도서관의 활용은 교육 기회의 불평등을 줄이는 데 기여한다. 특히 인공지능 튜터링 시스템은 학생 개개인의 학습 속도에 맞춘 교육을 제공하고, 교사가 학생의 학습 데이터를 분석하여 맞춤형 교육 전략을 수립할 수 있도록 돕는다. 이는 교사가 학생 개개인에게 최적화된 학습 환경을 제공하는 데 큰 도움을 준다. 실제로 영국 정부의 기술 보고서(Use Cases for Generative AI in Education)는 일부 학교에서 인공지능 기반 교육 시스템을 도입한 결과 학생들의 학습 성과가 향상되었다고 보고했다.[03]

　디지털 기술의 발전은 경제성장과 산업 혁신에 중요한 역할을 한다. 2022년 10월 말 세계 시가총액 기준 상위 5위 안에 포함된 기업들을 살펴보면 애플(Apple), 마이크로소프트(Microsoft), 알파벳(Alphabet, Google의 모회사), 아마존(Amazon)과 같은 빅테크 기업들이 있다. 이들은 모두 디지털 기술을 기반으로 성장한 플랫폼 기업이라는 공통점이 있다.[04] 대한민국 역시 IT 강국으로서 디지털 경제를 선도하고 있다. 스위스 국제경영개발원(IMD)이 발표한 2023년 세계 디지털 경쟁력 평가에서 우리나라는 64개국 중 6위를 차지했으며, 인구 2천만 명 이상인 27개국 중에서는 미국에 이어 2위를 기록했다.[05] 또한, 2024년 정보통신기술(ICT) 수출 실적은 약 2,350억 달러로 역대 최대 규모를 기록했으며, 무역수지는 918억 달러 흑자를 나타냈다.[06]

　디지털 기술은 단순히 기존 산업을 변화시키는 데에 그치지 않고 새로운 산업 창출에도 기여한다. 전자상거래, 핀테크*, 스마트 팩토리와 같은 기술이 기업 운영의 효율성을 높이고 있으며, 특히 인공지능과 자동화 기술의 발전은 생산성을 향상시키는 동시에 새로운 일자리를 창출하는 긍정적인 역할을 하고 있다.

　디지털 기술의 발전은 사회적 연결성을 더욱 강화하는 역할도 한다. 소셜 네트워크

● **핀테크** | 금융(Finance)과 기술(Technology)의 합성어로, 정보통신기술을 활용해 기존의 금융 서비스(결제, 송금, 대출, 투자 등)를 보다 편리하고 혁신적으로 제공하는 산업을 의미한다. 대표적인 예로 스마트폰 애플리케이션으로 은행 업무를 보거나, 간편 결제 서비스로 물건을 구매하고, 인공지능이 자산 관리를 대신해 주는 서비스 등이 있다. 핀테크는 금융을 쉽고 빠르게 만들어 주는 장점이 있지만, 개인정보 유출과 같은 보안 문제와 제도적 규제 마련이 필요하다는 과제도 제기된다.

서비스(SNS), 메신저, 화상회의 플랫폼 등이 발전하면서 사람들은 물리적 거리에 구애받지 않고 언제든지 소통할 수 있는 기회를 얻게 되었다. 이러한 변화는 개인 간의 관계뿐만 아니라 기업과 정부 간의 소통 방식에도 혁신을 가져왔다. 예를 들어, 공공 서비스의 디지털화는 행정 절차를 간소화하고 국민의 접근성을 높이는 데 중요한 역할을 한다. 민원서류를 온라인으로 신청하거나, 정부 정책과 관련된 정보를 실시간으로 확인할 수 있는 시스템이 구축되면서 행정 서비스는 더욱 편리해졌다.

디지털 사회의 도전 과제

디지털 기술의 발전은 정보 접근성을 높이고, 경제 성장과 사회적 연결성을 강화하는 데 기여한다. 그러나 이러한 혜택이 모든 사람에게 균등하게 돌아가지는 않는다. 기술이 발전할수록 이를 자유롭게 활용할 수 있는 사람과 그렇지 못한 사람 간의 격차가 커지는 디지털 격차 문제가 점점 심각해지고 있다. 특히 연령, 경제적 여건, 신체적 장애와 같은 요인에 따라 사람마다 디지털 기술 접근성이 다르게 나타나며, 그 결과 교육과 경제활동에서의 불평등이 더욱 심화되는 문제가 발생하고 있다. 예를 들어, 인터넷과 스마트 기기의 보급으로 누구나 방대한 정보를 쉽게 얻을 수 있는 환경이 조성되었지만, 고령층, 저소득층, 장애인과 같은 사회적 취약 계층은 디지털 기술을 자유롭게 활용하는 데 여전히 어려움을 겪고 있다.

2022년 '디지털정보격차 실태조사'따르면, 40대 이하 연령층의 디지털 정보 활용 수준은 일반 국민 평균보다 높았지만, 고령층에서는 그 수준이 급격히 낮아졌다. <표 10-1>을 살펴보면 10~50대의 인터넷 활용 수준이 99% 이상을 기록한 반면, 70세 이상 고령층의 인터넷 활용 수준은 53.4%에 그쳤다.[07] 이는 젊은 세대와 고령층 간의 정보 접근성 격차를 극명하게 보여 주는 사례이다.

| 표 10-1 | 연령별 디지털 정보화 영역별 수준(2022년) (단위: %)

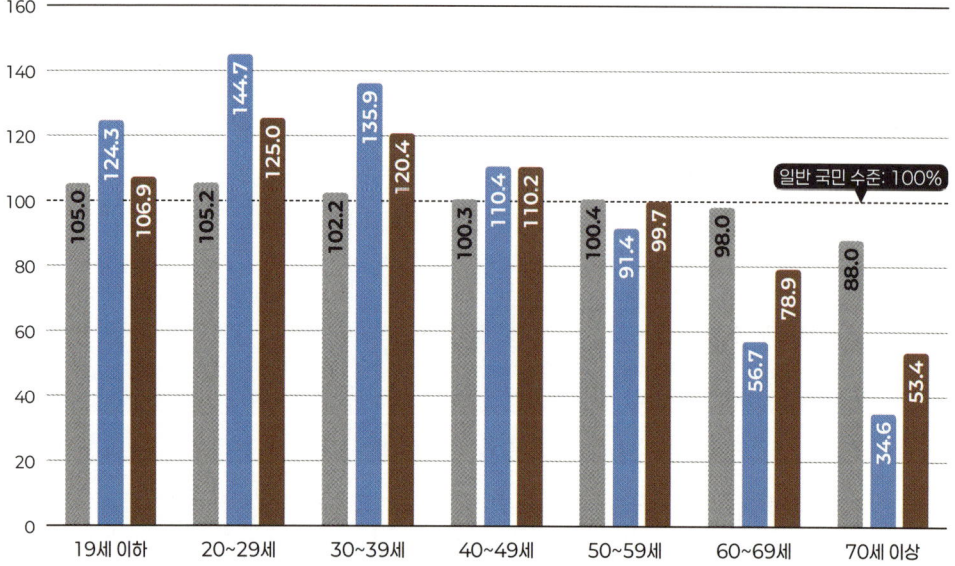

*각 수준은 일반 국민의 디지털 정보화 수준을 100으로 할 때, 일반 국민 대비 각 연령의 수준이다.
70세 이상의 디지털 정보화 접근 수준은 일반 국민의 88%로 높은 편이다. 그러나 70세 이상 고령층의 디지털 정보화 활용 수준은 53.4%에 그치고, 디지털 정보화 역량 수준은 34.6%로 매우 낮다.
- 디지털 정보화 접근: 컴퓨터, 모바일 기기 보유 및 인터넷 사용 가능 여부
- 디지털 정보화 역량: 컴퓨터, 모바일 기기 기본 이용 능력
- 디지털 정보화 활용: 컴퓨터, 모바일 기기 및 인터넷의 양적, 질적 활용 정도

이철. (2023.12.15.).

　디지털 기술을 활용하는 능력은 단순히 인터넷을 사용할 수 있는지를 의미하지 않는다. 온라인 교육과 금융 서비스, 취업 기회, 공공 서비스 이용 등 생활 전반에서 필수 요소가 되면서, 디지털 기술을 자유롭게 활용할 수 없는 사람들은 사회·경제적으로 더 불리한 위치에 놓일 가능성이 크다. 특히, 저소득층의 경우 고성능 디지털 기기나 안정적인 인터넷 환경을 갖추기 어려워 교육과 취업 기회에서 불이익을 받을 수 있다. 장애인은 웹사이트와 애플리케이션이 접근성을 충분히 고려하지 않은 경우, 기본적인 정보조차 얻기 어려운 상황에 처할 수 있다. 이처럼 디지털 격차는 단순한 기술 사용의 문제가 아니라, 사회적 불평등을 더욱 심화시키는 요인이 된다.

키오스크, 편리하기만 할까?

01 디지털 기술 앞에서 소외된 고령자
김순자(가명, 68세)는 암 투병 중인 남편 김철수(가명, 74세)를 요양 병원에서 직접 간호하며 돌보고 있다. 어느 날 남편이 순댓국을 먹고 싶다고 해 음식을 포장하러 근처에 있는 식당으로 갔다. 하지만 아내 김 씨는 가게 앞에서 발을 동동 구를 수밖에 없었다. 모든 주문을 키오스크로 해야 했는데, 방법을 몰랐기 때문이다.[08]

02 접근성 없는 디지털 전환이 만든 불편
키오스크 등 무인 단말기가 빠르게 증가하면서 고령자, 장애인 등 취약 계층의 불편함과 소외감이 가중되고 있다. 국내 키오스크 운영 대수(추정)는 2019년 19만 대에서 2022년 45.5만대로 3년 만에 약 두 배 이상 증가하였지만, 한국소비자원의 설문조사(2022년)에 따르면 응답자의 46.6%가 키오스크를 사용하면서 불편이나 피해를 경험하였다고 나타났다. 웹사이트와 애플리케이션이 취약 계층의 접근성을 고려하지 않고 설계되어 시각장애인 등에게 적절한 서비스를 제공할 수 없다는 문제점도 제기되고 있다.[09]

디지털 기술이 발전하면서 우리의 삶은 더욱 편리해졌지만, 동시에 개인정보 보호와 사이버 범죄 증가라는 새로운 문제도 함께 나타나고 있다. 현대 사회에서는 개인의 정보가 대량으로 수집·저장·활용되는 환경이 조성되었지만, 여기에 필요한 보호 조치는 여전히 부족한 실정이다. 대표적인 사례로, 2021년에 발생한 '월 패드 해킹 사건'을 들 수 있다. 월 패드(Wall Pad)는 아파트 내 벽면에 부착된 태블릿형 기기로, 방범·방재·조명 제어 등의 기능을 수행하며 카메라가 장착된 경우도 많다. 이 사건의 피의자는 아파트의 월 패드 시스템을 해킹하여 거실 내부를 촬영하였다. 그리고 그 영상을 불법적으로 유통시키려 했다.[10] 이는 사물 인터넷(IoT) 기기의 보안 취약성이 개인정보 유출의 주요 원인이 될 수 있음을 보여 주는 사례이다.

또한, 음성 인식 기술이 적용된 스마트 스피커와 인공지능 비서(가상 비서) 서비스도 개인정보 유출 위험을 높이는 요소로 작용하고 있다. 글로벌 IT 기업들은 스마트 스피커를 이용해 사용자의 음성을 수집하고 분석하는데, 이 과정에서 음성 데이터가 무단으로 저장되거나 외부로 유출되는 문제가 발생하기도 한다. 이러한 사례들은 디지털 기술이 편리함을 제공하는 동시에 개인의 사생활을 위협할 수도 있음을 경고한다. 사이버 범죄도 디지털 사회에서 중요한 문제로 떠오르고 있다. 가짜 뉴스, 금융 사기, 해킹 공격 등이 증가하면서 사이버 범죄가 새로운 사회적 위협으로 자리 잡았다. 이는 개인뿐만 아니라 기업과 국가 차원의 보안 위협으로 작용하며, 법적·기술적 대응이 요구되는 상황이다.

✦ 인공지능 시대의 사회문제 ✦

21세기 들어 인공지능은 급격한 발전을 이루며 산업과 사회 전반에 혁신적인 변화를 가져오고 있다. 중국의 대표적인 인터넷 포털 기업 CEO는 "인터넷이 식욕을 돋우는 애피타이저라면, 인공지능은 메인 요리다."라며 인공지능이 산업혁명에 비견될 만한 거대한 변화를 불러올 것이라고 강조했다.[11] 그러나 인공지능의 발전이 반드시 긍정적인 영향만을 불러오지는 않는다. 인공지능 기술의 확산과 활용이 증가하면서 다양한 사회문제가 발생하고 있으며, 여기에 심도 있는 논의와 해결책 마련이 시급한 상황이다.

먼저, 인공지능 개발과 활용 과정에서 윤리적 문제가 지속적으로 제기되고 있다. 특히, 인공지능의 편향성(Bias) 문제는 인공지능이 학습하는 데이터에 내재된 차별적 요소가 그대로 반영될 가능성이 높다는 점에서 심각한 사회문제로 대두된다. 대표적인 사례로 한국에서 출시된 인공지능 챗봇 '이루다' 사태를 들 수 있다. '이루다'는 사람들이 언제나 편안하게 일상적인 대화를 나눌 수 있는 인공지능 채팅 서비스로, 이 기계는 10~30대가 실제 사용하는 표현들을 학습했다. 짧은 기간 동안 많은 이용자의 관심을 모은 이루다가 발생시킨 논란은 크게 두 가지이다. 먼저, 혐오와 차별 논란으로 성소수자 등 젠더 이슈에서 편향성이 드러나면서 문제가 제기되었다. 또한, 이러한 편향성 문제를 살펴보는 과정에서 기계학습 데이터의 수집·활용의 부적절함이 더욱 심각한 개인정보 침해 문제로 나타났다. 결국, 개발사는 이러한 논란의 확산으로 출시 20일 만에 챗봇 운영을 중단해야 했다.[12] 이는 인공지능이 데이터 수집 단계에서부터 편견을 내포할 가능성이 높으며, 별도의 조치 없이 활용될 경우 성별과 인종, 종교, 지역 등에 따른 차별을 강화하여 사회적 불평등을 심화시킬 수 있음을 보여 준다.

비슷한 사례로, 미국의 대형 IT 기업이 개발한 인공지능 기반 채용 시스템이 있다. 이 시스템은 실제 적용하기 전 최종 검증 시험 과정에서 남성 지원자가 여성 지원자보다 지속적으로 더욱 높은 점수를 받는 편향이 일어났다. 원인을 분석한 결과 해당 기업의 직원 구성에 그 원인이 있었다. 인공지능 채용 프로그램은 해당 기업에서 높은 성과와 좋은 평가를 받았던 직원들의 데이터를 기준으로 판단하게 된다. 그런데 해당 기업의 개발직군이 전체 직원 수의 70% 이상을 차지했고, 그러한 개발직군 중 남자 직원 수가 여성보다 압도적으로 많았다. 결국 전체 집단에서 남성 직원 중에 고성과자가 훨씬 더 많을 수밖에 없었으므로 이를 근거로 판단한 인공지능은 당연히 남성 지원자를 우대할 수밖에 없었다. 결국 해당 기업은 데이터와 알고리즘 수정만으로는 한계가 있다고 판단하여 인공지능 채용 프로그램을 폐기했다.[13] 이러한 사례들은 인공지능 기술이 인간 사회의 불평등을 더욱 심화시킬 수 있음을 시사하며, 인공지능의 개발과 활용 과정에서 윤리적 검토와 규제가 필수적임을 강조한다.

인공지능이 발전하면서 책임 소재에 대한 논의도 활발히 이루어지고 있다. 특히, 인공지능이 내린 잘못된 판단이나 행위 때문에 발생하는 피해는 누구의 책임인지 묻는 논쟁이 끊이지 않는다. 대표적인 예로 자율주행차 사고 사례를 들 수 있다. 2018년, 미국 애리조나주에서 우버(Uber)의 자율주행차가 시험 주행 중 보행자를 치어 숨지게 한 사건이 발생했다. 이 사고 이후, 사고의 법적 책임이 차량 제조사, 인공지능 시스템 개발자, 차량 소유주 중 누구에게 있는지를 두고 논란이 커졌다. 특히, 자율주행 모드에서 발생한 사고에 운전자가 직접 개입할 기회가 없었다면, 소유자가 아닌 제조사나 개발자가 법적 책임을 져야 하는지는 법적·도덕적 논의가 필요하다는 점이 강조되었다.[14]

인공지능 기술의 발전은 생산성을 향상시키고 업무 환경을 개선하는 긍정적인 효과를 가져올 수 있지만, 동시에 일자리가 감소할 우려도 제기된다. 통계청이 발표한 '사회동향 2024' 연구 보고서에 따르면, 사무직은 인공지능 노출도 100%를 기록해 모든 직업이 인공지능의 영향을 받는다고 나타났다. 관리직도 65.1%로 높은 수치를 보였고 전문직과 서비스직은 각각 36.9%, 27.9%로 집계됐다. 인공지능 노출도는 노동이 인공지능 기술로 대체되는 정도를 측정한 지표로, 노출도가 높을수록 대체되어 자동화할 가능성이 크다. 챗GPT 등 인공지능 발달로 대체할 가능성이 있는 직업은 277만여 개로, 이는 전체 일자리의 10%에 달하는 수준이다.[15]

인공지능 기술의 발전은 단순한 일자리 감소를 넘어 사회 양극화를 심화시킬 가능성이 크다. 인공지능 기술이 고도화됨에 따라 저숙련·저임금 일자리는 노동시장에서 점차 사라질 가능성이 높다. 반면, 고임금 일자리의 경우 인공지능을 활용해 업무 효율성을 극대화하며 오히려 더 많은 수익을 창출할 수 있다. 예를 들어, 대표적인 고임금 직업인 '변호사'의 업무에 인공지능이 도입될 경우, 사건 접수, 자료 조사, 서류 작성, 법령·판례 검색 등 단순 보조 업무를 담당하던 노동자의 일자리는 사라질 수 있다. 그러나 변호사 본인은 인공지능을 활용해 인건비를 절감하면서 더 높은 수익을 얻을 수 있다. 재판에서 법리를 다투거나 사람을 직접 상대해야 하는 본질적 업무는 인공지능으로 대체하기 어렵기 때문이다.[16]

또한 인공지능이 인간 노동을 대체하는 과정에서 기존 일자리는 감소하지만, 동시에 인공지능을 개발·운영하는 고급 기술 직군의 수요는 증가할 수 있다. 문제는 이러한 새로운 일자리들이 높은 수준의 전문성을 요구하기 때문에, 기존 노동자들이 쉽게 적응하거나 전환하기 어렵다는 점이다. 이러한 변화는 고숙련 노동자와 저숙련 노동자 간 임금 격차를 더욱 확대시켜 소득 불평등을 심화시킬 우려가 있다.

인공지능 기술이 발전하면서 가짜 뉴스와 허위 정보의 확산이 새로운 사회적 위협으로 등장하고 있다. 2022년 11월 10일, 미국의 한 제약사가 "당뇨 환자들을 위한 의약품 인슐린을 이제부터 무료로 공급한다."는 글을 SNS에 게시했지만, 이는 가짜 계정이 만든 가짜 뉴스였다. 해당 기업이 이를 전면 부인했지만, 주가는 4.45% 급락했다. 또한, 2013년 5월 23일, 해커 집단이 AP통신의 트위터 계정을 해킹하여 "백악관에서 두 차례 폭발이 있었으며, 버락 오바마 대통령이 다쳤다."는 가짜 뉴스를 퍼뜨렸다. 이 사건 때문에 미국 S&P 500 지수(미국의 500대 대형 기업 주가 측정 지수) 시가총액이 1,400억 달러(약 189조 원) 가까이 증발하는 경제 피해가 발생했다.[17] 이처럼 인공지능을 이용한 허위 정보의 확산은 금융 시장과 사회 질서를 흔드는 심각한 문제로 작용할 수 있다.

이미지를 만들어내는 생성형 인공지능 기술이 발전하면서 이를 악용한 '딥페이크(Deepfake)' 문제 역시 심각성이 커지고 있다. 딥페이크는 인공지능과 같은 하이테크를 활용해 가짜를 진짜처럼 보이도록 하는 조작을 가리킨다. 특히, 딥페이크 기술이 누구나 쉽게 사용할 수 있게 되면서, 유명 연예인뿐만 아니라 일반인을 대상으로 한 피해 사례도 증가하고 있다. 이러한 범죄는 피해자의 명예를 훼손할 뿐만 아니라, 개인의 사생활을 심각하게 침해하는 문제를 야기한다.

| 표 10-2 | 연도별 '성적 허위영상물' 시정요구 현황 (단위: 건)

2021	2022	2023	2024. 6월
1,913	3,574	7,187	6,071

방송통신심의위원회에 따르면 '딥페이크' 기술을 악용해 사람의 얼굴을 음란한 이미지나 영상물과 합성하여 유포하는 '성적 허위영상물'의 2024년 상반기 시정요구 건수(6,071건)가 2023년도(7,187건)와 대비해 84% 수준까지 급증하였다.

방송통신심의위원회 보도자료(2024.7.18.).

직무 특성에 따른 영역별 대체 위험

01 어떤 직업이 대체될 가능성이 높을까?

인공지능 기술이 점점 더 발전하면서 단순한 저숙련·고숙련 노동의 구분만으로 일자리 변화의 영향을 예측하기 어려워지고 있다. 인공지능이 수행할 수 있는 직무가 확대되면서, 어떤 직무가 인공지능으로 대체될 가능성이 높은지 살펴보려면 그 직무의 특수성을 고려해야 한다.

| 그림 10-1 |

인지 노동에서의 대체 위험

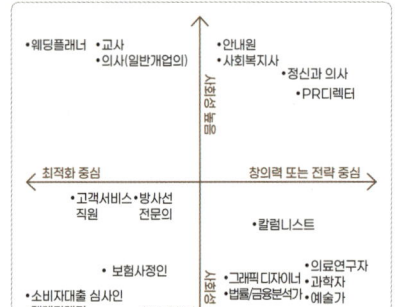

육체노동에서의 대체 위험

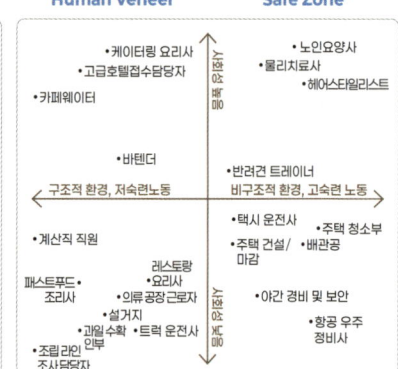

이경은(2020).

02 대체가능성에 따른 직무 분류

리 카이푸(Kai-Fu Lee, 2019)는 사회성(대인관계가 중요한가), 업무 환경의 구조화(일이 정형화되어 있는가), 창의성(새로운 아이디어가 필요한가) 등의 요소에 따라 인공지능이 인간의 노동을 대체하는 위험을 평가했다. 'Danger Zone(위험지대)'에 속하는 직무는 몇 년 안에 인공지능이 완전히 대체할 가능성이 높은 직업들이다. 'Human Veneer(인간이 전면에 나서지만 인공지능이 많은 부분을 담당)'는 인공지능이 주요 프로세스를 수행하지만, 최종적인 판단이나 고객 응대와 같은 역할은 여전히 인간이 맡는다. 'Slow Creep(느린 잠식 영역)'은 인공지능 기술이 발전함에 따라 점진적으로 일자리가 줄어드는 직무들을 의미한다.

03 완전히 대체되지 않기 위한 노력

인공지능 기술이 발전할수록 단순한 육체노동뿐만 아니라 일부 인지 노동 영역에서도 인공지능이 사람을 대신할 가능성이 커지고 있으며, 직업의 변화 속도가 빨라지고 있다. 앞으로는 인공지능과 협력하며 일할 수 있는 능력과 창의적이고 대인관계가 중요한 업무 능력이 더욱 중요해질 것으로 보인다.[18]

디지털 사회에서의 대응 방안

디지털 기술이 발전하면서 사회 전반에 많은 변화가 나타났으며, 이에 적절한 대응 전략이 필요하다. 앞서 살펴봤듯이 개인정보 보호와 노동시장 변화, 인공지능 윤리, 디지털 격차 해소, 사이버 보안 교육 등 다양한 분야에서 기술의 긍정적인 효과를 극대화하면서도 부작용을 최소화하기 위한 노력이 요구된다.

우리는 해킹과 개인정보 유출 사고가 최근 빈번하게 발생하면서, 개인정보 보호를 위한 국제 규범과 강력한 법적 조치가 필요하다는 목소리가 커졌음을 확인했다. 이는 디지털 기술이 빠르게 발전하면서 개인정보 보호의 중요성이 더욱 커졌다는 뜻이다. 인터넷과 스마트 기기를 통해 방대한 데이터가 수집·저장·활용되는 환경이 조성되었지만, 이를 보호하는 법적·기술적 대응은 여전히 미흡한 부분이 많다.

유럽연합은 2018년부터 일반 정보 보호 규정(General Data Protection Regulation, GDPR)을 시행하고 있다. 이 규정에 따라 기업과 기관은 유럽연합 시민의 개인정보를 수집·활용할 때 반드시 동의를 받아야 하며, 정보가 유출될 경우 72시간 이내에 감독 기관에 신고해야 한다. 이를 위반한 기업은 글로벌 매출액의 4% 또는 2,000만 유로(약 260억 원) 중 더 높은 금액을 벌금으로 내야 한다.[19] 우리나라에서도 2023년 개인정보 보호법 개정으로 '개인정보 전송 요구권', '자동화된 결정(Automated Decision-making)'에 대한 거부권 및 설명 요구권' 등을 도입하며 개인정보에 대한 통제권을 강화했다.[20] 이러한 변화는 디지털 사회에서 개인정보 보호의 중요성이 커졌으며, 이를 위해 각국이 강력한 법적 조치를 마련하고 있음을 보여 준다.

디지털 기술이 발전하면서 기존의 산업 구조와 일자리 환경도 크게 변화하고 있다. 특히, 인공지능과 자동화 기술이 다양한 직무를 대체하고 있다. 이렇게 변화하는 환경

● **자동화된 결정(Automated Decision-making)** | 인간의 개입 없이 컴퓨터 프로그램이나 시스템이 데이터와 알고리즘을 기반으로 의사 결정을 내리는 과정을 의미한다. 인공지능 활용 채용 면접, 신원 확인, 빅데이터 활용 신용 평가 등이 있다. 자동화된 결정의 장점으로 일관성과 가치중립적인 결정, 개인 맞춤형 서비스 활성화 등이 있지만 사람의 판단이 배제된 상황에서 기계에 의해서만 특정인 낙인·차별 초래, 프라이버시 침해 위험을 내포한다는 단점도 있다.

에서 노동자들이 적응할 수 있도록 재교육과 직업 전환이 필수이다. 그리고 여기에는 지속 가능한 노동시장과 평생 학습 시스템을 구축하는 방안을 세울 수 있다. 독일의 '인더스트리 4.0' 정책을 예를 들어 보자. 독일은 제조업 노동자들에게 양질의 일자리를 변함없이 제공하고 이들의 숙련 기술을 디지털 친화적으로 재교육하여 산업의 경쟁력을 더욱 높이는 방법으로 4차 산업혁명을 준비하고 있다. 우리나라 또한 IT와 인공지능 관련 직업 훈련 프로그램을 확대하여, 노동자들이 디지털 기술을 습득하고 신산업 분야로 진출할 수 있도록 지원하고 있다. 특히, 코딩, 데이터 분석, 인공지능 개발 등 미래 산업에서 요구되는 핵심 역량을 배울 수 있는 교육 프로그램이 마련되고 있으며, 기존 직무 경험을 살려 새로운 직종으로 전환할 수 있도록 맞춤형 교육도 제공되고 있다. 인공지능 시대에서는 한 번 배운 기술만으로 평생 직업을 유지하기 어려워지고 있으며, 지속적인 학습과 기술 습득이 필수가 되고 있다. 따라서 단기적인 직업 훈련이 아니라, 평생 학습 체계를 구축하여 노동자들이 변화하는 환경에 지속적으로 적응할 수 있도록 지원하는 정책이 필요하다.

인공지능은 편리한 기술이지만, 개발 과정에서 데이터 편향성 문제, 알고리즘의 투명성 부족, 오남용 가능성과 같은 윤리적 문제가 발생할 수 있다. 이러한 인공지능을 공정하고 책임감 있게 사용하도록 하기 위해서는 국제적인 윤리 규범과 가이드라인을 따라야 한다. 유네스코(UNESCO)는 2021년 '인공지능 윤리 권고'를 193개 회원국의 만장일치로 채택했다. 이 권고는 국제법인 협약보다 약하지만 선언보다 구속력이 있는 지침으로 인공지능 기술이 인권이나 기본적 자유를 침해해선 안 된다는 것과 인공지능의 건전한 발전을 보장하는 데 필요한 가치와 원칙에 관한 내용을 주요 내용으로 한다.[21] 또한, 유럽연합은 2026년부터 '인공지능법'을 시행하여 인공지능 기술 개발과 사용에 관한 제한과 의무를 부과할 계획이다. 우리나라에서도 2020년 '인공지능 윤리 기준'을 마련했다. 이 기준에서는 인공지능이 지켜야 할 핵심 가치로 '인간성(Humanity)'을 설정하고, 정부·기업·공공기관·이용자 등 모든 사회 구성원이 인공지능 개발과 활용 과정에서 준수해야 할 기본 원칙을 제시한다. 인공지능으로 인간의 삶을 더욱 윤택하게 만들려면 기술 발전뿐만 아니라 윤리적 기준과 책임 있는 사용도 함께 고려해야 한다.

인공지능 기술이 발전하면서 디지털 기술은 사회 전반에서 필수 요소가 되었다. 인공지능이 다양한 분야에서 활용되면서 삶이 더욱 편리해지고 있지만, 동시에 디지털 격차와 사이버 범죄 증가라는 문제도 함께 발생한다는 점을 간과할 수 없다. 이러한 문제를 예방하고 해결하기 위해서는 디지털 리터러시 교육이 필요하다. 디지털 리터러시란 디지털 기술을 올바르게 활용하고, 인터넷에서 제공되는 정보를 비판적으로 분석하며, 사이버 보안에 대한 기본적인 이해를 갖추는 능력을 의미한다. 따라서 초중고뿐만 아니라 대학에서도 디지털 기술의 올바른 사용법, 정보 분석 능력, 사이버 보안 관련 교육을 강화할 필요가 있다.

디지털 리터러시 교육의 중요성을 가장 잘 보여 주는 사례로 핀란드를 들 수 있다. 핀란드는 2023년까지 6년 연속 '미디어 리터러시 지수'에서 유럽 41개국 중 1위를 차지했다. 핀란드는 2013년 유럽에서 가장 먼저 미디어 리터러시를 국가 교육정책으로 채택한 나라로, 2019년 개편된 교육정책에 따라 어린이부터 고등학생까지 모든 교과 과정에서 미디어 리터러시 교육을 받도록 하고 있다. 이뿐만 아니라, 핀란드는 성인과 고령층을 대상으로도 비정부기구(NGO), 도서관, 박물관 등에서 디지털 리터러시 교육을 제공한다. 즉, 핀란드에서는 생애 전반에 걸쳐 사람들이 디지털 환경에서 정보를 이해하고 활용할 수 있도록 체계적인 교육을 지원한다. 핀란드 당국은 이러한 교육을 통해 시민들이 허위 정보를 판별하고 비판적으로 접근할 수 있도록 돕는 한편, 자신만의 콘텐츠를 제작할 수 있는 역량을 기르는 것을 목표로 한다.[22] 이처럼 디지털 리터러시 교육은 단순히 기술 학습이 아니라, 디지털 시대를 살아가는 데 필수적인 사고력과 문제 해결 능력을 키우는 과정이라고 할 수 있다.

✦ 지속 가능한 디지털 사회 구축 ✦

디지털 기술의 발전은 우리 사회를 빠르게 변화시키며, 삶을 더욱 편리하게 만들고 있다. 인공지능과 빅데이터, 블록체인, 사물 인터넷 등 혁신적인 기술은 교육, 경제, 산업, 공공 서비스 등 다양한 분야에서 긍정적인 변화를 이끌어 왔다. 하지만 디지털 사회가 가져온 편리함과 혁신 속에는 개인정보 보호 문제, 디지털 격차, 사이버 범죄 증가, 노동시장 변화 등의 도전 과제도 함께 존재한다. 기술이 발전할수록 이러한 문제는 더욱 복잡해지고 있으며, 이를 해결하기 위한 사회적 논의와 대응 전략이 필요하다.

이처럼 디지털 사회는 단순히 기술이 발전하는 것이 아니라, 사회 전체가 함께 준비하고 조율해야 하는 변화이다. 기술이 더욱 발전할수록 그 혜택이 특정 계층에 집중되지 않도록 하고, 부작용을 최소화하기 위한 정책과 제도가 마련되어야 한다. 개인정보 보호 강화, 디지털 격차 해소, 인공지능 윤리 확립, 변화하는 노동시장에 대한 대응, 디지털 리터러시 교육 확대 등의 노력이 함께 이루어진다면, 디지털 기술은 사회를 더 나은 방향으로 발전시키는 강력한 도구가 될 수 있다.

결국, 디지털 사회는 우리에게 커다란 기회이자 동시에 도전 과제이다. 기술이 인간을 위한 방향으로 활용될 수 있도록, 정부, 기업, 시민사회가 함께 협력하여 더욱 공정하고 지속 가능한 디지털 사회를 만들어 나가야 한다. 변화하는 시대 속에서 기술이 우리의 삶을 더욱 풍요롭게 하고, 모두가 그 혜택을 누릴 수 있도록 사회 전체가 함께 고민하고 실천해야 할 때이다.

생각해 볼 문제

01 스마트폰 교육

프랑스에서는 2018년에 관련 법안이 통과되어 초·중등 학생들의 학교 내 휴대전화 사용이 금지되었다. 하지만 일부 국가에서는 스마트폰을 학습 도구로 활용하는 방향으로 정책을 추진하기도 한다. 스마트폰은 교육에 도움이 되는 도구일까, 아니면 학습을 방해하는 요소일까? 이 문제를 함께 토론해 보자.

02 인공지능 창작

2025년, 챗GPT의 이미지 생성 기능을 활용해 만든 '지브리 스타일' 그림이 큰 화제를 모았다. 사용자가 인공지능 프로그램으로 애니메이션 감독 미야자키 하야오(宮崎駿)의 스타일을 모방하여 제작한 이 작품들은 많은 사람의 관심을 받았다. 그러나 원작자의 동의없이 스타일을 모방한 행위가 과연 정당한지에 관한 논란이 일었다. 인공지능이 기존 예술가의 표현 방식이나 스타일을 모방해 만든 콘텐츠가 어디까지 허용될 수 있는지, 창작과 표절의 경계는 어디인지 토론해 보자.

03 딥페이크

2023년, 딥페이크 기술을 이용해 정치인의 가짜 연설 영상이 퍼지면서 선거 과정에 혼란이 발생한 사례가 있었다. 또한, 이 기술로 연예인의 목소리와 얼굴을 재현하는 콘텐츠가 등장하면서 이를 두고 창작의 자유인지, 아니면 무단 도용인지 논란이 커졌다. 딥페이크 기술을 활용한 정치적·사회적 콘텐츠 제작은 어디까지 허용해야 할지 토의해 보자.

참고 문헌

01 윤석만(2018.9.20.). [윤석만의 인간혁명] 상위 0.0001%가 영생하는 초계급사회 오나. 중앙일보.
02 과학기술정보통신부 보도자료(2023.3.28.). 「2023 인터넷이용실태조사」 결과 발표.
03 최광호(2024). AI가 재정의하는 산업과 일상의 지형도. 미래정책 FOCUS-이슈 인사이트, 2024 가을호.
04 송명진(2022). 디지털 플랫폼의 명과 암. 월간 KIET 산업경제, 2022(11). p. 93.
05 과학기술정보통신부 보도자료(2023.11.30.). 디지털 경쟁력, 전년대비 2단계 상승한 6위 기록.
06 김경학(2025.1.14.). 지난해 ICT 수출, 2350억달러 '역대 최대'…918억달러 흑자. 경향신문.
07 이철(2023.12.15.). 인터넷 이용률 90% 넘겼지만 연령별 격차…10~50대 99%, 70세 이상 55%. 뉴스1.
08 최주영(2023.9.6.). 농심 '짜왕' 미국서도 인기…LA 진출 본격화. 여성경제신문.
09 디지털 공론장. 디지털 심화대응 실태진단. beingdigital.kr/front/iagnosis_view.do?pageView=_02
10 김영명(2022.12.20.). 아파트 '월패드 해킹' 피의자 검거… 범인은 보안 전문가였다!. 보안뉴스.
11 장박원(2017.4.5.). [CEO 인사이트] 리엔훙 바이두 회장의 IT진화론. 매일경제.
12 한국정보산업연합회(2021). '이루다'가 이룬 AI 윤리. Digital 365, Mar Vol. 7.
13 전창배(2021.10.14.). 아마존 채용 AI는 왜 남성을 우대했나. 한국일보.
14 이용상 외(2024). 디지털 시대의 인공지능과 교육. 학지사. p. 20.
15 박성현(2024.12.19.). "AI기술 있어 직원 37% 줄였다" 인간 일자리 감소 현실화. 매일신문.
16 강명연(2024.11.7.). 콜센터 직원 거리 내몰릴 때… 기업은 챗봇으로 매출 올렸다 [AI, 미래 직업을 바꾸다]. 파이낸셜 뉴스.
17 이상덕 외(2023.10.12.). 진짜보다 더 센 가짜뉴스 한방 … 美증시 시총 189조원 날리기도. 매일경제.
18 Kai-Fu Lee(2019). *AI Superpowers*. Houghton Mifflin.;재인용: 이경은(2020). AI가 일자리에 미치는 영향에 대한 연구동향 및 정책적 대안 탐색. AI TREND WATCH, 2020(11), pp. 2-3.
19 국민권익위원회(2018). GDPR, 일반정보보호 규정(General Data Protection Regulation). 기업윤리 브리프스, 2018(8). www.acrc.go.kr/briefs/201808/sub3.html
20 손도일 외(2023.4.24.). 개인정보 보호법 전면개정: 주요 내용 살펴보기. 법률신문.
21 최창현(2021.11.26.). 최초의 '세계적 AI 표준' 지침 마련됐다!… 유네스코, '인공지능 윤리 권고' 193개 회원국 만장일치로 채택. 인공지능 신문.
22 정빛나(2024.12.25.). 학교서 '가짜뉴스 판독' 배우는 핀란드…"미디어 리터러시 1위". 연합뉴스.

인용 자료 출처

 1장

- 강지남(2017.9.24.). 주민 반대 없이 문 연 시각장애 영·유아 특수학교. 신동아.
- 경향신문(2015.3.24.). [사설] 갈등의 치유·관리가 경제에 미치는 영향.
- 고용노동부 보도자료(2024.4.30.). 고용형태별근로실태조사 결과 발표.
- 교육부 민주시민교육과(2018.11.). 민주시민교육 활성화를 위한 종합계획.
- 김근주(2024.9.2.). 현대차비정규직노조 "사내하청노동자에게 차등 없는 성과배분을". 연합뉴스.
- 노정연(2021.8.19.). 전경련 "한국 '갈등지수' OECD 국가 중 3위…갈등관리 능력은 하위권". 경향신문.
- 노지원(2017.10.25.). '신고리 5·6호기 공론화'가 우리에게 남긴 숙제들. 한겨레신문.
- 단국대 분쟁해결연구센터(2024). 사회적 갈등으로 인한 경제적 비용분석.
- 박초롱(2018.10.16.). 서울교통공사 직원 친인척 108명 정규직 전환 '특혜 논란'. 연합뉴스.
- 박초롱(2018.4.6.). 심화되는 청년주택 님비현상…"빈민주택 반대" 안내문까지. 연합뉴스.
- 송복·김왕배(1993). 한국사회의 다원화와 집단갈등. HRI FORUM, 160-175.
- 송충식(2006.2.20.). 패거리문화와 순혈주의. 경향신문.
- 신고리 5·6호기 공론화위원회(2018). 숙의와 경청, 그 여정의 기록: 신고리 5·6호기 공론화 백서.
- 신현정(2023.7.11.). '소음 논란' 119센터 응원한 주민들 "혐오시설 아니라 필수시설입니다". 경인일보.
- 신호경(2023.11.2.). 한은 "수도권 인구 비중 OECD 1위…저출산 문제의 원인"(종합). 연합뉴스.
- 양정은(2019). 한국적 집단주의(우리성, we-ness)가 대인 커뮤니케이션에 미치는 영향에 대한 연구. 한국콘텐츠학회논문지, 19(5), 1-14.
- 오세진(2020.3.15.). "엄마, 이젠 무릎 꿇지 마세요"… 서진학교에 봄이 왔습니다. 서울신문.
- 유대근(2025.3.17.). "국공립어린이집을 들어와? 거지야?" 맞벌이 부모 눈물 짓게 한 '혐오 공화국'. 한국일보.
- 이경자(1997). 한국의 집단이기주의와 언론보도. 관훈저널, 66, 158-171.
- 이영란(2000). 공익 해치는 집단이기주의. 관훈저널, 76, 255-264.
- 이지훈·김하경·김예윤(2017.9.9.). "때리면 맞을게요, 제발 특수학교만…" 무릎꿇은 엄마의 호소. 동아일보.
- 장하용(2000). 보도검증_갈등 분석에 앞서 집단이기주의 규정부터. 신문과 방송, 359, 31-35.
- 정순구(2025.2.25.). 한국인 삶의 만족도 OECD 38개국 중 33위 '최하위권'. 동아일보.
- 정종훈(2025.5.7.). 韓 성인 절반 이상 '장기적 울분 상태'…"세상은 공정하지 않다". 중앙일보.
- 정혜순(2022.10.27.). [혁신학교·경기] 2025년 이후 혁신학교 모두 사라져. 교육희망.
- 조용석(2025.5.15.). 이념갈등 사회비용 1980兆…방치한 공공갈등에 소모한 77兆. 이데일리.
- 최성락(2025.2.8.). '남의 것' 빼앗아야 부자 되는 '제로섬 사회'가 온다. 주간동아.
- 최은경·표태준(2017.3.6.). 들어가고 싶은 어린이집… "우리동네엔 들어오지 마라". 조선일보.
- 한국민족문화대백과사전. 집단 이기주의(集團 利己主義). encykorea.aks.ac.kr/Article/E0068921 (검색일: 2025.3.3.).
- 황지윤(2022.12.8.). 자산 상위 20% 가구, 하위 20%와 64배 격차… 역대 최대. 조선일보.
- Tajfel, H., Billig, M. G., Bundy, R. P., & Flament, C.(1971). Social categorization and intergroup behaviour. *European Journal of Social Psychology*, 1(2), 149-178.

2장
- 김주형·김도형(2020). 포퓰리즘과 민주주의: 인민의 민주적 정치 주체화. 한국정치연구, 29(2), 57-90.
- 스티븐 레비츠키·대니얼 지블랫(박세연 역)(2018). 어떻게 민주주의는 무너지는가. 어크로스.
- 머니투데이(2023.2.22.). "정치 양극화의 주범 '포퓰리즘', 국민 위한다며 국민 이용".
- 박기용·조계완(2025.1.21.). 트럼프, 두 번째 파리협정 탈퇴…유엔 기후협약도 떠날까. 한겨레신문.
- 박상영(2023) 한국의 포퓰리즘과 시민교육: 고등학교 '정치와 법' 교과서의 '자유민주주의' 기술 내용 분석. 시민교육연구, 55(3), 39-68.
- 배재성(2024.9.13.). "개·고양이 먹는다" 트럼프 말에…아이티 이민자들 폭탄테러 공포. 중앙일보.
- 윤정인(2017). 국민의 이름으로 국민을 도구화?: 포퓰리즘의 도전 앞에 선 정당민주주의와 시민교육. 헌법연구, 4(2), 61-80.
- 이세영(2019.10.19.). 포퓰리즘 민주주의 '병리현상' 아닌 '필수요소'. 한겨레신문.
- 정병기(2021). 포퓰리즘. 커뮤니케이션북스.
- 정의길(2024.7.14.). 20억 명 이상이 포퓰리스트 집권 하에 있어. 한겨레신문.
- Bermeo, Nancy(2016). On Democratic Backsliding. *Journal of Democracy*, 27(1), 5-19.
- ECPS(2025). populism map. www.populismstudies.org/resources/populism-map
- Goodman, Sara Wallace(2022). "Good Citizens" in Democratic Hard Times. The *ANNALS of the American of Political and Social Science*, 699(1), 68-78.
- Ipsos Public Affairs(2024). Ipsos Populism Survey: Populism, Anti-elitism and Nativism. IPSOS.
- Cas Mudde and Cristóbal Rovira Kaltwasser(2017). *Populism: A Very Short Introduction*, Oxford: Oxford University Press.
- V-Dem Institute(2025). DEMOCRACY REPORT 2025: 25 Years of Autocratization- Democracy Trumped?. Gothenburg, Sweden.
- Westheimer, Joel(2019). Civic Education and the Rise of Populist Nationalism. *Peabody Journal of Education*, 94(1), 4-16.

3장
- 국가통계포털(KOSIS)(2025). 근로 형태별 월평균 임금 및 증감. kosis.kr/statHtml/statHtml.do?orgId=101&tblId=DT_1DE7082S&conn_path=I2
- 국가통계포털(KOSIS)(2025). 순자산 지니계수 현황. kosis.kr/statHtml/statHtml.do?orgId=101&tblId=DT_1HDAAD04&conn_path=I2
- 국가통계포털(KOSIS)(2025). 소득 분배 지표. kosis.kr/statHtml/statHtml.do?orgId=101&tblId=DT_1HDALF05&conn_path=I2

- 국가통계포털(KOSIS)(2025). 소득원천별 소득10분위별 가구소득. kosis.kr/statHtml/statHtml.do?orgId=101&tblId=DT_1HDAAB04_1&conn_path=I2
- 국가통계포털(KOSIS)(2025). 소득 5분위별 자산, 부채, 소득 현황. kosis.kr/statHtml/statHtml.do?orgId=101&tblId=DT_1HDAAA10&conn_path=I2
- 국가통계포털(KOSIS)(2025). 소득 10분위별 자산, 부채, 소득 현황. kosis.kr/statHtml/statHtml.do?orgId=101&tblId=DT_1HDAAA22&conn_path=I2
- 국가통계포털(KOSIS)(2025). 자산 5분위별 자산, 부채, 소득 현황. kosis.kr/statHtml/statHtml.do?orgId=101&tblId=DT_1HDAAA11&conn_path=I2
- 국가통계포털(KOSIS)(2025). 주택자산가액기준 10분위별 주택소유가구 기본현황. kosis.kr/statHtml/statHtml.do?orgId=101&tblId=DT_1OH0411&conn_path=I2
- 김태완·이주미·류진아·강예은·노법래(2021). 소득분배 동향 변화 및 정책 대응 방향 연구. 한국보건사회연구원 보고서, 2021(90). 1-155.
- 민승규·이갑수·김근영·손민중(2006). 소득 양극화의 현상과 원인. CEO information, 547, 1-19.
- 박원희(2024.2.11.). 종합소득격차 1위 '서울' ⋯ 상위0.1% 연소득 65억원. 연합뉴스.
- 신광영(2016). 불평등, 격차, 소득집중과 양극화. 한국사회학회 사회학대회 논문집, 481-489.
- 안정현(2019.10.22.). 기생충, 양극화 시대의 우울한 자화상. 가톨릭뉴스 지금여기.
- 안태호(2024.12.9.). 분배 지표 제자리 걸음⋯ 짠물 예산에 멈춰선 '불평등 개선'. 한겨레신문.
- 오진영(2022.1.7.). 고시원 창문 생겨 좋겠다고요? 오를 월세가 더 걱정입니다. 머니투데이.
- 이성균(2022). 한국사회 불평등과 빈곤 현실. 박영스토리.
- 이명진·안소영(2020). 노동시장 내부 불평등의 다양성. 국회미래연구원 보고서, 1-120.
- 이주미(2023). 소득과 자산의 양극화 및 격차 실태와 정책적 함의. 보건복지포럼, 316, 36-50.
- 지웅배(2024.3.1.). 내 월급의 몇배야? 월 3500만원 내는 월세집 어디?. SBS Biz
- 통계청 보도자료(2024). 2024년 3/4분기 가계 동향 조사 결과.
- 통계청 보도자료(2024). 경제활동인구조사 근로형태별 부가조사 결과.
- 통계청(2024). 경제활동인구조사. www.index.go.kr/unify/idx-info.do?idxCd=4212
- 통계청(2025). Income 소득: 소득분배지표 작성방법 및 의의. kostat.go.kr/menu.es?mid=b80304010100
- Chancel L., Piketty, T., Saez, E. & Zucman, G.(2022). World Inequality Report 2022.
- OECD(2024). Income inequality: Gini coefficient, 2023 or latest year available. www.oecd.org/en/data/indicators/income-inequality.html

4장

- 강병한(2024.11.11.). 올해 100대 기업 여성 임원 '역대 최다'라는데⋯ 비중 6.3%에 불과. 경향신문.
- 고유미(2024.12.10.). 결혼 문화에 깔린 성차별, 가정 내 여성의 역할 규정해. 덕성여대신문.

- 국회입법조사처(2024). 여성할당제 도입 20년: 여성의원 충원 패턴의 변화와 지속. 현안 분석, 319, 1-19.
- 김선식·박다해(2022.2.22.). '여성의 일'이라는 덫: 부부 9쌍의 '48시간 가사 노동 기록' 실험, 돌봄 전담과 커리어 희생의 악순환. 한겨레21.
- 김소영(2022). 성차별 언어와 대안어의 성격-<서울시 성평등 언어 사전>(2018~2020)의 '성평등 단어'를 대상으로-. 한국학연구, 64, 287-311.
- 노컷뉴스(2022.8.25.). '남자화장실 수건 빨래와 밥짓기' 거부한 여직원에게 돌아온 말은?.
- 박철현(2021). 사회문제론: 이론·실태·지구적 시각. 박영사.
- 서울 YWCA(2023). 2022 대중매체 양성평등 내용 분석 보고서: 전체 보고서. 1-157.
- 송민이(2021). 드라마 <산후조리원>을 통해 본 과학적 모성의 재현. 여성학연구, 31(2), 69-92.
- 송효진·선보영·최진희·성경·박수경(2019). 가부장적 가정의례 문화의 개선을 위한 정책 방안 연구: 장례문화를 중심으로. 한국여성정책연구원 연구보고서, 22, 1-216.
- 신광영(2016). 한국 사회 불평등 연구. 후마니타스.
- 여성가족부(2024). 2023년 가족실태조사 주요 결과.
- 오지민·오세일(2022). 장례식 장(場)에서 여성 상주의 인정과 상징투쟁. 문화와 사회, 30(3), 63-117.
- 전민(2024.10.15.). 공공기관 절반 이상 '여성임원' 비율 미준수… 18%는 '0명'. 뉴스1.
- 정영희(2020). 텔레비전 드라마 속 모성 판타지에 대한 여성주의적 고찰: KBS 드라마 〈동백꽃 필 무렵〉을 중심으로. 한국언론학보, 64(4), 132-166.
- 참여연대(2024.2.5.). 2022년 새마을 금고 갑질과 성차별 사례를 제보한 이현정(가명). 공익제보지원센터.
- 최진석(2022.10.19.). '다양성 존중'엔 진심인 3M엔 '최고 평등 책임자(CEO)'가 있다 [기업 인권 경영 리포트⑯]. 한국경제.
- 통계청(2024). 경제활동인구조사. www.index.go.kr/unify/idx-info.do?idxCd=4212
- 통계청(2024). 경제활동인구조사 근로형태별 부가조사. www.index.go.kr/unify/idx-info.do?idxCd=4214
- 플랫팀(2023.3.16.). 30대 여성 '경력 단절', 재취업 선택지는 '저임금 단순 일자리'. 경향신문.
- 한국여성정책연구원 성인지통계 시스템(2023). 관리직 5급 이상 자치단체 공무원. gsis.kwdi.re.kr/statHtml/statHtml.do?orgId=338&tblId=DT_1LGC031
- 한국일보(2023.12.9.). 여성 개발 정도가 높고, 성별 격차가 크며, 젠더 편견이 강한 나라: 한국.
- Andersson, T., Hasson, K. A. & Ryle, R.(2022). Gender. In Treviño, A. J. (Eds.)(2022). *Investigating social problems* (3rd Ed., 86-117). California: SAGE Publications
- KBS(2019).〈동백꽃 필 무렵〉. program.kbs.co.kr/2tv/drama/camellia2019/pc/index.html
- KBS(2022).〈엉뚱발랄 콩순이와 친구들8〉. program.kbs.co.kr/2tv/culture/kongsuni8/pc/detail.html?smenu=e126f2

- tvN(2020). 〈산후조리원〉. tvn.cjenm.com/ko/birthcare
- Leon-Guerrero, A.(2016). *Social problems: Community, policy, and social action* (5th Ed.). California: SAGE Publications.
- Macionis, J. J.(2008). *Social problems*. Upper Saddle River, New Jersey: Pearson Education.
- OECD(2021). Employmetnt and unemployment by five-year age group and sex – indicators. data-explorer.oecd.org/vis?df[ds]=DisseminateFinalDMZ&df[id]=DSD_LFS%40DF_LFS_INDIC&df[ag]=OECD.ELS.SAE&pd=2010%2C2023&dq=USA%2BDEU%2BCAN...F.Y25T54.&to[TIME_PERIOD]=false&vw=tb
- OECD(2023). Employment rate(indicator). 2023. Q2. www.oecd.org/en/data/indicators/employment-rate.html?oecdcontrol-40985420ae-var3=1955
- OECD(2022.). Gender wage gap. www.oecd.org/en/data/indicators/gender-wage-gap.html
- Wartick-Booth, L.(2019). *Social inequality* (2nd Ed.). London: SAGE Publications
- World Economic Forum(2023). Global Gender Gap Report 2023.

- 강희정(2019). 의료 격차와 정책 과제. 보건복지포럼, 270, 18-30.
- 곽성순(2024.10.8.). 충북, 전국 시도 중 치료 가능 사망률 가장 높아. 청년의사.
- 곽성순(2023.10.30.). 한의사 포함시 인구 1천명당 의사 수, 서울 OECD 평균↑. 청년의사.
- 국가통계포털(KOSIS)(2025). 보건의료서비스. kosis.kr/visual/eRegionJipyo/themaJipyo/eRegionJipyoThemaJipyoView.do
- 국가통계포털(KOSIS)(2025). 고혈압 유병률 추이, 당뇨병 유병률 추이. kosis.kr/statHtml/statHtml.do?orgId=177&tblId=DT_11702_N105&conn_path=I2, kosis.kr/statHtml/statHtml.do?orgId=177&tblId=DT_11702_N102&conn_path=I2
- 김경선·홍보배(2023). 기후변화와 건강 형평성. 보험연구원 CEO Report, 2, 1-20.
- 김수진(2023). 장애인과 비장애인의 건강 격차와 시사점. 보건복지포럼, 325, 61-76.
- 김원진·송윤경(2021.11.3.). 치아에 새겨진 격차, '이' 이를 어쩌나. 경향신문.
- 배준수(2023.9.24.). 대구 중증도 보정 입원 사망비 1.14 '최악'… 경북도 1.1. 경북일보.
- 백성주(2024.10.8.). 치료 가능 사망률(조기 사망), 충북·인천·강원 높아. 데일리메디.
- 보건복지부 보도자료(2022.7.27.). 『OECD 보건통계 2022』로 보는 우리나라 보건의료 현황.
- 안형준(2019.12.31.). [병든 농촌, 어디로 가야하오] 병원 선택은커녕 아파도 갈 곳 없어…도-농 '건강 불평등'도 넘었다. 한국농어민신문.
- 이혜인(2024.10.13.). 기록적 폭염에 온열질환 사망자 역대 두 번째로 많았다… 8월초 급증. 경향신문.

- 정연(2021). 고용 형태 및 사업체 규모에 따른 노동자 건강 불평등의 현황과 과제. 보건복지 Issue & Focus, 414, 1-11.
- 조병희(2017). 질병과 의료의 사회학. 집문당.
- 통계청(2025). 의료급여 수급 현황. www.index.go.kr/unity/potal/main/EachDtlPageDetail.do?idx_cd=1406
- 통계청(2025). 연간 미충족 의료율. www.index.go.kr/unity/potal/indicator/IndexInfo.do?cdNo=2&clasCd=10&idxCd=F0075
- 한국건강증진개발원(2023). 건강수명 통계집: 한눈에 보는 건강수명 2021. 1-93.
- 한국보건사회연구원(2021). 2021 통계로 본 건강불평등: 노동자편. 1-47.
- 허현희·김진성·차선화·정혜주(2016). 도시 빈곤 지역 주민의 주변화와 건강 불평등의 관계에 대한 질적 연구. 보건과 사회과학, 43, 5-32.
- Wartick-Booth, L.(2019). *Social inequality* (2nd Ed.). London: SAGE Publications.
- WHO(2025). Health equity. www.who.int/health-topics/health-equity#tab=tab_1

- 강지원·장숙랑·김해송·김민경·김현수·주지영·이경영·김유경(2023). 같지만 다른 그들, 청년: 성별 자살생각과 자살시도 영향요인의 탐색 연구. 한국보건사회연구, 43(1), 69-84.
- 강우량(2024.10.5.). 비통한 OECD 1위…자살률 8.5% 치솟아 9년만에 최대. 조선일보.
- 곽현아(2024.6.20.). [인포그래픽 Vol.745] 자살예방백서. 데이터솜.
- 김성은(2023.8.24.) '하루 4.3명꼴' 세상 등지는 20대… 그중 19%는 '생활고'였다 [2023 청년 부채 리포트<하>]. 서울신문.
- 김형용(2023). 노인 자살률의 감소와 사회적 과제. 월간복지동향, 302, 26-32.
- 로리 오코너(정지호 역)(2023). 마지막 끈을 놓기 전에. 푸른숲.
- 난다 청소년인권운동연대 지음 활동가(2023.9.8.) '죽을 시간'조차 없는 청소년? 자살만 예방할 게 아니다. 프레시안.
- 배현정(2024.1.20.). 노인 1000만 시대, 빈곤율은 OECD 1위…공적연금 강화해 복지 사각 해소를. 중앙일보.
- 보건복지부 보도자료(2021.12.27.). 2021년 정신건강실태조사 결과 발표.
- 보건복지부 보도자료(2024.3.29.). 자살생각 유경험률 14.7%…5년 새 3.8%p 감소: 2023 자살 실태조사 결과 발표.
- 보건복지부 보도자료(2024.10.4.). 2023년 자살률(10만 명당) 27.3명, 전년 대비 2.2명(8.5%) 증가.
- 서종한(2018). 심리부검. 시간여행.
- 서진석·진태희(2024.11.6.). [단독] 스스로 떠난 아이들 그 이후…'학생 자살 보고서' 전수 분석 [청소년 마음건강 심층 기획]. EBS뉴스.

- 이은진(2023). 청소년 자살문제와 사회적 과제. 월간복지동향, 302, 13-17.
- 이민숙(2005). 노인의 우울과 자살에 대한 사회적 지지의 영향. 임상사회사업연구, 2(3), 191-212.
- 임해원(2024.10.7.). [팩트체크] 한국 노인의 자살률·빈곤율은 세계에서 가장 높다?. 이코리아.
- 최명민(2020). 도시 빈곤층 자살경로 탐색: 박탈경험을 중심으로. 한국사회복지조사연구, 66, 65-99.
- 통계청(2023). 한국의 사회동향 2023.
- 한국생명존중희망재단(2023). 2023 자살실태조사.
- 한국생명존중희망재단(2023). 2023 자살예방백서.
- 한국생명존중희망재단(2024). 2024 자살예방백서.
- 한국자살예방협회(2023). 자살예방의 모든 것. 학지사.

7장

- 강현석·김창효(2023.3.28.). 남부 50년 만의 '최악 가뭄'…일주일에 '6일 단수' 1년째, 완도 섬 주민들은 속이 탑니다. 경향신문.
- 국립기상과학원(2024). 2023 지구대기감시 보고서.
- 김다연·박동주·최은주·조재호·이은지(2024.7.2.). 더 위험하고 치명적인 산불이 온다. 단비뉴스.
- 김서영(2024.12.9). 2024년, 사상 가장 더운 해 확실…'1.5도 방어선'도 첫 붕괴. 경향신문.
- 김혜진(2024.9.28.). "4년298일 남았습니다"…'기후위기시계' 멈춰야 하는데 '특위' 발도 못뗀 여야. 매일경제.
- 안현선(2022.11.21.). 국내 해양 산성화, 전 세계 대양과 비슷한 수준으로 진행. 한국수산경제.
- 오애리·김보미(2023). 기후위기, 무엇이 문제일까. 북카라반.
- 온실가스종합정보센터(2024). 2023 국가 온실가스 인벤토리 보고서.
- 이동원(2024.6.13.). 기자칼럼-식량위기 가져오는 기후변화. 농축유통신문.
- 배슬기(2025.1.9.). 기후악당 대한민국. 오마이뉴스.
- 세계불평등데이터베이스. wid.world/country/korea
- 정수환(2020.1.10.). 사진 없는 패션지와 공연 안하는 락밴드의 사정. 더피알.
- 지표누리 국가발전지표. 석탄화력발전비율. www.index.go.kr/unity/potal/indicator/IndexInfo.do?idxCd=4292
- 천권필(2019.9.26.). '대안 노벨상' 받은 그레타 툰베리, 유엔 연설 풀버전 보니. 중앙일보.
- 한국해양과학기술원 해양기후예측센터(2024). 2024년 12월 월간 해양기후 분석정보. 1-32.
- 환경교육 통합플랫폼(2023.9.13.). 기후변화의 현실, 우리에게 남은 시간이 5년 10개월이라고?. blog.naver.com/keepblog/223210152959
- KDI 경제교육·정보센터. 탄소에도 가격이 있다? 탄소 가격 제도. 경제로 세상 읽기, 2024년 11호
- 2050 탄소중립위원회(2021). 탄소중립 학습 자료집.

- 우승민(2024.10.29.). "노인 차별?" 헬스장서 65세 이상 가입 제한…차별 판단. 이코노미스트.
- 우해봉(2023). 인구 고령화의 인구학적 요인 분석. 보건사회연구, 43(1), 50-68.
- 이희경(2023.9.26.). "1940년대생·이전 세대 빈곤율 40%… 선별지원 강화해야". 세계일보.
- 송정은(2024.4.16.). 여성의 경력단절 '차일드 페널티'가 출산율 하락에 40% 차지. 연합뉴스.
- 장인수·임지영·유삼현·계봉오(2024). 사회경제적 불평등이 저출산에 미치는 영향 분석과 함의-출생코호트 특성 고찰을 중심으로. 한국보건사회연구원 연구보고서, 2024(14), 1-252.
- 정우택(2024.5.7.). [시사용어] '차일드 페널티'와 출산율. 아시아투데이.
- 조경엽·유진성(2024). 저출산·고령화 시대 노동공급 확대의 경제적 효과 분석. 한국경제연구원, 2024(1), 1-91.
- 조덕상·한정민(2024.4.16.). 여성의 경력단절 우려와 출산율 감소. 한국개발연구원(KDI).
- 조영태·장대익·장구·서은국·허지원·송길영·주경철(2019). 아이가 사라지는 세상. 김영사.
- 주애진(2023.2.28.). 초고령사회 코앞인데… 일자리 시장서 '연령차별' 당하는 노인들. 동아일보.
- 주재선·이동선·송치선·박건표·이진숙·박송이·임연규·양준영·손창균(2020). 2020년 여성가족패널조사. 한국여성정책연구원, 32, 1-297.
- 최지현(2023.10.7). 저출생의 원인? 돈보다 '이게' 더 문제입니다. 오마이뉴스.
- 통계청(2022). 인구동향조사.
- 통계청 보도자료(2023.7.11.). 저출산과 우리 사회의 변화.
- 통계청 보도자료(2024.11.12.). 2024년 사회조사 결과.
- 통계청(2024). 2024 고령자 통계.
- 한국일보 창간기획팀(2023). 절반 세대가 온다. 현암사.
- 한국토지주택공사(2022). 도시계획현황.
- 한국부동산원 부동산통계정보시스템. www.reb.or.kr/r-one/portal/main/indexPage.do;jsessionid=C995381EA838F9541C75C5988AA343F5
- 한상헌(2024.7.3.). 100만원 주면 출산율 0.03명 올랐다…"출산지원금·저출생 정책 병행 처방을". 매일경제.
- 황남희·임준경(2023). 저출산고령사회정책 모니터링-고령사회 분야. 한국보건사회연구원, 2023(3), 1-109.
- 황인도·남윤미·성원·심세리·염지인·이병주·이하림·정종우·조태형·최영준·황설웅·손민규(2023). 초저출산 및 초고령사회: 극단적 인구구조의 원인, 영향, 대책. 한국은행 경제전망보고서, 2023(11), 56-104.
- 현대경제연구원(2024.7.30.). 세계인구구조분석-UN의 2024년 세계인구전망 보고서를 중심으로. 현안과 과제, 2024(5), 1-16.
- OECD(2024.6.20.). 한눈에 보는 사회-한국 관련주요 사회지표 2024.

9장

- 국가인권위원회 보도자료(2020.3.19.). "한국인과 이주민 간의 차별적 지위 부여를 당연한 것처럼 인식하는 것이 인종차별".
- 국가인권위원회(2024a). 2024 인권의식실태조사. 국가인권위원회.
- 국가인권위원회(2024b). 한국의 인권통계 2024. 국가인권위원회.
- 교보문고(2015). 앵무새 죽이기 도서 소개. product.kyobobook.co.kr/detail/S000000581821
- 교육부 보도자료(2024.8.30.). 2024년 교육기본통계 주요 내용.
- 김민재(2025.3.18.). 국내 상주 외국인 17.4% "한국인들이 차별하더라". 노컷뉴스.
- 박진영(2023.6.10.). '제주 예멘 난민' 사태 5년…그 많던 예멘인 어디 갔나. 세계일보.
- 신재우(2024.3.3.). NYT "인구감소 한국, 외국인노동자 필수지만 보호제도 부실". 연합뉴스.
- 안태호(2024.12.18.). 외국인취업자 100만 시대…세금 1.7조 내지만 '여전한 차별'. 한겨레신문.
- 유란희·이태형(2020). 국가와 지역공동체 의식은 사회적 포용성을 확대시키는가?: 정부 신뢰의 조절효과를 중심으로. 한국행정학보, 54(2), 309-338.
- 이상훈(2025.2.16.). [특파원 칼럼/이상훈] 日 극우 닮아가는 한국의 외국인 혐오증. 동아일보.
- 이현우·김진선(2024.9.30.). 韓, 인종차별 세계 5위 오명…반이민정서 어쩌나. 아시아경제.
- 임주현·박나리(2023.6.3.). 외국인 노동자가 내국인 일자리를 빼앗고 있나 [팩트체크K]. KBS뉴스.
- 임주현·박나리(2023.6.18.). 외국인이 내국인보다 범죄를 많이 저지를까? [팩트체크K]. KBS뉴스.
- 조윤영(2024.3.18.). "내 신발에 입 맞춰라"…흑인 괴롭힌 영국 백인 체포. 한겨레신문.
- 조제성·김다은(2021). 코로나19 이전-이후 혐오범죄 변화와 혐오범죄 폭력수준에 영향을 미치는 요인에 대한 연구. 한국공안행정학회보, 30(4), 409-432.
- 채예빈(2024.6.20.). 전 세계 난민 3,760만 명, 한국 인정률은 1%대에 불과. 더나은미래.
- 최종선(2018). 국내외 혐오표현 규제 법제 및 그 시사점에 관한 연구. 법학논총, 35(3), 33-57.
- 최창식(2023). 외국인 범죄 보도에 대한 감성분석 과잉재현, 추세 분석, 매체별 양상을 중심으로. 커뮤니케이션 이론, 19(3), 90-137.
- 통계청 보도자료(2023.11.29.). 2022년 다문화 인구동태 통계.
- 한국기자협회. 한국기자협회 인권보도준칙. www.journalist.or.kr/news/section4.html?pnum=7 (검색일: 2025.3.1.).
- 행정안전부 보도자료(2024.10.24.). 국내 거주 외국인주민 수 246만 명, 총인구 대비 4.8%, '역대 최다'.
- 행정안전부(2024). 2023 지방자치단체 외국인주민 현황.
- 하퍼 리(김욱동 역)(2015). 앵무새 죽이기. 열린책들.
- 홍성수(2024). 혐오범죄의 법정책. 형사정책, 35(4), 245-280.
- BBC 뉴스 코리아(2021.3.18.). 서울시도 '외국인 노동자' 코로나19 의무 검사… 차별 논란.
- Harper lee(1988). *To Kill a Mockingbird*. Pearson Education Limited.

- 강명연(2024.11.7.). 콜센터 직원 거리 내몰릴 때⋯ 기업은 챗봇으로 매출 올렸다 [AI, 미래 직업을 바꾸다]. 파이낸셜뉴스.
- 과학기술정보통신부 보도자료(2023.3.28.). 과기정통부,「2023 인터넷이용실태조사」결과 발표.
- 과학기술정보통신부 보도자료(2023.11.30.). 디지털 경쟁력, 전년대비 2단계 상승한 6위 기록.
- 국민권익위원회(2018). GDPR, 일반정보보호 규정(General Data Protection Regulation). 윤리연구소-인사이트+. www.acrc.go.kr/briefs/201808/sub3.html
- 김경학(2025.1.14.). 지난해 ICT 수출, 2350억달러 '역대 최대'⋯918억달러 흑자. 경향신문.
- 김영명(2022.12.20.). 아파트 '월패드 해킹' 피의자 검거⋯ 범인은 보안 전문가였다!. 보안뉴스.
- 디지털 공론장. 디지털 심화대응 실태진단. www.beingdigital.kr/front/iagnosis.do
- 박성현(2024.12.19.). "AI기술 있어 직원 37% 줄였다" 인간 일자리 감소 현실화. 매일신문.
- 방송통신심의위원회 보도자료(2024.7.18.). 딥페이크 '성적 허위영상물' 시정요구 84% 급증.
- 손도일·김선희·허승진(2023.4.24.). 개인정보 보호법 전면 개정: 주요 내용 살펴보기. 법률신문.
- 송명진(2022). 디지털 플랫폼의 명과 암. 월간 KIET 산업경제, 290, 93-97.
- 유기윤·김정옥·김지영(2017). 미래 사회 보고서. 라온북.
- 윤석만(2018.9.20.). [윤석만의 인간혁명] 상위 0.001%가 영생하는 초계급사회 오나. 중앙일보.
- 이경은(2020). AI가 일자리에 미치는 영향에 대한 연구동향 및 정책적 대안 탐색. AI TREND WATCH, 2020(11), 1-12.
- 이상덕·송경은·황순민(2023.10.12.). 진짜보다 더 센 가짜뉴스 한방 ⋯ 美증시 시총 189조원 날릴기도. 매일경제.
- 이용상·권태현·김종민·김현정·신동광·심우민·임해미·정혜경·조규락(2024). 디지털 시대의 인공지능과 교육. 학지사.
- 이철(2023.12.15.). 인터넷 이용률 90% 넘겼지만 연령별 격차⋯10~50대 99%, 70세 이상 55%. 뉴스1.
- 장박원(2017.4.5.). [CEO 인사이트] 리옌훙 바이두 회장의 IT진화론. 매일경제.
- 전창배(2021.10.14.). 아마존 채용 AI는 왜 남성을 우대했나. 한국일보.
- 정빛나(2024.12.25.). 학교서 '가짜뉴스 판독' 배우는 핀란드⋯"미디어 리터러시 1위". 연합뉴스.
- 최광호(2024). AI가 재정의하는 산업과 일상의 지형도. 미래정책 FOCUS, 2024 가을호. www.nrc.re.kr/board.es?mid=a30200000000&bid=0044&act=view&list_no=178704&tag=&nPage=1&issue_cd=42
- 최주영(2023.9.6.). 농심 '짜왕' 미국서도 인기⋯LA 진출 본격화. 여성경제신문.
- 최창현(2021.11.26.). 최초의 '세계적 AI 표준' 지침 마련됐다!⋯ 유네스코, '인공지능 윤리 권고' 193개 회원국 만장일치로 채택. 인공지능신문.
- 한국정보산업연합회(2021). '이루다'가 이룬 AI 윤리. Digital 365, Mar, 7. www.fkii.org/webzine/FKII_2103/FKII_sub21.php

삽화와 이미지 출처

1장
- 클립아트코리아(tc08200000043)
- 클립아트코리아(pc0040579733)

2장
- 클립아트코리아(td02240005181)
- 클립아트코리아(cb1790006817)

3장
- 클립아트코리아(td02070000226)
- 클립아트코리아(td02070000227)
- 클립아트코리아(cm230004490)

5장
- 클립아트코리아(psxtg0900294)
- 클립아트코리아(ta0055a7902_04)
- 클립아트코리아(cm080836924)
- 클립아트코리아(cm08631153)

6장
- 클립아트코리아(td05800042292)
- 클립아트코리아(cb2050003262)
- 클립아트코리아(tc02480000113)

7장
- 클립아트코리아(ti433a9607)

8장
- 클립아트코리아(ti246a27305)
- 클립아트코리아(ta0270a0905)
- 클립아트코리아(ti246a27306)

9장
- 클립아트코리아(psxtg0561411)
- 클립아트코리아(yay0009589)

10장
- 클립아트코리아(psxtg0043145)
- 클립아트코리아(td01830000022)

찾아보기

ㄱ

가부장제	100, 106
가사 노동	90
가이드라인	215, 235
가정	89, 106, 107, 108, 146, 191
가족 건강성	145
갈등 관리	20
갈등론	106
개인정보 보호	227, 234
건강 격차	115
건강 형평성	134
건강권	115
건강위해 요인	122, 123
게이트키퍼	150
경기 불황	139
경력 단절	96, 97, 187, 190
경쟁 문화	139, 148
경제 활동	88, 95, 101, 183
경제적 부담	24, 187, 191
고령 인구	181, 182, 186
고령사회	182
고령화	181
공간적 불균형	19
공공정책	21, 22, 24, 206
공정성	16, 17, 22, 49
권위주의적	45, 48
균등화 개인소득	64
극한기후	162, 164

급성 질환	126, 128, 134
기능론	106
기대 수명	121, 187, 189
기후 보험 제도	169
기후 위기	159, 164
기후 위기 시계	164
기후변화	159, 164

ㄴ

난민	38, 47, 205, 207, 208
내국인	211, 212, 215
내집단	16, 211, 216
노인 차별	185
님비	13, 22

ㄷ

다문화 이해 교육	213
단일민족주의	200, 216
대기 오염 물질	166
돌봄	91, 96, 187
디지털 격차	225, 226, 237
디지털 리터러시	236
디지털 사회	223, 237
디지털 정보 활용 수준	225

ㄹ

로렌츠 곡선	62, 63

ㅁ

만성 질환	120, 121, 126, 127
모성	104, 105
문화 다양성	204, 213, 216
문화적 동질성	201
미충족 의료율	119, 120

ㅂ

배출권 거래제	170
베르테르 효과	155
분배 불균형	19
비정규직 노동자	16, 70, 81, 94
빈곤	132, 133
빈곤율	147, 183, 184

ㅅ

사회 양극화	230
사회보험	183
사회적 비용	25, 184, 209
사회적 소외	49, 149
사회적 약자	13, 22, 131, 133
사회정의	17, 22, 23, 46
산성화	162
상징적 상호작용론	106
생산연령인구	182, 183
성 격차 지수	89
성 불평등	89
성 역할	106, 107

성 정체성	106
성별 고용률	92
성별 임금 격차	89, 93
성차별	100, 108
성평등	89, 108, 109, 191
세대 간 갈등	14, 184, 195
소득 분위 배율	64, 65
소득 불평등	60, 62, 63, 83
소득 수준	114, 120, 121, 134, 167
소득 양극화	18, 58, 64, 70, 78, 80
소득 집중도	69, 75
소수자	23, 44, 210
수온 상승	162
숙의 민주주의	27, 36
순수한 국민	37, 47
시민교육	28, 49, 52, 53
시장 소득	60, 65, 66
식량 위기	163, 164
실직	139, 145, 149
심리 부검	147, 152

ㅇ

엘리트	98
여성 의원	95, 98, 99
여성 임원	98, 108
여성 할당제	185
연령차별주의	115

예방 가능 사망률	161, 162, 165, 166, 168, 169, 170
온실가스	203, 204, 205, 206, 207, 211, 215, 216
외국인 노동자	201, 203, 204, 215
외국인 주민	202, 203, 207, 208, 212
외국인 혐오	17, 211
외집단	58, 60, 140
외환위기	145
우울감	147, 148, 150, 151
우울증	232, 233
육체노동	146
육체적 질병	116, 131
의료 서비스	116, 133
의료 인력	133, 134
의료 자원	34, 37, 100
이데올로기	35, 37, 44, 47, 204, 206
이민자	162, 165, 167
이산화탄소	205, 215
이주 노동자	223, 228
인공지능	18, 189
인구 밀도	183
인구 부양비	179, 182
인구구조	192
인구소멸	80, 81, 83, 106
인적 자본	203, 206
인종차별	233
인지 노동	96, 168, 169, 192, 193
인프라	60, 70, 81, 230
임금 격차	59, 74, 77, 78

ㅈ

자산 양극화	183
잠재성장률	179
저출산	108
적극적 우대 조치	37, 40, 41
정치 참여	19, 20, 98, 205
정치적 양극화	37, 41
제로섬 사고	17
주관적 건강 수준	123, 125
중증도 보정 입원 사망비	118
지구온난화	162, 165
지니계수	19, 60, 62, 63, 74
집단주의	17, 18, 19, 28

ㅊ

차일드 페널티	190
처분 가능 소득	60
초고령사회	181, 182
치료 가능 사망률	117

ㅌ

탄소 국경 조정 제도	171
탄소 중립	172
탄소세	170, 171

ㅍ

편의 시설	11, 15
편향성	228, 229

피할 수 있는 사망률   129
핌피   13, 27

ㅎ

학업 스트레스   139
합계출산율   180, 189
해수 담수화   169
해수면 상승   161, 162, 169
혐오 범죄   207, 214
혐오 시설   14, 15, 18
화석연료   166

한국 사회문제 진단
대한민국이 아프다

초판 1쇄 발행　2025년 8월 22일

지은이　모경환, 은지용, 황미영

펴낸이　황민경
편집　김숙희, 황민경, 배선열
디자인　윤세미
조판　양정원
관리·제작　김신기, 정지수

펴낸곳　아침나라
출판등록　제2024-000143호
주소　경기 파주, 문발로 214-12, 202호 (문발동)
전화　031-955-6333
이메일　achimnara333@naver.com
ISBN　979-11-991432-1-0 (03330)

* 책값은 뒤표지에 표시되어 있습니다.
* 이 책은 아침나라가 저작권자와의 계약에 따라 발행한 것이므로
　저작권법에 따라 무단 전재와 복제를 금합니다.